另類

日本史

姜建強——

著

三聯書店（香港）有限公司

責任編輯　李玥展

書籍設計　吳冠曼

書　　名　另類日本史

著　　者　姜建強

出　　版　三聯書店（香港）有限公司
　　　　　香港鰂魚涌英皇道 1065 號 1304 室

香港發行　香港聯合書刊物流有限公司
　　　　　香港新界大埔汀麗路 36 號 3 字樓

印　　刷　陽光印刷製本廠
　　　　　香港柴灣安業街 3 號 6 字樓

版　　次　2011 年 9 月香港第一版第一次印刷
　　　　　2012 年 4 月香港第一版第二次印刷

規　　格　16 開（170 × 240 mm）320 面

國際書號　ISBN 978-962-04-3099-2

© 2011 Joint Publishing (H.K.) Co., Ltd.

Published & Printed in Hong Kong

本書為上海交通大學出版社有限公司授權香港三聯書店
在港台及中國大陸以外地區出版發行的繁體字版本

目錄

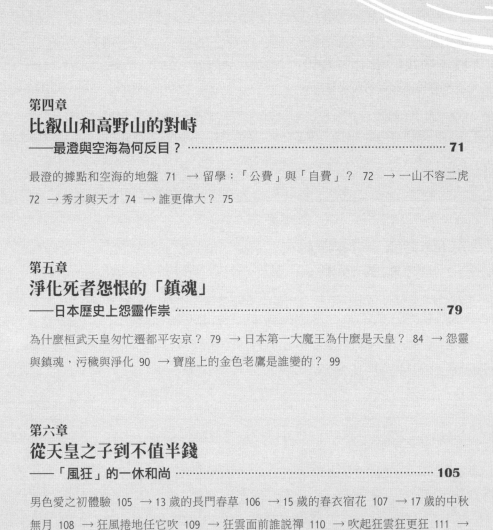

前言

　　日本的歷史相當有個性。比如：

　　這個國家的神話很奇特，萬神之首的天照大神既非性交得來，也非處女懷胎得來，而是在水中舉行的除災求福的祭祀中誕生。而日本列島的出生，倒是來自神男神女的性交。這一神話要暗示什麼呢？

　　這個國家從神武天皇開始到現任天皇明仁，兩千多年來一共 125 代，皇室的血統沒斷過，也沒有一個亡命國外。這其中原因何在？

　　這個國家一直存活在二重權力的構造中。幕府和朝廷，天皇和將軍，王道和霸道，能在一個屋簷下和和氣氣，令外國政治家百思不得其解。這是為什麼？

　　這個國家把外來征服者的肖像，在公園裡鑄成銅像永久紀念。這是紀念征服者開國有功？還是紀念幕僚們賣國有功？這是脫離一般人是非善惡的道德標準的。那麼，這個道德標準從何而來？

　　這個國家是地球上唯一遭受過原子彈爆炸的國土，當然有受害記憶。但美國史學家羅茲在《亞洲史》中寫道：「在戰爭中，所有的軍隊都是粗暴的。但日軍在二次大戰中的野蠻，則只有歐洲的納粹可與之相比，也許

還比不上。」也就是説，整個亞洲因此更有受害記憶。誇大或不忘自己國家的受害記憶，無視或健忘亞洲國家的受害記憶，這是基於一種怎樣的心理呢？

這個國家的領袖織田信長打出「天下布武」①的大旗是 1567 年（永祿十年），到 1615 年（元和元年）天下偃武。從布武到偃武用了 48 年，而偃武則持續了 253 年。這日本歷史上相當得意的一筆是從哪裡開始書寫的呢？

① 「天下布武」：「於天之下，遍布武力」之意，為織田信長的政治理論，帶有廢除公家、寺家的權力，建立武家政權的意味。

這個國家的西洋史學研究家會田雄次説：歐洲人把掠奪看作是最簡單、最能暴富的手段，是優秀人幹的事。日本人則完全相反，認為小偷和強盜往往是蠢貨幹的事。日本如此相反的價值取向，又是如何生成的呢？

這個國家的風土其實很難產生思想家和哲學家，於是就把一些和尚推出來，説他們就是日本的「頭腦」。如鐮倉六佛的創始人──法然（淨土宗）、親鸞（淨土真宗）、一遍（時宗）、日蓮（日蓮宗）、榮西（臨濟宗）、道元（曹洞宗）。其中的一遍還和兩個妻子同睡一房，每天沉浸於肉慾之中。這又是基於什麼呢？

這個國家的人審美意識總是有點怪怪的：沒有實現的夢想和戀愛，比實現了的夢想和戀愛更具有純粹的美。結果和過程二者之中，更看重過程。盛開的櫻花和凋落的櫻花，更喜歡落櫻。這種怪怪的審美意識源於何處？

這個國家推翻政權不死人，打開城門不流血，在世界歷史上少見。日本的明治維新就被世人視為「無血革命」，其原因何在？

這個國家講盛極必衰，講世上沒有永恆的東西，講有形的東西必然會消失，講生者必然死去。他們把《平家物語》放大為自己的精神底色，無常的故事是他們心中永遠的歌。這是為什麼？

這個國家把武士道稱為「死的美學」，再將其上升為「王朝美學」。於是，歷史劇裡上演永恆的兩大主題：切腹和殉死。雖然血腥，但留下美感；

雖然猥瑣，但留下震撼。這是為什麼？

這個國家的歷史有其自己的話語，其中「多神」和「怨靈」就是關鍵的概念。日本平安時代甚至為了怨霊而廢除死刑約三百年，創下全世界廢除死刑最長的紀錄。這是為什麼？

這個國家的人從德國學到醫學與軍隊，從法國學到法律與政治，從英國學到海軍與商業，從中國學到文明與文學。但是，他們不曾學到德國文化本源的觀念哲學、法國文化本源的典雅趣味、英國思想本源的紳士精神和中國思想本源的逍遙曠達。這又是為什麼？

這個國家的皇宮，在夕陽的餘暉中虛幻模糊，為其表面的「萬世一系」，第一位神武天皇到第九位開化天皇，都是虛構的。一直到第十代崇神天皇的身份，才有實際文物的支持，其虛假性、其曖昧性由此可想而知。所以打開日本門戶的美國人佩里，對日本人的印象是：這是個說謊、善找遁詞的偽善的民族。其根源何在？

這個民族能從最卑微庸俗中創造出最為崇高、幽玄之美，能從最樸素的原始性衣食住行中孕育出最高度的文化感受的民族。庸人與詩人，實用與唯美，和平與尚武，好鬥與溫柔，勇敢與懦弱，忠貞與叛變，創新與保守，這不可思議的二律背反又是如何形成的？

這個國家有神道，有佛教，有基督教，但大多數日本人又稱自己是無神論者。這是西方人殺死上帝的觀念上的無神論？還是東方人不殺神佛的行動上的無神論？是確信的無神論還是漠然的無神論？是硬件無神論還是軟件無神論？表面上對宗教不關心，是不是心情上的一種偽裝？表層的無神論心情和深層的天然無常感覺，是不是日本人對待宗教的一種特有的態度？

如此等等。

第一章

開啟日本中世的源平之戰

——源賴朝新王權如何誕生

中世方顯歷史趣味

輝煌的古代，黑暗的中世，繁榮的近代。這是黑格爾框定的世界歷史的模式。

所以，西方史學的一條主線是：從輝煌的古希臘羅馬，到黑暗的歐洲中世紀，再到迎來近代黎明的文藝復興。

但日本歷史卻與之不同：古代不輝煌，中世不黑暗，近代不繁榮。

晚熟的日本到了中世才開始呈現歷史的趣味和內涵，天皇的絕對權力此時遭到了不會寫漢字的武士們的挑戰，從此生出兩個王權，生出東西（關東與京都）格局。貴族遭遇草根，朝廷遭遇野蠻，公家遭遇小人。

所以已故日本史學家網野善彥曾為中世的日本，大唱自由與趣味之禮讚。

所以，在日本人的記憶深層，始終有一股歷史的悲情難以化解，難以揮去。這種悲情，又積澱成一種心理定勢，構造了日本人精神。這就是：

祇園精舍之鐘聲，

即是諸行無常的聲響。

——《平家物語》卷首詩

拉開日本中世序幕的，就是源平合戰。而日本中世的源平合戰，就是這股悲情的歷史物語。

平家的遠祖是第 50 代桓武天皇。源氏的遠祖是第 56 代清和天皇。

10 世紀前半葉，平家的勢力圈在關東地區（東）。源氏的勢力圈在瀨戶內海（西）。

但是在 10 世紀後半葉開始，勢力圈發生了變化：平家在西，源氏在東，這個格局一直維持到平家滅亡為止。

1167 年（仁安二年），即平治之亂後的第七年，平清盛升任太政大臣①。從權大納言②到內大臣再到太政大臣，作為一名武士升任如此迅速，這在日本歷史上還是第一次。

> ① 太政大臣：日本古代律令制下的最高官位。輔佐天皇總理國政。
> ② 權大納言：日本古代的議政官。「權」意指定員外的官，通常是無實權的虛位。

自己享盡榮華不說，連他的一門一族都跟着沾光，長子重盛是內大臣兼左大將，次子宗盛是中納言兼右大將，三子知盛任三位中將，長孫維盛任四位少將。平家一門有公卿十六人，殿上人有三十人。另外還有國廳和各官廳的官員六十人，可謂權傾朝野。平清盛有八個女兒，個個嫁得貴門富家。其中 17 歲的女兒德子嫁給 11 歲的高倉天皇。生下皇子成為安德天皇。當時日本共分 66 個國，歸平家管轄的約有三十三國，超過一半。平家還和中國的宋朝做貿易，財源滾滾。《平家物語》裡說，即便是帝王之家、神仙洞府也不過如此。

「不是平家就不是人。」這句令日本人寒噤了多少世紀的話語，就出自這個時候，就出自平清盛的口。

而源氏呢？

1158 年，源賴朝落入平家之手。平家立即把賴朝押解至京都，平清盛

對其處置是：「明年1月13日，斬刑。」他要斬草除根，這是歷史的常識。

但事情往往壞在女人手裡。平清盛繼母池禪尼一把眼淚，一把鼻涕地對清盛求情說，賴朝的長相很像夭折的兒子家盛，就放了他吧。

平清盛當然想不到源賴朝有朝一日還會東山再起，更想不到平家一門後來會死在他手中。於是變斬殺為流放，把罪人賴朝流放到荒蕪的伊豆半島。

這一變，變出了日本歷史的趣味。

那年賴朝14歲，清盛43歲。

22年後，當平清盛得知源賴朝奉以仁王之旨舉兵攻打平家之後，悔恨不已。他說：「就像給了盜賊房門鑰匙，就像放虎歸了山。他忘了恩情，用弓箭對準了我們。」

平清盛臨死前，像瘋了一樣，反覆如是說。

源賴朝為了報答池禪尼的救命之恩，流着眼淚發誓，每天念一遍法華經以重新做人。後來，他把後白河法皇①攻打平家的院宣②掛在頸脖上，在石橋山與平家交戰。其意是，並不是我賴朝和你平家過不去，是後白河法皇不能違背的命令。

賴朝有着旺盛的權力意志，有着偏執的妄想意識，他要左腳踩塌奧州③外濱，右腳踩塌鬼界島④，最後站立於箱根山⑤頂端。

1190年，上洛⑥後的賴朝，對當時的攝政藤原兼實狂妄地說：「我是日本的大將軍。後白河法皇雖然握有實權，但總要萬歲（死去）的吧？這樣的話，我和你一起輔佐後鳥羽天皇，左右政治，讓天下回歸以前的善政。你以為如何？」其野心昭然若揭。

① 法皇：在日本，天皇退位後稱「太上天皇」，簡稱上皇；而出家為僧的上皇則稱「太上法皇」，簡稱法皇。

② 院宣：上皇被稱為「院」，「院宣」即上皇所頒佈的宣旨詔書。

③ 奧州：指日本的東北部。

④ 鬼界島：日本的外島，地理上在九州以南。

⑤ 箱根山：位於日本關東平原西部，在神奈川縣和靜岡縣之間。

⑥ 上洛：日文中「赴京都」之意，形容地方藩首集結大軍開往京都表明地位的過程。

平清盛的出生之謎

日本歷史上的源平之戰，是日本的武士們首次堂堂正正展開的正面決戰。

原先，日本的武士只是天皇和朝廷要人的警衛，在陽光的世界裡，是屬陰的存在。所以，在當時世人的眼裡，武士是卑微的，根本不入貴族們的眼。那麼，武士出身的平清盛，為什麼能出人頭地、升任太政大臣的高位？平清盛掌控這個實權的合法性又是什麼？這是日本歷史上的一大謎案。

日本歷史上，從 671 年大友皇子初任太政大臣，到平清盛為止約五百年，曾擔任太政大臣的只有三十人左右，平均約十六年才產生一位。而且，除被稱德女帝寵愛的道鏡和尚之外，任位的都是皇族或攝關家①。武

① 攝關家：「攝」指攝政，「關」指關白，天皇成年後，輔助總理萬機的主要職位，相當於中國古代的丞相。合稱「攝關家」，一直由藤原氏一族把持。

家出身的除平清盛之外，只有室町幕府三代將軍足利義滿，但那已是兩百多年之後。

源賴朝在歷史上是比平清盛更有影響力，但賴朝僅僅是權大納言，其權位離太政大臣還差好幾級台階。後來舉兵打倒後鳥羽上皇，奪取全國政權的北條義時，朝廷給予的也不過是相模守和陸奧守這樣中級貴族的待遇而已。

如此看來，平清盛能就任太政大臣確實是個異數。其原因何在呢？

這必須先說明平清盛的身世。平清盛的父親平忠盛是鳥羽上皇的院近臣（在上皇的院政裡做事）。平忠盛由於借父親平正盛的光，被鳥羽上皇的祖父白河上皇重用。有一天夜晚，上皇要與住在祇園的情人見面。平忠盛作為上皇的警衛，跟隨來到京都的八坂神社。

當晚下着雨。突然，一個口中吐火、披着長長白髮的妖怪，向白河上皇奔跑過來，嚇得上皇仰天直呼。他對平忠盛說：「我僱你當保鏢，還不

趕快砍死這個妖怪。」但平忠盛沒有拔刀，而是仔細打量這個妖怪之後，冷靜地對上皇説：「這不是妖怪。」

原來這是一位神社的神官，他手提燈籠外山有事，由於下雨，他就披着長長的蓑衣。為了不使燈籠裡的火熄滅，便一路口裡吹着氣。長長的蓑衣，在雨中燈籠火光的矇矓照射下，就像長長亂亂的白髮，給人以妖怪的感覺。

由於平忠盛大膽冷靜地應對避免了冤殺，為感激他，白河上皇就把祇園情人的妹妹介紹給了他。令人吃驚的是，好色的上皇早已對這位妹妹下了手——她已懷了上皇的孩子。這一切，平忠盛心裡其實也明白，但他假裝糊塗。不久，即 1118 年（元永元年），這位女子就生出了平清盛——平忠盛的長男。

原來，平清盛是天皇之子。

這在邏輯上就通了。因為從當時的日本社會來看，不要説院近臣家，即便是一般貴族想就任太政大臣，也絕不容易。如果沒有天皇家或攝關家的血緣關係，升任該職幾乎不可能。正如京都大學教授元木泰雄在其著作《平清盛的戰鬥——幻想的中世國家》（角川書店，2001 年）中説：「本來只是院近臣家出身的清盛，之所以晉陞到太政大臣，其原因除了天皇之子之外，其他難以説明。」

升任太政大臣的平清盛，沒過幾年就率數千兵士從福原上京，幽閉了後白河法皇，自己統掌政務。這是日本歷史上第一次針對朝廷的軍事政變，由此，從平清盛之手誕生了日本歷史上最初的武士政權。1180 年，平清盛又讓自己的孫子即位天皇，即安德天皇，並擅自解除了藤原基房的關白一職。關白被解任，這在日本史上也是第一次。平清盛之所以能這樣做，敢這樣做，全仗自己是天皇之子。他講的是血統論。

次年 2 月，平清盛驟死。開始是劇烈的頭疼，然後發燒，幾天之後，這位平家強人一命嗚呼。世間有火燒東大寺和興福寺所遭的報應之説，但

按現在的說法應是病毒性感冒致死。

自感死期臨近的平清盛，給了被幽閉的後白河法皇一封信：「自己死後，嫡男宗盛還請多多關照。」然而後白河法皇卻以日本式的曖昧應對。不得已，清盛只得對法皇實話實說：今後天下之政，由宗盛一人獨裁。不得有異。

然後，對平家一族留下最後的遺言：必須把流放罪人源賴朝的首級，放在我的墓前。

平清盛，就這樣結束了 64 年的生涯。

四年後，平氏一家被源賴朝剿滅。

平家兵敗的原因

賴朝舉兵是在 1180 年（治承四年），僅五年時間，就滅掉了十分強大的平家。這是為什麼？

從氣運上分析，平家最大的不走運就是賴朝舉兵半年後，即 1181 年 2 月，平清盛就病死了，死得很不是時候。

另外，平家從本質上看，是屬於貴族化的武家集團。而平清盛的嫡孫維盛在富士川合戰①中，聽到水鳥的飛叫聲竟嚇得逃跑，表明平家將領的弱質化，無法與在苦難中長大的源賴朝相比，這樣的人卻被平清盛任命為追討賴朝軍的大將。

① 富士川合戰：源平合戰的眾多戰役之一。1180 年（治承四年）11 月，源平雙方交戰於駿河國富士川（現為靜岡縣富士市）。

逃回京都的平維盛遭到平清盛呵斥：「為什麼不獻出生命？為什麼要逃回來？」

富士川合戰後一個月，平清盛把首都從京都遷到福原（神戶）。後白河法皇、高倉上皇和安德天皇，被強令遷往福原。

從 794 年的平安遷都，到明治維新首都定在東京為止，人們一般會認

為，日本的首都一直在京都，這其實是不準確的。這當中有半年時間，日本的首都在神戶。平清盛為何要遷都？

他的一個基本想法是：要想與源氏決一死戰，必須要有資源作補給，而福原本就是平家一族的經濟據點。更為重要的是，神戶是天然良港，平家的海軍又特別強大，這有利於發揮自家優勢。而京都是環山的盆地，有利於陸軍，陸軍卻是源氏軍強大。

平清盛這一戰略構想並不算太壞，但叫毫無準備的後白河法皇和公家們放棄已經習慣的京都，到荒蕪、蒼涼和蕭瑟的福原去辦公和生活，心中的不滿是可想而知的，心理的反差也是巨大的。

由於是匆忙遷都，所以連天皇的住所都沒有落實好，只好用平清盛在福原的別墅來代替。加上比叡山延曆寺的和尚們也施加壓力堅決要求搬回原地，平清盛只好在半年後又把首都遷回京都。真的是勞民傷財，大傷元氣。這是平清盛的第一個大錯。

平清盛的另一個大錯，是 1180 年 12 月對南都佛教①勢力的討伐，致使有幾百年歷史的奈良東大寺大佛被燒燬。這招來了民眾對平家的巨大反感。

① 南都佛教：即奈良佛教。因為奈良在平安都南，故稱為南都佛教。

② 鴨長明（1155—1216 年）：平安後期至鎌倉初期歌者，生於神官之家，50 歲時因失意出家，著有日本三大隨筆之一《方丈記》，以人世無常為主題。

鎌倉時代的文學作品、鴨長明②的《方丈記》，描述了賴朝舉兵後的京都生活狀態：「兩年來，乾旱、颱風、洪水接連不斷。農作物無收。再加之傳染病大流行，餓死者不計其數。」從 4 月到 5 月的兩個多月，京都有 42 300 人餓死（還沒包括郊外和周邊的數字），比日本 1995 年阪神大地震死去的六千多人多了好幾倍。發生如此規模的大饑荒，政權維持的難度可想而知。

平家的西國一片狼藉。那麼賴朝的東國如何？

按照日本氣象學者的推論，1181 年的東日本，談不上大豐收，也談不上歉收。

於是，日本中世史研究專家石井進在《日本歷史‧鎌倉幕府》一書中說：東和西這種糧食供給的差異，不僅對富士川合戰、而且對以後東西兩軍的交戰，都起到了相當大的影響。

確實，這個差異是巨大的。一邊是不戰即死，或活着的都是半死的病人；另一邊卻是吃飽了肚子，充滿了力量。

天災的不幸是為政者的不德，這是歷史上的「天人相關」說。日本人在近代以前，非常相信這個說法。

平清盛作為當政者，1180 年 4 月強行讓僅三歲的外孫即位天皇。6 月強行遷都福原。12 月強行燒討南都。第二年，就招來死人無數的大饑饉。

當時的人們都這樣思量：這是平清盛無德的結果。由於反感平清盛，連老天都站在了源氏的一邊。

就在對平家的一片反感中，1181 年 1 月，安德天皇的父親高倉上皇死去。2 月，平家門柱平清盛病死。

平家的上空，烏雲翻滾。

平家的未來，一片漆黑。

源賴朝比平清盛聰明的地方

源賴朝作為領袖人物，其謀略還是有的。

在大敗平家、取得富士川合戰勝利之後，源賴朝沒有急於進京，而是在祖父打下根基的鎌倉紮營，這一做法相當聰明和務實。因為這時賴朝還沒有足夠的兵力，其身份還是個流放者。同時，平家在關東無大的勢力，唯一的一族就是常陸的佐竹，賴朝不費力氣就拿下了他。這樣關東八國能有力量反對賴朝的，基本沒有了。這是 1180 年 12 月 12 日的事情。這一年對賴朝來說，是相當重要的年份。

平家政權從 1159 年平治之亂（平清盛舉兵擊敗源賴朝的父親源義朝）

到 1185 年平家在壇浦全軍覆滅，只有 26 年的時間。而從平清盛的死到平家的垮台只有四年的時間。平家為什麼這麼快滅亡？源家（賴朝）為什麼能這麼快取勝？

平家從武士階級中勝出，確立政權，使許多武士對平家充滿了期待。他們認為同樣是武士出身的清盛，肯定會維護他們的利益。但是，平清盛所從事的政治，都是從藤原氏那裡學來的。具體地說，就是自己成為太政大臣，自己的兒子們成為大納言① 等朝廷高官，自己的女兒嫁給天皇，生下兒子成為新天皇，以此鞏固和炫耀自己的權威和權力。

① 大納言：日本從中世開始的一種官職。主要職責是參議政事，把政務上奏天皇。這一官職在 1871 年（明治四年）被廢除。

但武士們所要的是自己開墾的灑過汗水的土地，他們要當政者認可他們的正當權利，即土地私有的權利。武士們在關東開墾新田，建立農場，從朝廷的角度來看卻是不法佔有，國家可以隨時收走，武士因此很不安。平清盛沒有辦法消除武士們的這種不安，這方面的政策一個也沒有。

中國沒有武士，只有武人，如《三國誌》裡的關羽和張飛等，隨着劉備成為皇帝，他們也成了將軍，成為公務員。而日本的武士從性質上說僅僅是私人武裝，不可能有公職，和中國的武人有着相當的不同。在這方面，平清盛的政治智慧顯得很不夠，他不知道自己該做什麼。

但源賴朝知道。他為什麼知道清盛不知道的事？原來，賴朝被清盛流放到荒涼的伊豆半島近三十年，在那裡他自己要拿鍬鎬，要下田地，要耕作，否則就要餓肚子。因此下級武士想要什麼，他們有什麼期盼，源賴朝心裡很明白，這就是賴朝比清盛聰明的地方。武士們開墾荒地，耕作良田，對他們來說，關東的土地是最寶貴的。

保證已獲得的土地，再承諾給予新的土地，這就令武士們都願為這位鎌倉公獻身，一種比朝廷還要鞏固的新的主從關係就此出現，誰要破壞這種主從關係，誰就是軍事打擊的對象。

這就是賴朝的力量。

這就是賴朝比清盛聰明的地方。

1180 年 9 月，賴朝在石橋山一戰中慘敗於清盛。從房總半島的海路逃跑的賴朝，開始在關東糾集武士。他對自己這樣說過：

「不錯，打敗了，我是打敗了。但如果命沒了，那就真的完蛋了。好在我的這條命還在，等着瞧吧，我還活着。」

解讀這段話，你可以說源賴朝是厚顏無恥，因為他把活着視為勝利。你也可以說源賴朝是血性方剛，因為他把死視為失敗。但不管怎麼說，賴朝的這種草根性，正是武士們所喜歡的；而清盛的顯貴性，正是武士們所討厭的。

日本史上傳說最多的一個人

司馬遼太郎[①]說，到今天為止，日本歷史上沒有出現過有人氣的歷史人物。而源義經的出現，確實是日本歷史上的首次。還在豐臣秀吉時代，就開始上演《船辯慶》[②]。體態肥滿的德川家康，還扮演過源義經的少年時代。司馬遼太郎的小說《義經》裡說過這件事。

> ① 司馬遼太郎（1923—1996 年）：本名福田定一，此為筆名，取「遠不及司馬遷」之意，是日本最為著名的歷史小說家、評論家，有「國民作家」之稱。
>
> ② 《船辯慶》：亦寫成「船弁慶」，由室町時代的能樂師觀世小次郎信光編寫的能樂作品，主要取材自《平家物語》、《吾妻鏡》和《源平盛衰記》等，講述源義經和源賴朝兩兄弟的故事。

源賴朝的弟弟源義經，為何如此有人氣？

當然首先因為他是個軍事天才。一年之內，他把強盛的平家打得趴下，三大戰役（一之谷、屋島和壇浦）三連勝。當時他只有 27 歲。

源義經的父親，即賴朝的父親，是左馬頭源義朝。問題是母親。賴朝的母親是名古屋熱田神宮大宮司的女兒。義經的母親是宮中的雜仕女，名叫常盤，出身雖一般，卻是絕世美女。

源義朝是個艷福家，從京都到東國的途中，他一路走一路撒種。其長子之母是關東豪族三浦家的女兒，賴朝的母親是名古屋人，義經的母親是京都人，和源義朝生了三個孩子。

後來源義朝在平治之亂中失敗，逃生中被自家人殺害。常盤帶着三個兒子，即八歲的今若、六歲的乙若和兩歲的牛若，躲到大和的龍門裡，沒被平家軍發現。但常盤之母被抓，常盤獲悉後到六波羅處流淚自首：「我和孩子被處死都沒有關係，但我的母親還請放了她。」可見其孝心。

平清盛聽後表示同情，同時常盤的美貌也讓他動心，答應不殺其母和孩子，條件是常盤必須做妾。這年常盤 23 歲，在一千年前，這個年紀已屬半老徐娘了。

貞女不嫁二夫，這是儒家社會對女人的道德要求，但這對日本不適用。16 世紀到日本傳教的葡萄牙人弗洛伊斯，就在報告中這樣寫道：「這個國家的女性，對處女的純潔毫不看重。女性即便失去貞操，也不影響榮譽和結婚。」在日本歷史上，女人講貞操，在家封閉自己的，僅僅是江戶中期武家社會一時的現象。照日本學者的說法，這個時代屬於「窮屈的時代」，即屬於不正常的時代。而現在的日本女性，則是屬於通常的狀態，也就是弗洛伊斯所寫的的狀態，也就是《源氏物語》中的男女性風俗的狀態。

對不殺三子的做法，平家一族都表示反對。但平清盛說：源家的賴朝在我的繼母池禪尼的懇請下留下一命。年長之人都能活命，年幼之人反倒被殺，於理不通。之後，清盛和常盤生有一女。但常盤的最後結局還是被清盛拋棄，悲慘的常盤又與中級貴族藤原長成成婚，又生下數子。

平清盛對三個小孩的處理都是讓他們出家當和尚。在鞍馬寺當和尚的牛若 11 歲時看到「家祖圖」後下決心：源家世代都是武士的棟樑，但今天卻衰敗到如此地步，一定要滅了平家，為先祖雪恥。於是自己讀兵書，練武功。16 歲元服①後改名為源九郎義經。

① 元服：日本奈良時代以後男子成人時舉行的一種儀式。內容是改變髮型和服飾，加冠。

15

母親命運的一波三折，決定了源義經的少年生活必定是流浪的生活，但這絕不是壞事。如果說賴朝的流放等於留學，那麼義經的流浪就是實地研修。兄弟二人，各有所得。賴朝學習了政治，義經習得了軍事。在流浪時期，義經與山中野盜為友，學會了一種奇襲的游擊戰。他破平家，就屬於反常規作戰，在正規兵法中沒有。

　　因此有日本學者說，如果沒有源義經，日本的歷史就會像中國的三國時代一樣：中央是漢帝，魏吳蜀三分家。日本是：中央是天皇家，西國是平家，東國是源氏，奧州是藤原氏。

源義經的軍事天才

　　1184 年 2 月的一之谷之戰，是決定平家命運的三大戰役之一。

　　一之谷，位於現在的神戶市須磨浦附近。義經在三草山制服平家軍後，乘勝追擊，向一之谷地帶進軍。

　　一之谷從地形來看，南面是海，即瀨戶內海；北面是陡峭的山，即神戶的六甲山脈。平家用強大的海軍，在前面（南）部署了堅固的防衛線。而如果敵人從相對狹窄的兩翼進攻，大軍則難以展開。平家對這樣的防禦，有絕對的自信。

　　但出其不意的是，源義經和正面進攻的主力分道揚鑣，僅率四十騎兵精銳，急行軍一百公里，硬是翻越了高取山和鐵拐山，向一之谷背後的陣地發動奇襲。時節正值早春二月，山峰殘雪斑斑。義經找來一位獵人問路：「人馬能過這山峰嗎？」獵人回答：「人都過不去，何況馬。」義經又問：「那麼鹿能通過嗎？」獵人回答：「鹿能過。」義經笑道：「鹿有四隻腳，馬也有四隻腳，鹿能過，馬怎不能過！」說完便命衝下去七匹馬，其中三匹馬折斷了腿，四匹馬雖無傷卻嚇得渾身顫抖。

　　義經笑了：「看，天無絕人之路，我打頭，騎馬往下衝！」

平家在大山背後沒有佈置一兵一卒，因為他們做夢也想不到，在這樣的陡峭絕壁上會有義經的騎兵衝下。平家軍頓時大亂，死傷無數。當然，這種奇襲是有條件的，即必須迅速果斷，如果動作稍慢一步，敵方就會察覺意圖。但是義經做到了，打破了騎兵只能在平原作戰的常規。

一之谷戰役，平家損失慘重，僅被源氏軍割取的首級就有兩千人以上，其武將或被生擒，或戰死。但平家總帥平宗盛抱着不滿七歲的安德天皇和三種神器①從海上逃跑了。幸虧平家有水軍，否則平家這一戰就滅亡了。

義經和平家的第三場惡戰，移到了海上。

當時平家的海軍，擁有當時最大級的御座船（唐船），同時也擁有機動性能很高的小型船。平清盛的祖父平正盛，當時就從事海上貿易，有「海民」之稱。源氏雖擁有強大的騎兵，但在海上只能徒步。所以從常識看，源義經不可能取勝。

但源義經還是取勝了。為什麼？且看下面一段插曲就明白了。

1185 年 3 月 14 日，壇浦決戰即將開始，軍船的監督官梶原景時對義經請求說：「請派我打頭陣。」

義經說：「打頭陣的是我。」

梶原景時抗議道：「你不是總司令官嗎？」

義經說：「賴朝才是總司令官，我們都是奉軍令的同輩之人。」

梶原景時憤怒道：「你這個人天生就不是當將軍的料。」

義經一聽火氣上來，手握大刀罵道：「你才是日本第一大混蛋。」

梶原景時也氣憤地手握橫刀回答道：「請不要這樣無禮，賴朝才是我們的主，你有資格這樣罵嗎？」

臨戰前的這場爭吵，其實是 1185 年 2 月屋島戰役前兩人爭吵的繼續。那時，梶原景時提議在船尾安裝船槳。

義經則提問道：「安裝船尾櫓有何用？」

景時答道：「船頭船尾都有船櫓的話，就可進退自如。船上作戰和陸上騎馬作戰不同，騎馬進退沒有問題，但船就不一樣，前進容易後退難。如果在船尾也安個後櫓，一旦遭到敵人的進攻，就可用尾櫓後退。」

義經聽後很不以為然：「所謂戰鬥總是主將激勵兵士奮勇向前。現在還沒有交戰，首先就設計逃跑的計劃，這還能取勝？」

景時回答道：「只進不退的主將，是野豬式的蠻勇，相當危險。這是義經你年少氣盛的表現。」

義經頓時變了臉色，說：「自己是豬是虎不知道，自己只知道奮勇殺敵才是最大的滿足。衝向敵陣，就做好了死的準備。如果你是大將的話，安裝上百上千的尾櫓也與我無關，但我堅決不這樣做。」

這一爭論，究竟誰正確呢？

可能大多數人會認為梶原景時的說法不錯。是的，從常識看，景時的說法有其合理的一面，能攻能守，進退自如，乃兵法之正常套路。

但義經的說法在戰略上也能成立。義經講奇襲，講瞬間一擊，如果安裝船尾櫓，這不是影響速度嗎？而且裝個能後退的船櫓，兵士的士氣就會打折扣，腦子裡就會萌生逃生的念頭。如果只進不退，背水一戰，奮勇殺敵，倒反能保全自己的生命，能夠取勝。義經講的是戰場上出奇制勝之理。當時，滿船的關東武士，也都贊同義經的說法，嘲笑景時的膽小。

反規則，反常識，是義經取勝的關鍵。

1185 年 3 月的壇浦（下關海峽的彥島附近）海戰之所以義經能取勝，奧秘也在這裡。這場海戰是源平兩家的最後決戰。從兵力上來看，《平家物語》說是三千艘對一千艘，《吾妻鏡》① 說是 840 艘對 500 艘，源氏軍佔優。

① 《吾妻鏡》：鐮倉幕府的官方史書。全書 52 卷。記述從 1180 年（治承四年）源賴朝舉兵到 1266 年（文永三年）宗尊親王歸京的 86 年歷史。

戰鬥一開始，義經就命令射殺平家的艄公和舵手，使敵船不能動彈。

對於這種打法，有人會説，這不是很正常嗎？但在當時日本，艄公和舵手不屬水兵（戰鬥人員），是請來幫忙划船的非戰鬥人員。在戰場上，非戰鬥人員一般是不殺的，這是戰爭的常識。但義經打破了這個常識。對此，有日本歷史學者説，義經在那個時候就把非戰鬥人員即後方支援部隊納入打擊圈內，這個主張實際上就是近代戰法的先驅。

最後，壇浦海戰的結果是：二位尼（清盛的妻子）懷抱八歲的安德天皇和三種神器投海自盡。清盛的弟弟、子孫共五人也相繼投水自盡，其總帥宗盛被活捉。源義經以完勝收場。

源賴朝為什麼還不滿意？

打完海戰，源義經就差人向鐮倉送了一份戰果報告書。報告書的內容有四方面：安德天皇沉沒海底；平家跳海自盡者名單；生擒者的名單；三種神器之一的神劍丟失。真可謂戰果輝煌的報告書。

但在鐮倉的哥哥賴朝，對這個勝利並不滿足。為什麼？因為弟弟義經犯了戰略性的大錯。

賴朝對平家動武的最大目標是，把安德天皇擁有的三種神器（即玉、鏡、劍）必須奪回來。賴朝為此下了死令。賴朝為了關東獨立國的建立，寧可不要平家的滅亡，而要這三種神器。

賴朝想建立日本歷史上從未有過的「武士的政權」，需要朝廷的認可和放權（徵稅權、任命權等）。凡屬獨立國的基本「要件」，賴朝都想要，因為他除了有強大的軍事力量之外，什麼權也沒有。

那麼，從哪裡才能獲得這些權力呢？除了朝廷之外沒有第二個地方，而要想壓住朝廷，手中就必須要有討價還價的「硬件」，而最好的「硬件」莫過於三種神器了。這是日本國的權力書，有三種神器在手，朝廷就會讓步。

以為只要打倒平家就算勝利的義經，看到二位尼在最後一刻抱着三種

神器跳入大海，慌忙打撈，但神劍已經沉入海底。或許神鏡和神玉自身較輕，漂浮在海面，被發現打撈出。

當然，在沉入大海之前和之後，在日本歷史上，沒有聽說誰見過這三種神器。即便是鏡和玉這兩種神器被撈出海面，但被誰撈出？怎樣撈出？鏡和玉是個什麼樣子？日本史書對此也語焉不詳。就連文學作品《平家物語》，對此也缺乏想像力。不，或許不敢想像，或許不能想像。

三種神器缺一，原本代替安德天皇繼位的弟弟後鳥羽天皇，就無法即位，因為缺乏合法性，後白河法皇對此憂心忡忡。最後，後鳥羽天皇只得依靠後白河法皇的權威，強行即位，開了日本天皇史上無神器而即位的先例。為此，它成了後白河法皇的一塊心病。

自己的弟弟在戰術上是天才，在戰略上卻是蠢才，作為哥哥的賴朝當然不滿意，不高興。

可不，在聽完壇浦海戰戰果匯報後，賴朝極為不滿地對匯報者說：「這家伙根本不知道最重要的東西是什麼。」

這是賴朝對義經指揮的壇浦海戰最經典也是唯一的評價。

日本史上最殘酷的兄弟相爭

一之谷戰役大勝後，義經凱旋回到京都。後白河法皇大為高興，便給義經封了兩個官職，一是左衛門少尉，一是檢非違使。前者也叫京都的警察官，後者也叫京都的判官，源義經被日後日本人叫做「九郎判官」，就是從這裡開始的。

照理說，得到官位是一件值得高興的事。但是，卻有一個人不高興，反倒被激怒，此人就是義經的哥哥賴朝，因為義經沒有徵求賴朝的意見。也就是說，義經封官沒得到賴朝的許可，是義經和朝廷的擅自行為，任命本應從他這裡發出才是。這件事更讓賴朝感到獨立和權力的重要性，因此

他更加心中不平。

但義經不知道賴朝憤怒的根源何在。

結果，在壇浦海戰後僅一個月，賴朝就下命令，要東國的武士不要聽義經的指揮。這實際上就是罷了他的官職。這還不算，賴朝還把送給義經的原本屬於平家的 24 塊領地沒收了，義經一下變成了沒有地位、沒有財產的落魄者。

蒙在鼓裡的義經慌忙把抓獲的平宗盛等人帶往鎌倉，想作為勝利的果實博得賴朝的好心情。但賴朝連鎌倉的大門都不讓義經踏入，就把他攔到附近的相模國腰越地帶。毫無政治意識的義經為此寫了為自己辯解的「腰越狀」，他委屈地寫道：「我能升任判官這一職位，對源氏一族有什麼不光彩的呢？」「我時而揮鞭躍馬於斷壁懸崖之間，置性命於不顧；時而冒風行舟於驚濤駭浪之中，幾葬身於鯨鯢之腹。有功無過而遭遇這樣的待遇，真是令人痛心疾首耳。」

但是賴朝不為所動，雖然也曾為弟弟的悲情言辭留下幾滴眼淚，但鐵腕的殺意絲毫沒有減弱。

義經在不能進駐鎌倉的情況下，只得返回京都。就在返回的途中，平宗盛父子在近江被淒慘地斬首，這當然是賴朝的命令，為的是敲山震虎。

義經終於明白過來，賴朝要他死。

返回到京都的義經，終於舉起了反擊哥哥的叛旗，他向後白河法皇請求征討賴朝的「院宣」。

法皇頗有難色。因為此時賴朝已有了能調動這個國家最大兵團的實力和能力，絕對不容小視。但義經在旁逼迫：如果不許可，我就自殺。法皇權衡再三，還是順從了義經之意。當然，除掉賴朝，本也是朝廷一直想為而不敢為的事情。

義經開始踴躍募集士兵，但響應者寥寥無幾，因為賴朝的大政方針深入人心——建立利於武士的獨立國。而義經亮不出自己的大義名分。

偏偏就在這時，義經又觸大霉頭，其精銳兩百多人從攝津國大物浦（今兵庫縣尼崎市）揚帆去九州的途中遇上暴風，全船沉沒。這兩百多人可是一騎當千的勇士，失去他們對義經來説，注定了反賴朝的失敗和義經的沒落。

曾經在暴風雨中渡海攻打平家的義經軍，為什麼會在暴風雨中翻船？多少有點不可思議。《平家物語》説，這是平家的怨靈在作祟。

無路可走的義經，只得領着數人亡命於奧州藤原氏，從天王寺（大坂）向吉野山（奈良縣）方向逃竄。

1189 年（文治五年）4 月，屈服於源賴朝武力的藤原泰衡，背叛了父親藤原秀衡的遺言，在衣川館襲擊了義經。義經寡不敵眾，在持佛堂自盡，時年 31 歲。兩個月後，義經的首級被送往鎌倉查驗。腐敗糜爛的首級叫檢使如何確認呢？因此有了各種説法，其中有一説認為義經沒有死，逃往北面的蝦夷去了。

在首級到達鎌倉的第二天，賴朝統帥了 28 萬大軍，開始向奧州藤原氏進軍。

最無情是源賴朝

賴朝為了置義經於死地，曾召集武士問道：「弟弟義經威名四起，凌駕於我之上。你們當中有誰能去追殺義經？」

源氏的武將們沉默不語。

是啊，天下第一的武人誰不敬服？為源氏復興立下頭功的人，武士們哪有殺害他的理由？

賴朝對此大為不快，只得命令梶原景時去解決問題。

梶原景時很為難地對賴朝説：「我與義經不和是眾所周知的。派我去京都的話，必被義經識破，受損的是您將軍的權威。所以還是另請高人為

好。」賴朝接受了這個意見。於是便命令奈良法師土佐坊昌俊去京都謀殺義經。

但土佐坊昌俊的意圖被義經識破，於是他聲淚俱下地寫了悔過書，義經便放他一馬。但就在當晚，土佐坊昌俊率兒玉黨六十多騎，偷襲義經的六條掘河館。義經身邊這時只有七騎。義經以一當十，用大刀砍倒一片。當義經的援兵來到時，昌俊敗走逃往鞍馬山。鞍馬山恰恰是義經的故鄉，山裡的和尚當然向着義經，便把昌俊抓起來交給義經。

義經說：「你違背了自己的誓言，將受懲罰。」

昌俊答道：「我只是奉將軍的指令，要罰也不是罰我。」

義經氣得一拳打在他的臉上。

昌俊則平靜地說：「這不是我的臉，是賴朝將軍的臉。」

義經被他這一說，倒也頗感震動，便萌生免他一死之念，遂問他：「想回鐮倉嗎？」

昌俊答曰：「從鐮倉出來，就沒有打算活着回去。不幸被抓，早點死去才是光榮。」

義經不得已，斬殺了他。這是 1185 年（文治元年）10 月 26 日的事情。第二天，後白河法皇就向義經下了征討賴朝的許可。

賴朝聽聞後，便親自率領源家諸將，出兵討伐義經，來到黃瀨川（今靜岡縣沼津市）。

五年前的 10 月份，在討伐平家的戰事中，賴朝和義經首次會師就在黃瀨川。這是一次淚水對淚水的會師。《吾妻鏡》這樣寫道：「二人縱論往事，流出懷舊的眼淚。」

但五年之後，賴朝卻對自己的手足懷恨在心，再次來到流淚傷心地，賴朝有何感慨？

源氏的諸將們心裡明白，與滅了平家的武將決戰，勝負早已知曉，因此鬥志不高。

義經沒有心情與自己的兄弟決戰，他上奏法皇說：「我們如果決戰於京都，京都必將大亂，故不想和兄在此決戰，想暫時躲避於鎮西。請下院宣。」於是，法皇命令義經為九州的地頭。但法皇又怕賴朝生氣，於是又向諸國下了搜查義經的院宣。

賴朝確實有他機警的一面。1185 年（文治元年）11 月 8 日，賴朝在去京都的路上，突然在途中止步不前。為什麼？因為他得到情報，義經已經從京都逃出。

賴朝馬上中止了去京都的計劃，回到了大本營鎌倉。他的警覺是驚人的。他知道自己的弟弟是神出鬼沒的天才，現在去向不明，就是一個巨大的危險，極有可能躲藏在去京都的路上伏擊自己。賴朝的這種警覺，是在多年的流放地養成的。周邊都是平家的人，一不小心就得殺頭，沒有敏銳的感覺，是絕對不行的。

賴朝乘機敲打朝廷

源賴朝作為政治人物，確有某種天賦。

後白河法皇下院宣給義經，追討賴朝，這對賴朝來說，是朝廷犯下的不可饒恕的過錯。如果能抓住這個機會，就會彌補三種神器缺一的不足。

1185 年（文治元年）11 月下旬，賴朝宣佈代理人北條時政為大將，向沒有義經的京都進發。

沒有武裝力量的朝廷，感到了震驚。怎麼辦呢？朝廷慌了手腳，只得認可武士的權力，交換條件是自己的存活。

賴朝終於得到了想要的東西，日本歷史迎來了新時期。

那麼，賴朝從朝廷奪得的是什麼權力？就是在日本各國設置「守護」①和「地頭」②

① 守護：是指被任命在各地的最高軍事和行政指揮者，也身兼維持國內治安的職責。

② 地頭：是指莊園、公領（朝廷直轄地）的實際管治者，具有軍事、治安、徵稅等實權。

的權力。再說得明白點，就是日本的人事任免權從朝廷回到了地方。從此，賴朝就是「日本國總追捕使」，就是「日本國總地頭」。賴朝有了逮捕權，更有了認可武士土地所有權的權限。

誰開墾新土地，誰就是這塊土地的地頭。對武士來說，認可自己是這塊土地的所有者，賴朝是第一人，他們當然感激源賴朝。賴朝自己一寸土地也沒有，卻成了東國的土地頭領。司馬遼太郎說得準確，鐮倉幕府的一半機能是對土地問題的裁判。

守護也好，地頭也好，賴朝最終考慮的問題是如何從朝廷那裡獨立。特別是關東，是否能率先獨立。

從歷史上看，這不是賴朝的最先發明。250 年前平將門①就大膽地想從西面的朝廷那裡將東國獨立出來，和西面的天皇相對應，他稱自己的東面為「新皇」。但這個實驗沒有成功，平將門作為反叛者被處刑了。喜歡歷史的賴朝，應該知道平將門的故事，但他沒有重蹈平將門失敗的覆轍，平將門想要的東西，賴朝現在已經擁有了。

① 平將門（903—940 年）：桓武天皇的五世系，於 939 年（天慶二年）在下總國（今千葉縣北部）舉兵謀反，自稱新皇。後遭斬首。

源賴朝最後對奧州藤原氏下手，現成的借口就是弟弟義經在那裡得到庇護。賴朝身為全國的總追捕使，有權逼迫庇護者交出犯人。其實，從政治考量，賴朝根本不允許藤原氏的存在，因為奧州在那時已是變相的獨立國了。奧州藤原氏每年向京都朝廷上貢金銀和良馬，這表面看是孝敬的主從關係，但實質上就是一種對等的獨立國關係的顯露。賴朝要摧毀的就是這個獨立國。

從源義經這件事上，可以看出日本人其實並不懂政治。一千年過去了，日本人現在還是從妒忌、猜疑的角度來理解賴朝的行為。其實，賴朝幹的是前無古人的事，豐臣秀吉相當賞識賴朝的這種做法。四百年後秀吉在鐮倉的鶴岡八幡宮參拜時，在賴朝的雕像前說：「以卑賤的身份奪取天下的，

就屬公子你和我了。不過公子原先是源氏的門第出身，而我是土民出身。」

征伐奧州勝利的第二年，即 1190 年（建久元年），賴朝親率大軍，浩浩蕩蕩進京都。

從 1180 年伊豆半島舉兵到 1190 年率軍進京都，正好是十年。

從被平家抓捕流放伊豆算起，正好是三十年。

日本歷史給人的最大疑惑

一個伊豆的流放罪人，終於奪得了日本實際統治者的地位。

引人注目的是，代表朝廷的後白河法皇和代表幕府的源賴朝，在京都舉行了一場「首腦會談」。這是 1190 年（建久元年）10 月的事情。

這在日本史上是空前的，除神話史之外，兩大對立勢力的代表坐在一起會談，在日本史上從未有過。在賴朝之前，天皇家和藤原氏沒有過；在賴朝之後，天皇家和織田信長也沒有過。

歷史學家石井進在《日本歷史·鐮倉幕府》中這樣寫道：賴朝上京，在京都一月有餘，拜見後白河法皇和後鳥羽天皇，舉行了長時間的政治會談。賴朝的目的很明確，就是對過去十年來的內亂來個總決算，以此從朝廷那裡得到更大的權力。

後白河法皇是日本天皇中最有政治感覺的人，面對咄咄逼人的新王賴朝，他只得再放一些無關緊要的權力。但對最關鍵的征夷大將軍① 的任命，他至死不鬆口。為了安撫賴朝，這次會談的最後結果是：封源賴朝為右近衛大將。

① 征夷大將軍：原為大和朝廷為對抗蝦夷族所設立的軍事職位。後成日本武士之首。將軍從 1192 年至 1868 年是日本的實際統治者。將軍的政府稱為「幕府」。

近衛，就是近距離守衛天皇的意思。皇宮裡有近衛府，和左大臣右大臣一樣，也有左近衛和右近衛。右與左相比，左位更高。右大將的上面，有兵部省（國防部）的長官。也就是說，作為武士棟樑的賴朝，後白河法

皇只給了他一個軍團長的位子。而且這個職位的特點是，賴朝必須離開鎌倉常駐京都。狡猾的後白河法皇，在不撕破臉面的情況下，用調虎離山之計讓鎌倉群龍無首，最後使其瓦解。

1190 年（建久元年）12 月 1 日，賴朝接受了右大將這一官職，但三天之後他就提出辭呈。原來，源賴朝最終想要的是征夷大將軍這個官位，這樣他就能掌控關東和東北地區。而掌控了關東和東北地區，實際上也就掌控了大半個日本。

但後白河法皇拒絕了，這位被源賴朝罵為日本第一大天狗的法皇，當然有他的政治考慮。可法皇還是鬥不過天命，於 1192 年（建久三年）3 月去世，僅 12 歲的後鳥羽天皇即位，朝廷從此失去了像後白河法皇那樣有份量的人物。

機遇再一次偏向源賴朝。在賴朝的再三強硬要挾下，這位少年天皇終於給了賴朝夢寐以求的官位——征夷大將軍，這離後白河法皇死去僅四個月。

朝廷任命給他的理由基於兩點：一是源賴朝屬於「清和源氏」的血統，符合「貴種性」的要求；二是自其父源義朝開始在東國建立了「武士的棟樑」的地位，符合「地位性」的要求。

至此，鎌倉幕府宣告成立。源賴朝三大目標達成：顛覆平家，建立軍事（武家）政權，阻斷朝廷的干涉。

日本歷史上，自古以來以天皇為主體的朝廷體制，終於轉變成以武士為主體的幕府體制。這個體制也叫「朝幕並存」，共延續了七百年。

朝幕何以能並存？兩個不同勢力的政權，何以能並存？外國人實在看不懂，西方歷史學家到日本來，詢問得最多的也是這個問題。

這個號稱日本歷史上最大的謎，就此誕生。

這是個基本沒有正解的謎，只能各說各的，反正言之有理就成。

源賴朝的死因究竟是什麼？

源賴朝在 1199 年（建久十年）1 月 13 日毫無預兆地突然死去，時年 53 歲。幕府官方的史書《吾妻鏡》對賴朝的死因毫無記載，令人難以理解。這肯定隱含了一個大陰謀，或有不可告人之目的。

為此，對賴朝的死，產生了各種政治性說法。或許正是對這些說法有所顧慮，官方文獻才故意使其空白。

縱觀日本史書，對賴朝的死因眾說紛紜：

《真俗雜錄》說，賴朝的身邊之人安達盛長，殺錯了人。

《見聞私紀》說，妻子北條政子用長刀殺死了自己的丈夫。

《賴朝最初的物語》說，畠山重忠之子重保，殺錯了人。

《武家俗說辯》說，賴朝被道士怨恨而怒殺。

以上說法均屬江戶時代的妄語，似不可信。

有趣的是，《吾妻鏡》不直說源賴朝的死因，卻含蓄地說：相模河的木橋，有幾處腐朽損壞，急需修理。

這一說法對後世影響甚大，日本史學家便編出「落馬而死」之說。

但賴朝是東國武士的棟樑，身經百戰，怎會落馬而死？

於是，有了進一步的說法：

有的說，去相模橋做完佛事回家路上，賴朝遭遇了亡靈，如平家的安德天皇、弟弟義經等，因而一病不起。

有的說，在做佛事過程中出現了很多亡靈，賴朝的乘騎被驚得亂跳亂蹦，落入河中，賴朝隨之落水，頭部撞石而死。

有的說，平家殘黨能登守[①]平教經裝扮成女性，埋伏在賴朝參拜回來的路上，突然砍殺賴朝。

> ① 能登守：能登，地方名。今為石川縣附近。守，地方長官。

有的說，賴朝在歸途中落馬，隨即中風發作。

有的說，賴朝突發重症腦出血，隨即落馬，妻子北條政子沒有及時叫

醫生來醫治，正合其殺夫的陰謀。

以上這些說法，似乎都不堪一駁。

一個死裡逃生的大將軍，怎會懼怕虛幻的亡靈？

而平家的殘黨能登守平教經，早已在一之谷戰役中死去。

賴朝妻子北條政子的父親北條時政是伊豆的大豪族，而賴朝是流放者，當時就是罪人。豪族和罪人通婚，要麼是瘋子，要麼是天才，歷史證明北條氏是天才。從這點來說政子怎麼會暗殺自己的丈夫呢？

其實，日本的史料中有種不引人注意的說法，如果加以注意的話，或許能接近正解。就在賴朝死後第五天，京都公卿近衛家實在其日記《豬隈關白紀》裡這樣寫道：「前右大將賴朝卿，因飲水之病逝去。」

「飲水之病」就是現在的糖尿病。因為糖尿病而兩腿衰弱，引起落馬，因外傷惡化而死去，這在邏輯上能說得通。日本史學家奧富敬之所寫的《探尋源氏三代的死之謎》（新人物往來社，2000 年）一書，就持這一說法。

但筆者還是認為，從鎌倉幕府成立到源氏三代不長的政權壽命來看，賴朝被暗殺的可能性相當高。被誰暗殺？兇手是誰？幕後黑手又是誰？

實際上，答案也很簡單，幕後黑手就是朝廷，兇手就是從賴朝手裡獲得土地開墾權的武士們。因為武士們感到，賴朝晚年的政治行為背叛了他們的利益。

① 藤原定家（1162—1241 年）：藤原俊成之子，鎌倉初期的歌人。《新古今集》編纂者之一。

② 土御門通親（1149—1202 年）：又叫源通親，服務於朝廷的政治家，倒幕派先鋒。

藤原定家①編撰的朝廷秘聞《明月記》記錄了土御門通親②的奇怪行為，當源賴朝的死訊傳到京都，「通親一點也不驚訝，他正在準備倒幕派公家的人選」。好像通親對賴朝的死早有預料。這也驗證了賴朝的死，似乎更接近暗殺的說法。

這或許就是鎌倉幕府的正史《吾妻鏡》對賴朝的死不落一字的原因。

源氏三代為何都被暗殺？

賴朝晚年最蠢的，就是複製陳舊的「藤原模式」，最終還是重走「公武合體」① 公武合體：日本江戶時代後期的一種政治理論，主旨是聯合朝廷（公家）和幕府（武家），重整幕藩體制，挽救幕府在當時日益衰落的地位。的老路。

首先，源賴朝把長女大姬強行往朝廷裡嫁（入內）。大姬曾和木曾義仲之子義高訂婚，但不久賴朝就滅掉了自己的競爭對手義仲，義仲及其兒子義高都被賴朝殺死，女兒的婚約自然也失效了。大姬一心想着死去的義高，最後抑鬱成疾去世。

賴朝接着又想把次女三幡姬送往後鳥羽上皇的後宮，要親自帶只有 14 歲的次女上京。但就在這時，源賴朝突然死去，其野心最終沒有實現。以女色為資源，送自己女兒給天皇，生下兒子做下任天皇，自己女兒便是太后，自己作為「外戚」掌控實權，這確實是賴朝晚年的計劃。作為開創歷史的重量級人物、有相當政治嗅覺的源賴朝，為什麼要重蹈前人覆轍？

原來，源賴朝爭取到的權力是日本國總地頭，這雖然也是兩百多年來武士們的願望首次得以實現，但源賴朝畢竟只是武士總代表，要想作為最高權力者統治全國，還必須爭取更高的權力。

要達到這一目的，途徑之一是推翻天皇，自己當天皇。這在別的國家是很常見的事，在日本卻行不通。因為日本天皇家是以天照大神的血統為其信仰的，誰也不能破這個血統信仰。所以，藤原氏在當時就算是有權有勢有財的大家族，面對日本這個特殊的疑難問題，也只能考慮不推翻天皇而又能實際上掌控最高權力的方法。

思考的結果最後有兩條。

一條是設立「關白」一職，自己做天皇總代理，實質就是架空天皇。這是破天荒的，因為日本從 645 年大化改新後，導入了中國的律令制度，對天皇一家以外的臣子給予準天皇的權力，在這個律令體系下是行不通的，所以原來並沒有「關白」這一「令外官」的官職。

另一條是把女兒嫁給天皇，生下的兒子做下任天皇，自己作為「外戚」掌控朝廷。這一「政治傑作」在藤原氏以後的日本歷史上沒有斷過，平清盛也效仿了，但平清盛只爭取到太政大臣的位子，作為臣子來說，已經是最高職位了。要超過平清盛，就必須獲得關白的職位，做天皇的總代理。但賴朝的野心隨着女兒的早逝和自己的驟死而破滅。

在日本歷史上，武士出身能出任關白做天皇總代理的，已是五百年後的豐臣秀吉了。

賴朝向朝廷伸出橄欖枝，亮出公武並存的體制，得罪了剛剛獲得土地的武士們，這是賴朝自己沒有想到的。武士們怕公武同流合污，怕剛剛得到的土地被再度收回。

於是，日本歷史上出現了罕見的三代將軍都被暗殺的事件。賴朝的後繼者長子賴家及其後繼者實朝，先後在 1204 年和 1219 年被暗殺。

這無疑是鎌倉武士對源氏政權的一種叛亂。

一個熟知下級武士心態、認為天皇就如「大天狗」的賴朝，在晚年為什麼要走這條路呢？

一個比較接近正解的答案是，賴朝的血液裡流着天皇家的基因。因為追本溯源的話，源賴朝是清和天皇的子孫，自己從出生到 14 歲又一直生活在京都，京都文化對他來說要遠勝於近二十年的流放之地伊豆。

日本史上最兇惡的家族殘殺

從源平合戰的歷史來看，討伐平家的頭號功臣是源賴朝的堂兄木曾（源）義仲。是他把擁有十萬大軍的平家從京都趕了出去。但賴朝命令自己的弟弟範賴和義經攻打有「朝日將軍」之稱的木曾義仲，就是怕他將來功高震主。最後，木曾義仲被殺害於近江的粟津。

殺害木曾義仲後，源賴朝又盯上自己的弟弟義經。這位徹底埋葬了平

家王朝的英雄，最後被自己的哥哥親手埋葬。

接下來，源賴朝對另一位絞殺平家立下戰功的弟弟範賴動手。這位弟弟因為目睹了義經的慘劇，嚇得他慌忙發誓效忠賴朝。但賴朝還是沒放過他，先把他囚禁在伊豆的修善寺，然後殺了他。這是義經死後的第四年。

義仲—義經—範賴，賴朝按這樣的順序殺自己源家的人。

就連義經的愛妾靜御前所生之子，也遭到毫不留情的斬殺。因為賴朝有令：是女嬰則不斬，是男孩當即殺死。

在這期間，賴朝又殺死了木曾義仲的長子、自己長女的未婚夫清水冠者義高。

賴朝死後，繼承源氏大權的是長子賴家（當時 18 歲）和次子實朝（當時 8 歲）。

二代將軍賴家的妻子比企家和他的母親北條氏族發生爭執，結果賴家在伊豆的修善寺被殺，死時 23 歲。

三代將軍實朝作為賴家的弟弟繼位，卻被賴家的次子、即賴朝的孫子公曉殺害於鎌倉的鶴岡八幡宮，死時 28 歲。

但就在第二天，殺人犯公曉也被殺害。源賴家除了公曉之外還有三個兒子，也都先後非正常地死去。

次子實朝沒有子女，長子賴家的兒子們都在年輕時被斬殺，鎌倉幕府創立者源賴朝的男系血統，就此全部滅絕。而從旁系血統來看，適合擔任將軍官職的男人一個也沒有。

不錯，平家是滅亡了，但他們是戰死在疆場上。

最終，源氏也滅亡了，但他們是骨肉相殘，死於一連串的暗殺之中。

源氏三代之後，鎌倉幕府的政權落入北條家。北條家也繼承了賴朝的肅清方針，賴朝以後的豪族都依次死去。

如梶原景時，作為武將被義經重用，作為參謀被賴朝重用。但就是這樣有實力的一族，在源賴朝死後也都滅絕了。

在這之後是畠山重忠被誅殺。此人是源義經一之谷之戰時孤身匹馬衝入敵陣的大俠。誅殺他就是因為怕他和三代將軍源實朝勾結。在源賴朝的政權裡擔任軍事長官的和田義盛一族和豪族三浦一族也被先後肅清。

被視為威脅的豪族都被一一肅清了，最後留下的就是北條一族。而最後要肅清的就是這一族裡被視為威脅的對象。

最為典型的就是北條時宗之子北條貞時掌權時，他剷除同族異己之後，把母親家安達一族也全部殺盡。

這樣看來，源氏一族是日本歷史上最血腥、最悲劇的一族，這種恐懼和偏執的家族遺傳因子到源賴朝時更盛。越是勝利，越是輝煌，源賴朝就越是誠惶誠恐，戰戰兢兢，疑神疑鬼。和他一起打江山的功臣沒有一個活下來。他至死只相信一個人，就是他的丈人北條時政；他至死只怕一個人，就是他的夫人北條政子。

53 歲死去的源賴朝，在其家族中就算是天壽了。

但是，勝者往往難脫孤獨。

平家和義經都有落日之美

平家一族從興隆到沒落，然後沉入西海，有一種落日般的悲涼美。一之谷之戰，屋島之戰，壇浦之戰，雖然相繼失敗了，但有畫卷般的華麗。

平清盛的女兒、安德天皇的母親建禮門院德子，最終於 1185 年 5 月削髮出家，獨居京都的寂光院。

10 月中旬的一個黃昏，飄零在庭院裡的瘦枝枯葉突然發出被踩踏之聲。德子心想：「這荒涼避世之處，有何人會前來踏訪呢？讓我看看，若是必須迴避之人，就趕緊躲起來。」於是朝院裡望去。哦，原來是一隻牡鹿孤單地走了過去。德子很是失落和淒涼，便在窗紙上寫下一首歌：

隱居在懸巖，何人肯顧憐；

　　　忽聞枯葉響，小鹿穿竹垣。

　　這是《平家物語》在最後的「灌頂卷」裡，寫下的一個不被人注意的細節。但毫無疑問，這也是作者在全書中最用心的一個細節。

　　一個享盡昔日富貴榮華的天皇之母，一個曾集萬般寵愛於一身的尊貴女性，竟敗落淒慘到如此地步，令人痛感人的命運就像早春的櫻花，雖燦爛絢麗，但稍縱即逝。青燈黃卷，老樹寒風。在綿綿無盡的傷悲中，36 歲的德子在睡夢中溘然而去。

　　寂光院，深藏着日本歷史的綿綿悲涼，更深藏着日本精神的諸行無常。

　　平家的繁榮，讓人艷羨；平家的衰亡，引人唏噓。

　　八歲的安德天皇跳海之前，梳理好可愛的兒童髮式，滿眼含淚，合起纖巧可愛的小手，朝東伏拜，向伊勢神宮①告別。然後面朝西，祈禱神佛。外祖母抱他於懷中，安慰道：「大浪之下也有皇都。」便投身千尋海底。

> ① 伊勢神宮：位於日本三重縣伊勢市的神社，主要是祭祀天照大御神和豐受大御神，宮內供奉着一面鏡，有說法指其為象徵日本皇權三神器之一的八咫鏡。

　　可悲呀，無常的春風毫無情面地吹落了似錦繁花。

　　可歎呀，無情的海浪剎那間吞沒了萬乘玉體。

　　這是蒼涼的美，無常的美，落日的美。

　　與平家相比，源氏沒有落日的美，沒有無常的美，更沒有蒼涼的震撼，只有陰慘的權力鬥爭和殘酷的肅清殺絕。

　　於是，日本人記住了平家，記住了安德天皇，記住了德子，記住了寂光院。僅一部《平家物語》，就有兩百多個版本。

　　儘管源賴朝開創了一個時代，但日本人對這位鐵腕，似乎沒有太深的歷史情感。取勝的源氏，有與此匹配的物語嗎？沒有。日本人沒給他能與平家匹敵的歷史物語。有讀者或許問，不是有《源氏物語》嗎？但這和歷

史上的源賴朝沒有任何關係，是紫式部描寫平安時期貴族的性愛羅曼史。不是有《源平盛衰記》嗎？但它只是《平家物語》的異本。

源氏天下才27年就被北條氏篡奪，並掌權127年。嚴格地說，北條氏也屬於平姓。直到源氏的正統足利尊氏創建足利幕府，才又為源氏撈回了一些面子。

日本歷史上存在過三個幕府：鎌倉幕府、室町幕府和江戶幕府。室町幕府也叫足利幕府，江戶幕府也叫德川幕府，只有鎌倉幕府沒有姓氏的叫法，即沒有源幕府的叫法。這是為什麼？實際上就是歷史情感加注於歷史人物的一種常用手法。

令人注目的是，源賴朝的弟弟源義經反倒成了現在日本人的一個精神元素。因為他和平家一樣，同屬落日之美，蒼涼之美。

第二章

夕陽餘暉下的皇宮

——延續至今的日本皇室

農夫一樣的天皇？

日本著名學者、節目主持人田原總一朗與東京都知事石原慎太郎合著了《日本的力量》一書。田原在書中這樣談到天皇：

「我只見過一次天皇。那是在戰敗不久，昭和天皇到我的家鄉滋賀縣彥根巡訪。我的三個兄弟都在戰爭中死去了。當見到天皇時，我真想憤怒地罵他：『就是為了你自己，死了多少兒子，你要負責。』但這樣的罵聲怎麼也出不了口。我離天皇很近，看他一臉疲倦的樣子，心想這位中年男子也怪可憐的。同情心還是佔據了很大份量。」

這段話，透露了兩條重要的信息：一是日本天皇也是普通人，他沒有神的光環和居高臨下的威嚴；二是日本的天皇也是被同情的對象。

這和《古事記》裡記載的把日本第一代天皇——神武天皇，描述為與山村農夫一樣的人物，在思路上相一致：

我在宇陀的高城，

張網以待。

田鷸這天不來，

雄鷹卻成網中之物。

　　天皇和農夫一樣，曠野之中張網狩獵。在傳說中，神武天皇被塑造成這樣普通的百姓形象。

　　《竹取物語》^①裡，天皇愛上美女輝夜姬，想納其為妃，但遭輝夜姬冷拒。天皇為此寫了首詩：

不能再見輝夜姬，

安用不死之靈藥。

　　天皇把這首詩放在輝夜姬送給他的盛有不死靈藥的壺中，交給使者帶着登上日本最高山，把詩和壺一併燒掉。從此這座山就被叫做「不死山」，即「富士山」（日語中二者發音相似）。

> ① 《竹取物語》：確切成書年份不詳，一般認為創作於 10 世紀初，是日本最早的一部物語文學。故事中，美女輝夜姬被竹取翁從發光的竹中取出並養育成人，她的真實身份為月亮來的天女。最後，她拒絕貴族們求婚並回到天上。

　　日本人常說富士山是日本的象徵。是日本什麼象徵呢？是天皇求婚不成的象徵，還是天皇納妃不成的象徵？

日本式的曖昧設定

　　7 世紀前，日本的王家被稱為「大王」。從「大王」到「天皇」，稱呼的變化基於中國道教的影響。道教認為，宇宙的中心是「北極星」，宇宙的最高神是「天皇大帝」。日本天皇家也把這種天神觀，拿來「裝點」自己的門面。

　　7 世紀以後的日本古墳裡，就有北斗七星的形象。如著名的高松塚

① 高松塚古墳：位於奈良縣高市郡明日香村，以鮮艷的壁畫著稱，建築於藤原京時期（694—710 年）。1972 年經考古學家發現，據推測為皇族或議政官一級的大人物墓。

古墳①，上面就有北斗七星的圖案。此外，被視為日本國寶的聖德太子佩刀，其刀柄也刻有北斗七星的圖案。在日本人看來，北斗七星是天神的坐騎，能夠通往宇宙。

日本什麼時候開始使用天皇稱謂？目前還沒有定論，考古學有說法是 7 世紀天武朝的時候。

「大王」到「天皇」，不僅是字面上的變更，更是天皇體系的誕生，明確了王權的存在。

日本歷史上出現過藤原氏、平氏、源氏、北條氏、足利氏。此外，織田、豐臣、德川等都有姓氏。但日本的天皇卻沒有姓氏，因為天皇不屬於任何氏族。反過來說，沒有姓氏反倒為加入任何姓氏提供了可能。所以不管什麼氏族奪取了政權，都沒有必要與天皇家對抗。天皇沒有姓氏也暗示，天皇家血統門第是模糊不清的。天皇家脫離人間社會，是人又非人，是神又非神，是人性和神性的集合，這是一個日本式的曖昧設定。

為什麼沒有人想殺天皇？

從神武天皇至現任天皇，一共 125 代 2 669 年，日本皇室的血統沒斷過。

在日本神話中，天照大神和國津神是親屬關係，折射在天皇與地方的關係上，也應是相互協力的關係，而不是統治和被統治的關係。日本神話一方面強調了天皇統治的正當性，另一方面又限制了天皇的權力，使其不能任意地行使權力。要君臨天下，就不能統治天下；要統治天下，就不能君臨天下。這看似邏輯矛盾的地方，或許就是皇室能長久延續的奧秘所在。

由於不能一統天下，君臨天下，沒有「後宮佳麗三千人」的榮華富貴，皇位在日本人的眼裡並不誘人。日本歷史上有權勢的獨裁者，幾乎沒有誰想打倒天皇取而代之。

在 8 世紀，稱德女帝的情人弓削道鏡和尚想篡奪皇位，自稱受大分縣宇佐八幡宮的神諭之托應繼天皇之位。皇室派 37 歲的和氣清麻呂去九州島的宇佐八幡神社，向神托確認。

「稱德女帝要讓位於與天皇家沒有任何血緣關係的道鏡，這樣可行嗎？」和氣清麻呂問。「日本自開天闢地以來，天皇都是天照大神的子孫。只有在天皇家裡出生的人才能繼承皇位。所以道鏡不能成為天皇。」神托如是說。

如果清麻呂識時務，應該向女帝匯報，可以把皇位讓位於道鏡和尚。但清麻呂十分正直，他如實地向稱德女帝奏報了神諭。稱德女帝聽後大怒，剝奪了清麻呂的官位，並將其流放至大隅國（今鹿兒島）。清麻呂化解了日本皇室的第一次危機，維護了其正統性，天皇家也對他有所紀念，他的巨幅畫像至今還矗立在皇宮公園。

稱德女帝受到了後世的譴責和史家的批評。其實換個角度看，稱德女帝是在考慮天皇除了血統繼承外，是否有其他方式？是否也可向中國一樣，從德的方面來選拔？這樣天皇制是否能更長久？

11 世紀初的藤原道長，雖為當時有實力的地方掌權者，也只能給天皇送去四個美麗的女兒，用女兒的色相換來天皇外祖父的身份以掌控權勢，開日本色相政治的先河。他的四個女兒中，大女兒嫁給一條天皇，次女嫁給皇儲（後來成為三條天皇），三女兒嫁給後一條天皇，四女則成為東宮女御[①]。一家出了「三后一女御」，這在日本歷史上十分罕見。藤原道長的三個外孫都繼位為天皇，即後朱雀天皇、後冷泉天皇、後三條天皇。藤原道長將天皇架空，權傾朝野，天下的土地悉歸一家，但他就是沒想過要殺掉天皇取而代之。

① 女御：天皇的側室。

神武天皇的招婿婚暗示了什麼？

　　日本神話中，第一代的神武天皇是招婿婚。這非常具有象徵意義，它實際上確定了天皇權力的構造。

　　神武欲選美女為妃，他聽說大物主神的女兒五十鈴媛是天下第一聖女，便來到大和三輪山下，想親眼看看這位聖女。他看到山麓的花叢中，有七位青春女子正在摘花，站立在最前面的就是五十鈴媛。天皇以情歌求婚，五十鈴媛也以歌對答。情投意合的兩人，就在五十鈴媛的家中過夜，天皇寫下詩歌：

> 山麓的草庵，有着花卉的清香
> 在草蓆上，我們兩人過初夜。

　　男人看上喜歡的女人，先在女方家外徹夜唱情歌。女方如果被感動，便以歌作答。這種相互對唱情歌在《萬葉集》裡稱之為「相聞歌」。女方的母親（注意，不是父親）同意後，男方就去女方的家，婚姻也就宣告成立，這便是日本的招婿婚。神武天皇以開此先河，給人們留下一個暗示：日本的天皇有權威沒有權力。大家都知道，上門女婿是最沒有實權的。

　　天皇權威和幕府權力的二重構造，起到了穩定日本社會的作用。歷史上武家對皇位的篡奪，一次也沒有成功，說明了這種構造的柔韌性、彈性以及張力。從平安時代的攝關政治來看，權力的中心是藤原氏出身的攝政和關白，但權威的中心卻是與藤原氏有血緣關係的天皇。天皇對政治不直接干預，超然於國家官僚機構之上。

　　權威和權力分開的方式在鎌倉幕府時已十分成熟，日本歷史上最大的叛亂者源賴朝雖建立了武家政權，但他沒有打倒天皇及其權威。政權從源氏過渡到北條氏，天皇的權威也依然存在。這樣的二重統治，一直延續到了江戶時代。

江戶時代的御用文人新井白石①，在德川幕府最盛期時曾說：「德川將軍是日本的主權者。天皇只限定在山城國（京都）裡存在，本來就該叫山城天皇。」雖屬吹捧之言，但也道出了當時的實情。有權力者少權威，有權威者少權力，這種不把權力神格化，不把權威擴大化的政治智慧，實在是日本獨有。

坂口安吾②在《續墮落論》中這樣解讀這二重構造：天皇的權威只不過是利用者的工具。藤原氏和將軍家他們為什麼需要天皇制？他們為什麼不掌握最高權力？這是因為他們知道自握權力不如天皇控掌權力，自己發號施令不如讓天皇發號施令。天皇的號令不是天皇自己意志的表現，而是他們的意志以天皇的名義來發佈。他們裝着做出遵從天皇號令的樣子，天下老百姓也就跟着遵從，殊不知遵從的不是天皇的意志而是他們的意志。

義滿驟死，讓皇室鬆口氣

室町時代第三代將軍足利義滿充滿霸氣與心機，他 10 歲當上征夷大將軍，15 歲使用花押③，開始獨立行使將軍的權力。他知道自己已經無人可敵，於是冒出了一個膽大的想法：立自己的次子義嗣為天皇。這個想法如果實現，皇室血統就會中斷，出現一個新的足利皇室。這是藤原氏和平清盛做夢也不敢想的，他們最多把女兒嫁給天皇，以外祖父的身份享用權力。

義滿為了接近皇位做了兩件事。一是剃度出家，把將軍的位置讓給 9 歲的長子義持，但實權仍在自己的手中。這一行為顯然是日本式的──隱居者即權力者，就像天皇隱退成為上皇，作為院政來掌控實權一樣。足利

義滿的第二件事是立自己的正室為準天皇之母。義滿以後小松天皇的生母病危為借口，要天皇下詔書，立義滿的正室為「準母」。義滿還故意向中國的明朝派使節，向明皇帝自稱是「日本國王」，目的是通過中國的皇帝確定他在日本的最高地位。

1408年（應永十五年）3月8日，義滿在自己的宮殿北山第（金閣寺）招待後小松天皇。這次招待共持續了二十天。在此期間，他要求天皇立自己的兒子義嗣為皇儲，自己做太上天皇。這次招待後一個月，義滿在宮中為義嗣舉行元服儀式，其隆重程度不亞於天皇之子的元服儀式，真是前所未聞。這實際上就是「立太子」的儀式。

就在「立太子」後的六天，義滿突然發病，五天驟死。官方對於其死因的說法是流行性感冒，但有傳言說是被暗殺。

對義滿的死誰最高興？誰最感到幸運？當然是天皇家。如果驟死的不是義滿而是後小松天皇，皇位將被義嗣繼承，日本天皇的萬世一系就會斷絕，後繼天皇就變成足利天皇！但朝廷後來還是封給足利義滿「太上天皇」的謚號，其實為的是鎮魂，生怕義滿的怨靈擾亂了天皇家。

「雙皇」時代

建武中興[①]失敗後，後醍醐天皇逃到吉野山，建立了吉野王朝，即南朝。足利尊氏在京都建立京都王朝，即北朝，由此開始了56年的對立。南朝軍進攻京都時，奪走三種神器。1392年，在足利義滿的斡旋下，南北朝合一。義滿當時開出條件：南朝的後龜山天皇把三種神器交還給北朝的後小松天皇，並讓出皇位，後繼天皇的人選從南朝裡選出。後龜山天皇遵守約定交出三種神器，南北朝合一。但足利義滿背叛了諾言，繼任的天皇沒有從南朝

① 建武中興：鐮倉幕府滅亡後，後醍醐天皇返回京都，重掌朝廷。1334年改年號為「建武」，並開始一系列新政，史稱「建武中興」。1336年足利尊氏背叛，建武中興失敗。

選出，後龜山天皇被激怒，再次重上吉野山，史稱「後南朝」。不久，後龜山天皇的孫子尊義王視自己為正統的天皇家後繼者，在吉野和幕府展開游擊戰。

日本現在的天皇是北朝天皇的子孫。但如果說三種神器的擁有者為正統，那南朝才算正統，而非北朝。二戰後，日本冒出個熊澤天皇，說自己是後南朝的子孫。現在吉野還有南朝的後代二百多家，按照正統論，他們都是天皇即位的人選。但僅以三種神器的有無來決定皇位的繼承，似乎並不合適。按此邏輯，如果登基禮、即位禮都已舉行，三種神器卻被偷走了，那偷神器的人就是天皇？還好明治天皇聰明地看出了三種神器正統說的邏輯問題，所以在頒佈的新憲法裡宣稱：「以後的皇位繼承，必須是朕（明治天皇）的後嗣方可。」而憲法並未寫「凡屬於天照大神萬世一系的子孫，都能繼承皇位」，所以熊澤天皇爭奪皇位的訴訟，最終被日本的最高裁判所判撤訴。

天皇的存在還有意義嗎？

室町幕府建立後，天皇也許會想到這些問題：是否認可武家政權？如果認可，幕府的性質又如何確定？像鎌倉時代一樣，在鎌倉設立與朝廷並列的統治機構？這樣一來，幕府就必須設立在京都。最要命的問題是，天皇還需要嗎？

後醍醐天皇的答案是不認可武家政權，並收回全國土地的所有權。

足利尊氏的弟弟直義對剛剛取得勝利而意氣風發的哥哥進言說：「盡可能地保持和京都朝廷的關係，武士的基盤是關東，應該恢復前代鎌倉和京都的關係。」但足利尊氏說：「時代不同了，我們應該攻打京都。」他想把兩個王權合二為一，聽不進弟弟的意見。

足利尊氏的軍隊擊破新田義貞，進入京都後，卻遭到楠木正成和北畠

顯家的反擊，只得敗走九州島。

這時，足利尊氏想到了用天皇的威望壓制敵人，於是他向光嚴上皇請求討伐的院宣。因為有了上皇的命令，足利尊氏的軍隊就成了持明院統①的官軍。而到了九州島的足利尊氏，受到了當地武士們的歡迎，並不需要什麼院宣，光嚴上皇的權威似乎沒有發揮作用。於是，他再次東上攻打京都。日本天皇既沒有權力也沒有權威的時代，似乎已經來臨？

還有一例。美濃國的守護土岐賴遠有一次在京都碰到光嚴上皇行幸的隊列。有人提醒土岐賴遠應下馬行禮，土岐賴遠說：「什麼？是上皇還是犬？如果是犬的話，就射殺它。」說着，圍住上皇的牛車，牛車翻倒，差點要了上皇的命。連一個小小的守護，都不把天皇放在眼裡，哪裡還有什麼權威可言？

再有一例。統治近江國的京極道譽，燒燬了光嚴上皇的兄弟——天台座主亮性法親王的邸宅，並搶奪珍寶無數。憤怒的比叡山②眾徒要求處死京極道譽，但最後他只被判流放罪。足利將軍的執事③高師直這樣說：「在京都，王的存在還有意義嗎？如果有的話，可以用木材打造王，可以用黃金鑄造王。現在活在那裡的國王（天皇），我們可以甩掉他。」

但就在這樣的氛圍下，日本的天皇制還是存活了下來。因為儘管到了室町時代，一個基本的東西和鎌倉時代一樣沒有變，這就是耕地。武士必須有耕地才能保證基本的生存，即必須要有土地所有權的保證。所以幕府在全國設置守護、大名來保護武士們的土地所有權。作為回報，武士們為幕府提供軍事力量，為將軍賣命打仗。而全國各地守護和大名，不僅靠將軍的權力，還必須借助朝廷的威光，借助與京都朝廷緊密的聯繫來行使權力，保障武士的耕地所有權。

① 持明院統：指鎌倉後期日本南北朝時期的深草上皇系統。有第 88 代後嵯峨天皇之子與第 89 代後深草天皇的子孫。

② 比叡山：日本佛教名山，是天台宗大本營，位於京都附近。

③ 執事：輔佐幕府將軍的官職。

此外，經營土地的武士害怕來自於各國的國衙（縣廳）官僚，因為是由他們來決定稅收數額。而國衙由天皇控制，因此人們不得不對天皇有所敬畏。這是日本自平安時代以來的土地制度，日本的史書稱之為「職的體系」。室町幕府還不能超越這一「職的體系」，不能超越天皇，因此使得天皇制得以存活。連那個狂妄的高師直，也不得不承認：「雖然很煩天皇，但不可能否定其權威。」

所以，推進幕府政治的副將軍——足利尊氏的弟弟足利直義，還是不顧周圍的反對，逮捕了襲擊光嚴上皇的兇手京極道譽，並處以斬首。因為天皇的權威不可缺，不可辱。

天皇手中的王牌

足利義滿吞噬天皇家的宏大構想，隨着自己的驟死而作罷。但天皇唯一能令政敵聞風喪膽的王牌——「治罰的綸旨」，被義滿消除了。何謂「治罰的綸旨」？就是追討朝敵的詔令，其最大的作用是在權力者對抗政敵的時候，可借助天皇的威力來追討敵人，詔令代表天皇承認動武的正當性，否則就是「出師無名」。

這張王牌在停牌六十年後重新出現。1438 年（永享十年），後南朝和大和的土豪以及關東公方[①]等諸勢力聯合起來，發動了「永享之亂」。足利義教看到這股力量不容易對付，就向當時的後花

> ① 關東公方：亦稱「鎌倉公方」，是日本室町時代關東地方各足利氏分支的稱號。

園天皇索要「治罰的綸旨」。這代表天皇權威的復活，以及天皇家的起死回生。照日本中世史研究專家今谷明的說法，這是封閉的「潘多拉盒子」再次被打開。

從此，幕府針對大小不等的叛亂者，都向天皇索要「治罰的綸旨」。從 1438 年足利義教開始到 1501 年（文龜元年）為止，「治罰的綸旨」共

發了 13 回。就連 1467 年的日本歷史上最大內亂——「應仁之亂」①也不例外，後花園上皇就發出了追討畠山政長的「治罰的綸旨」。戰國時代的織田信長，也在 1568 年第二次上京的時候，向正親町天皇索要攻打敵人的綸旨。

1493 年（明應二年），發生了第十代將軍足利義稙被臣下細川政元幽閉的事件。當時的後土御門天皇得知後不無憤怒地說：「我任命的將軍，竟然被臣下任意抓弄，成何體統？再這樣隨意的話，我就退位。」天皇的近臣甘露寺親長諫言道：「武家再怎樣出難題，朝廷再怎樣轉變掌控的方針，按照武家所言行事，都是天皇的既定方針，這是古來之事。」自「應仁之亂」後，天皇必須聽從幕府，這是鐵則，即「古來之事」。甘露寺親長這段話點破了日本天皇制的本質——象徵。這兩個字，就是日本天皇的全部奧秘所在。

後醍醐：為日本皇室復仇的天皇

日本天皇一共 125 代 2 669 年，真正挑戰過武家、想為日本天皇揚眉吐氣的，只有第 96 代的後醍醐天皇。他當政時並不算勤政，經常愛做的，不過是觀賞宮廷裸體晚會。史書《太平紀》這樣記載：每到晚上，男人脫去烏帽子②，放下髮鬆，法師不穿內衣。年僅十七八歲的舞女風姿優美，肌膚光潔，她們慢慢脫下衣裳，亮出雪白肌膚，就像池塘裡柔嫩的芙蓉出水。論政績，後醍醐天皇只幹了一件事，即提倡貨幣經濟。

土地經濟時代之後，一定是貨幣經濟時代。為此，後醍醐天皇將大覺寺統的大片土地送給足利尊氏。後醍醐還計劃鑄造和發行乾坤通寶的貨

幣，他確信，能鑄造和發行貨幣的人，才能掌權。

確實，從鐮倉時代到室町時代，作為日本經濟實體的「座」有了很大的發展，如米座、酒座、油座、鹽座、絹座、棉座等，都發達起來。但直到五百年後的明治維新，日本才真正用貨幣經濟取代封建經濟。

1333 年 6 月，後醍醐從隱岐島逃出，從船上山回到京都，開始回歸以天皇和朝廷為中心的政治生活，這就是歷史上著名的「建武中興」。但由於天皇的新政對貴族和大寺社等舊勢力過度優待，招致了全國武士階層的反抗。承擔着武士們希望的足利尊氏在鐮倉舉起反旗。1336 年（建武三年）8 月，新政崩潰，僅為時三年零二個月，史稱「短命新政」。

用天皇的意志直接統治全國，是 1334 年新政的核心內容。後醍醐敗在太理想化，從歷史的發展的規律來看，鐮倉幕府的使命還沒有完結。支持這一政權的武士和江戶時代的武士不一樣，他們有時還要揮鍬掄鎬，下地種田，自給自足。江戶時代的武士道經典《葉隱》[①]説，武士從早到晚想到的是為君而死，但鐮倉時代的武士從早到晚想到的則是土地，誰送土地就跟誰。

不過，後醍醐推翻鐮倉幕府，奪回天皇失去的權力仍有意義，起碼使日本天皇又短暫地擁有了曾經的輝煌。正是在此意義上，

> ① 《葉隱》：江戶時期流傳的武士道修養書，由武士山本常朝口述，田代陣基筆錄，強調武士道以死奉公的精神。

日本史書《太平紀》説後醍醐的政治見識可與孟子匹敵，他的霸道像齊桓公，他的器量如楚恭王。

但天皇家應該感到慶幸，幸虧後醍醐天皇的復權好景不長，否則天皇家恐怕早就壽終正寢了。長壽的簡單原理是，生命在於柔，不在於剛。一旦集權力與權威於一身，就會變得剛而不柔。

1336 年的冬天，後醍醐從京都的花山院逃往荒涼的吉野山，最後死在那裡。

秀吉、家康與天皇

豐臣秀吉接過信長「天下布武」的旗幟，統一了全日本。出身農民的秀吉，能擁有大坂城、聚樂第、伏見城、淀城，已十分滿足。天皇對他來說不是障礙物，不是燙手山芋。於是他召開日本史上最大的北野茶會，邀請後陽成天皇出席，表現出對天皇的恭敬和仰慕。由於在短期內沒有可能戰勝德川家康，他生出了利用天皇建立自己的政權的念頭。果然，天皇給了他代理天皇的最高職位——關白，而且豐臣家可以世襲這個職位。坐上了一人之下萬人之上的位子，秀吉也就沒有什麼可期盼的了。之後，朝廷又賜姓「豐臣」於他。作為回報，秀吉在 1588 年將京都的戶稅收入五千五百多兩白銀全部獻給天皇。秀吉的官邸建成後，又大擺宴席五天，招待後陽成天皇。天皇甚至讓自己的弟弟智仁親王，認秀吉為義父。秀吉緩和了信長與朝廷的緊張關係，給了天皇家延命的時間。

秀吉好色，妻妾成群，但並不染指出身皇族、貴族家的女人。秀吉對自成文化體系的皇族世界，根本沒有太大的興趣。日本的天皇和朝廷因此得到了片刻喘息的機會，其地位也有了不同程度的上升。這也是天皇與武家的最後一次蜜月。

而 62 歲的德川家康成為征夷大將軍後，首先考慮的是怎樣對付大坂[①]的豐臣氏餘黨，其次才是怎樣對付天皇。喜歡看《吾妻鏡》等史書的家康，在與天皇和朝廷的關係上，走的是一條不同於秀吉的路線。他先把政權的中心從足利時代的京都和秀吉時代的大坂，遷回到鎌倉武士的故地關東平原，在空間上遠離京都的朝廷，恢復東西兩個權力中心，同四百多年前源賴朝時代一樣。

家康毀滅了豐臣家，准許天皇的繼續存在。因為後者不再擁有權力，不會再對德川幕府帶來威脅。但家康大大限制了天皇的權力，1615 年他頒佈《禁中並公家諸法度》，第一條就規定：天子專事藝能之事、學問之事。

① 大坂：大坂，公元 19 世紀時改為大阪。

這一條令天皇哭笑不得，它閹割了天皇的政治功能，僅保留了文化功能。

但也就是這一條，使天皇得以繼續存在。江戶260年，天皇唯一還能做的工作就是制定年號，幕府對天皇僅有的年號權限也給予強烈的打壓。在將軍輪換必須更改年號的時候，幕府往往不聽朝廷的。這時候的天皇，嚴格地說就是處於半幽禁的狀態。因為即便是想到近在隔壁的上皇的御所去，也要有幕府的許可。所以在德川時代，家康對於天皇，既不想取而代之，以犯眾怒；也不想過於利用，自找麻煩。

在三代將軍家光在位的時候，第108代的後水尾天皇自作主張讓位於明正天皇，誕生出一個女帝，這在那時相當異常。但是幕府還是認可了此事，因為天皇已經相當貧弱，幕府與之對決的慾望都沒有了。從經濟上看，江戶時代的天皇也是非常的可憐，歲入只有四萬石[①]。可見，家康開創了日本歷史上天皇權威最低下的時代。

但有一點不能忘記，即便是在幕府力量最強的江戶時代，將軍的任命也必須來自朝廷。所以即便是德川家的繼任者，儘管心裡對朝廷不滿，但表面上仍得屈服。面對朝廷的使者時還必須說：請讓我成為將軍。因為德川政權的建立者家康，就是被107代的後陽成天皇任命為征夷大將軍的。

① 四萬石：當時日本一年約有 2 500 萬—3 000 萬石（一石約 160 公斤）的稻米產量。幕府佔有近七百萬石的優良土地，而天皇的歲入只有四萬石左右。當時整個公家（朝廷）、寺廟的收入約 40—50 萬石，不如一個小大名。

日本密室政治的由來

如果說，一千五百多年前的孝德天皇，在新年伊始還能發佈《改新之詔》的新法，把日本納入「大化改新」的軌道，那麼，之後的天皇新年時只能在皇宮的陽台上，向參拜民眾行禮招手，說些國泰民安之類不疼不癢的話，可見天皇的權力已被邊緣化。

日本的天皇中也出現過比較強勢的天皇，天武天皇在 672 年的「壬申

之亂」中，迫使天智天皇的兒子大友（即弘文天皇）自殺，自己取而代之。他萬事獨裁，14 年沒用過一個大臣，由皇室家人組成權力核心，開啟了天皇為「九天雲上之君」的神話時代。但日本人似乎並不喜歡這樣過於強勢的天皇統治，他們喜歡另外一種更柔和的模式。

1073 年即位的白河天皇，在位不久就讓位於年僅 8 歲的堀河天皇，自己以「上皇」的身份繼續掌權。這種金蟬脫殼的政治手腕，表面上讓出了皇位，實際上是掌握住實權，既擺脫了攝關家的控制，也是對藤原氏專權的挑戰。這就和中國不同，唐代的高宗、玄宗、順宗等皇帝，也曾讓位甘當「太上皇」，但那大都是在國家危急之時，而且太上皇幾乎不過問政事。而日本在白河上皇之後，又有鳥羽、後白河上皇，這三位上皇的政院時間長達一百多年，開創了日本「密室政治」的先河。退位天皇們把持朝廷，對皇室——藤原這一雙重中心的格局，起到了平衡作用。

津田左右吉[①]曾說，一開始誰也沒有設計天皇的萬世一系。但當人們注意到時，已經延綿至今了。這也就是說，權力寶座上的人可以變動，如源氏、北條氏、足利氏、德川氏等，但皇室卻連綿不絕。所以從這個意義上，明治思想家德富蘇峰說得對：「沒有天皇的日本就不是日本」。

[①] 津田左右吉（1873—1961 年）：著名東洋史學家、東京文獻學派初期重要學者之一，早稻田大學名譽教授。他的史學觀點被稱為「津田史觀」。

血的繼承和靈的繼承

日本皇室之所以延續不斷，還與日本特有的皇權繼承的雙系統有關。在《古事記》和《日本書紀》的記載的神話中，以天照大神為開端的「天上王權」和以神武天皇為開端的「地上王權」，被後世賦予「血的繼承」和「靈的繼承」的象徵意義。與這繼承的雙系統相對應，天皇的即位禮儀也有雙系統：即位式和大嘗祭。即位式是對外公佈新天皇的儀式，大嘗祭

是死去天皇的靈魂轉向新天皇的儀式。前者依據血統觀念，後者依據天皇靈的觀念；前者是公共性質的國家儀式，後者是私人性質的宮廷儀式；前者在白天的公開場合舉行，後者在夜晚的密室裡舉行。

1989 年（昭和六十四年）1 月 7 日，昭和天皇去世，現任天皇明仁即位。隨後舉行了「劍玉繼承式」，即天皇權威的轉讓儀式，新天皇繼承三種神器。然後舉行從「大喪」到「山嶺葬」的殯葬儀式，這是為了使死去天皇的靈魂和肉體得以分離，再將先帝之靈轉於新天皇的體內。

新天皇繼位，就是在權威和靈威的雙重繼承中完成的。日本社會的持續安定，也基於這種獨特的雙重系統。日本著名的民俗學家折口信夫對大嘗祭的解釋是「復活天皇靈」。新天皇必須在放着過世天皇遺骸的悠紀殿裡，睡上一夜，死去天皇的靈魂就會附着在新天皇身上。此外，每當天皇即位時，即派遣一名未婚的皇女作為「齋王」，一生都在伊勢神宮當神官，不能結婚，作為統治宗教世界的象徵，表明日本的天皇始終和宗教相連，這與英國、法國等的王位繼承儀式完全不同。

長遠來看，即位式所強調的血統性帶有脆弱和不穩定性。日本人為了從根源上解決這個問題，就在宗教上設立一個「裝置」——大嘗祭。它能作為一個象徵的符號，在虛幻和錯覺中發揮現實的作用（王權誕生）。大嘗祭的效用在於從靈魂的角度而不是血統的角度，宣稱天皇靈的亙古不變。這樣，從皇子出生到皇權誕生，從即位式到大嘗祭，天皇的正統性和恆久性得到了維繫。

天皇的壽命為什麼比中國皇帝長？

日本歷史學家大室幹雄曾統計過，中國從漢高祖劉邦到清光緒帝，共有 208 名皇帝，平均壽命是 38 歲。

而日本的天皇，從有文獻記載開始的 6 世紀的推古天皇算起，到 20 世

紀初的明治天皇，這中間共 91 代天皇，平均壽命是 46.4 歲。這比中國皇帝的平均壽命高出許多，其中的原因是什麼？

這或許也和日本的天皇活在權威和權力分離的二重結構之中有關。因為這種結構對權威者來說，較為輕鬆，少有重荷。有日本學者統計，從第 40 代的天武天皇開始，到第 112 代的靈元天皇為止，先後共有四十位天皇退位後削髮為僧，皇后和皇子出家的就更多了。表面看是告別紅塵世界，實質是一種轉身和放棄。醍醐、朱雀、冷泉、圓融、花山、桃園，從這些天皇的名號，似乎就可以讀出他們內心的蕭索與平和。日本皇室能延續至今，是不是也和這有關呢？

此外，天皇的生活並不太奢侈也是一個原因。如第 103 代的後土御門天皇、104 代的後柏原天皇、105 代的後奈良天皇，這三位天皇在位時間都很長，並非他們不願讓位或十分能幹，而是連後繼者即位要舉行儀式的費用都沒有。所以，他們只能坐在天皇的皇位上老死。即便如此，還缺少葬禮經費。如後土御門天皇在 1500 年死後，遺體被放置了 44 天。而後柏原天皇是靠將軍足利義稙和本願寺光兼的捐款，才在即位 21 年後舉行即位式。相比之下，中國帝王的生活，就顯得十分的富貴和奢侈了。也許正是因為生活樸素，日本天皇反倒更健康、更長壽。

天皇是神，還是人？

日本的天皇和朝廷，就是在這樣惡劣的條件下艱難生存。那麼，怎麼會一夜之間冒出個尊皇論，並滲透廣泛，成了明治維新的一個原動力呢？原來，這一動力的製造者恰恰就是明治憲法的制定者伊藤博文。他深刻地認識到日本沒有像基督教似的內化之神，日本也沒有維繫人與人之間秩序的宗教。於是構造了天皇教，試圖緩解神和人的緊張關係。

終於在 1867 年，15 代將軍德川慶喜推行「大政奉還」。日本再次回

到以天皇為中心的政治體系中去。第 122 代的明治天皇，身高 180 厘米，體重九十公斤，儀表堂堂，是所有天皇中最具有王者風貌的。明治天皇喜歡蠟燭和草蓆，喜歡漢方。甚至在他的皇宮裡，還保留了中世後宮的遺風。

1889 年（明治二十二年），隨着《大日本帝國憲法》的頒佈和「皇室典範」的制定，與人對立的絕對神的天皇，終於誕生了。明治憲法的第一條明言：統治大日本帝國的是萬世一系的天皇。第三條規定，天皇神聖不可侵犯。第四條確立，天皇集所有權力於一身。而「皇室典範」更是稱天皇為「活着的現御神」。

日本歷史上天皇大權神格化的確立，也就從這裡開始了。於是，天皇的身體叫「玉體」，天皇的聲音叫「玉音」，天皇的臉面叫「玉顏」。日本國民從小學開始學唱歌頌天皇的歌曲《君之代》，「陛下」、「殿下」、「聖上」、「至尊」等對於天皇的尊稱，成了流行語。

明治戰將乃木希典 1912 年跟隨明治天皇去世而殉葬自殺，也是天皇由人到神轉變中的典型事件。對天皇的效忠，為天皇而戰，為天皇而死，上升為國家意識形態。山鹿素行[1] 在《中朝事實》裡說：天下之本是國家，國家之本是民眾，民眾之本是君王。司馬遼太郎說，日本到日俄戰爭為止，還是個正常的國家，以後就不正常了。為什麼呢？因為人變成了神。伊藤博文還讓北海道大片的土地永遠歸屬於皇室，其財力也達到了歷史上的頂峰。

> [1] 山鹿素行（1622—1685 年）：日本江戶前期儒學家、兵法家。他視朱子學為異端，弘揚儒教的尊王思想和神道的日本中心主義，對後世影響很大。

但隨着昭和天皇在戰敗後的 1946 年 1 月 1 日發表「人間宣言」，一夜間天皇又從神變成了人。昭和天皇在 1945 年 9 月 9 日戰爭結束後寫信給皇太子：「如果戰爭再繼續的話，守護三種神器也將變得不可能。國民也將被殺死。所以吞下眼淚，是為了保留國民的種。」明明是戰敗，卻說是為了保留「國民的種」，這又是日本式的曖昧。

於是就出現了本章開頭，田原總一朗想罵昭和天皇的一幕。這出現了

「神不在，人如何自立」的問題。如何用戰前的國家取代天皇這個「神」，這就是戰後思想家丸山真男所做的工作。

麥克阿瑟在剛踏上日本土地時，曾想審判天皇，以報在菲律賓的戰敗之仇，履行他「不追究天皇的戰爭責任，死不瞑目」的誓言。可當麥克阿瑟看到各地負隅頑抗的日軍，在天皇的命令下迅速繳械投降，他意識到「天皇是勝過二十個機械化師團的力量」，萌生了利用天皇進行間接統治的想法。日本的皇室又一次起死回生。

日本著名導演黑澤明在其自傳裡，有這樣一段描述：「1945 年 8 月 15 日，為了聽天皇詔書的廣播，我被叫到製片廠。從祖師谷到製片廠的路上，商店、街道的情況真像有一億人在為『寧為玉碎』作準備，非常緊張。有的老闆拿出日本刀，拔出刀鞘，目不轉睛地看着那刀身。

然而在製片廠聽完結束戰爭的詔書回家的路上，那氣氛完全變了。商店街的人們彷彿都在節日的前夜一般，喜不自勝地在幹活。這究竟是日本人性格中的伸縮性呢，還是虛弱性？

假使不是戰爭結束的詔書，而是號召一億玉碎的什麼書，那麼，從祖師谷來的路上看到的那些人們，可能一個個地都死掉了。恐怕我也難免一死。」

從這就能看出當時日本天皇的力量。於是，由美國人制定的戰後日本新憲法的第一條規定：天皇是日本統一的象徵。這是美國人的狡猾，想以天皇制存續作為交換條件，在憲法第九條裡寫進放棄戰爭、放棄戰鬥力的條文，以杜其後患。

日本人則聰明地接受這份狡猾，避免了昭和天皇的戰爭責任問題。照理說，昭和天皇的戰爭責任是不言而喻的。但美國從冷戰的戰略和平穩佔領日本的角度出發，免除了昭和天皇的戰爭責任。此後，還有日本學者為昭和天皇開罪，說亞洲兩千萬人死的責任，應歸於日本國民。日本三百萬人死的一半責任，才歸於天皇。但也有日本學者批判這種美化論，說亞洲

兩千萬人死的和日本三百萬人死的責任，都應歸於昭和天皇。相信讀者自會判斷，到底誰有學者的良知。

朝鮮戰爭爆發後，麥克阿瑟要求日本組織軍隊，原來的警察預備隊變成了自衛隊，違背了憲法第九條。憲法自身的曖昧，導致了戰後日本的最大「曖昧」：昭和天皇的戰爭責任沒有被追究，使日本喪失了責任意識。

對此，石原慎太郎罵得尖刻：日本戰敗是一種「處女體驗」。由於「處女體驗」的傷痛，國家得了「性感缺失症」，喪失了雄性功能。而天皇作為一種象徵性存在，就是「性感缺失症」的表現。

尷尬的日本皇室

日本皇室研究第一人小堀桂一郎說，現在的日本天皇完全成了一個特權階級。

皇宮的所在地——東京都千代田區千代田一番地一號，是全日本最好的地段。皇宮的總面積是兩萬三千平方米，這片地共有三十萬棵的古木。皇宮除正門之外，還有坂下門、半藏門、大手門、北桔橋門、乾門、平川門、桔梗門和櫻田門等八個門。

皇室的存在體現着一種日本式的曖昧。哲學家西田幾多郎曾說，皇室在日本是「即無若有」。歷史人物輪流登場，如古代的蘇我氏、藤原氏、鎌倉幕府、足利幕府、德川幕府等，但皇室始終延續。文學家三島由紀夫也曾形容，天皇制在日本是「複印兼帶原本」。各代天皇都是天照大神的子孫（複印），但他們各自又直接體現皇祖（原本），即複印兼帶原本。祭祀天照大神的伊勢神宮，二十年改新一次，素材是新的，原型是舊的，也即「複印兼帶原本」。

曾經擔任過宮內廳報道的《每日新聞》記者森暢平在其著作《天皇家的錢包》一書中對「皇室經濟」有獨家披露：2003 年度皇室相關的預算，

佔國家全體總預算（817 891 億日元）的 0.03%。日本 12 743.5 萬總人口，每人分攤 214 日元。而 2001 年 5 月，皇宮一個月的水費為 9 316 559 日元，電費為 8 409 428 日元，煤氣費為 3 400 845 日元。皇室宮殿地下的儲藏庫裡，保存有 4 500 瓶葡萄酒。其中，白葡萄酒有 11 種名牌，紅葡萄酒有七種名牌。皇室專門牧場每年出品的牛奶 72 660 瓶（200 毫升的瓶），豬肉 3 092 公斤，羊肉 2 903 公斤，雞肉 6 094 公斤，雞蛋 50 460 個。

天皇是日本的象徵，象徵日本的消費能力？象徵日本的有錢？日本國民疑惑了。他們說，皇室消費的都是我們的稅金和血汗錢。

現任天皇明仁在 1959 年 4 月與日清麵粉社長正田英三郎的長女正田美智子結婚，他們的結合曾轟動整個日本。正田小姐並非出身官家或者華族，因此皇室還遭到一些社會輿論的不滿，認為過於開放有損皇室形象。現在的皇太子妃雅子原是日本外交部美女職員，據說深受皇室婚姻折磨，有日本記者披露雅子患上「適應性障礙症」。2007 年，澳大利亞駐日本記者希爾斯出版《雅子王妃：菊花王朝的囚徒》一書，書中將雅子比喻為東方的戴安娜，同樣是灰姑娘走進皇宮成為囚徒。這本書引起日本皇室的不滿，也引發了日本外交部的抗議。可以說，現在的日本皇室處於十分尷尬的地位。

過去的日本人即使十分絕望，但因為天皇的存在，心底裡仍感到安定。但這種「國民心情」在今天變得十分複雜。最近有日本學者提出一個涉及日本人精神傾向的尖銳問題：為什麼在戰後美國人佔領時期，日本人沒像今天的伊拉克人那樣頻頻搞恐怖自殺襲擊？按理說，日本以動輒就切腹的武士道精神著稱，以「滿山櫻花映朝暉」的大和魂著稱，反應本應更激烈。問題的解答似乎可集中為兩點：一是視過去就像流水的處世觀；二是日本人根本沒有為天皇而戰。坂口安吾在《墮落論》裡就描寫特攻隊的妻子墮落成娼婦，活着的特攻隊員成為暴力團，他們的心中根本沒有天皇的位置。石原慎太郎也曾說，為了拍攝特攻隊員的電影，翻閱了他們的遺書，沒有發現寫「天皇陛下萬歲」的。已故作家遠藤周作也承認，許多士兵在戰場

上是叫着「媽媽」死去的，而沒有呼喊「天皇陛下萬歲」。

日本的天皇史，也是一部無常史

天照大神把在人間的位置授予天皇，認可天皇的登基。但既沒有十誡，也沒有定律，其核心是空洞的。既然是空洞的，就留下了想像和發揮的餘地。因此，日本的天皇，各講各的故事，各演各的戲。

嵯峨天皇在位十四年，他精通經史，擅長詩文，尤以漢詩著名。有一首云：

> 三春出獵重城外，四望江山勢圍雄。
> 逐兔馬蹄承落日，追禽鷹翮拂輕風。
> 征船暮入連天水，明月孤懸欲曉空。
> 不學夏王荒此事，為思周卜遇非熊。

詩的尾聯連用兩個典故，一個是夏桀亡國，一個是周文王出獵遇呂尚。如果沒有對中國歷史的熟悉，能有這樣的神來之筆嗎？

1685 年，松尾芭蕉獨自進入吉野，拜謁後醍醐天皇的陵墓，登山下坡，秋陽既斜，寫下《野曝紀行》：

> 皇陵經年野草茂，
> 相思草作何相思？

縱是天皇，縱是天皇之墓，也經不起「日月乃百代之過客」的折磨，也經不起歷史的荒蕪給予的侵蝕。在秋暮的荒野，後醍醐天皇的陵墓還有誰來拜謁？後醍醐天皇臨終時，一手握《法華經》，一手撫劍，吟出「南

面吉野的青山埋我身，北面京都的宮殿留我魂」的詩句。這位精通皇室統治原理的「異形之王」最終也落得個淒涼結局。

《平家物語》最後的「灌頂卷」，寫後白河法皇去京都寂光院看望安德天皇的母親建禮門院德子，讀來令人拭淚：

春花已隨風飄散，秋月被密雲掩遮，一切的瓊樓金殿，一切的綾羅錦繡，都如失巢之鳥，離淵之魚，一去永不歸。這位天皇之母拋棄塵世遁入空門，在茅屋苔深的庵室裡度日寄思。法皇面對這位黑衣女尼不無傷感地說：「人世無常本是自然，不足為奇。但見你如此情形，實在不勝可憐。況天界之人亦有無衰之悲，人世更是難免。」

這位天皇之母答道：「人世間的愛別離苦，怨憎情仇都讓我嘗盡了，四苦八難，皆集於一身。」

說罷淚沾衣袖。此時傳來寂光院沉重的鐘聲，夕陽已經西下，雖然難分難捨，也只能忍淚起駕回宮了。女尼這時愈加淚如泉湧，目送法皇遠去。此刻忽聞杜鵑哀啼，於是作歌道：

杜鵑聲裡應含淚，
浮生坎坷淚不乾。

一個是法皇，一個是天皇之母，雙雙淒慘，雙雙哀歎。曾經有過的榮華和春夢，如今就像祇園精舍的鐘聲，述說着人世間的無常。其實，日本的天皇史，也是一部無常史。

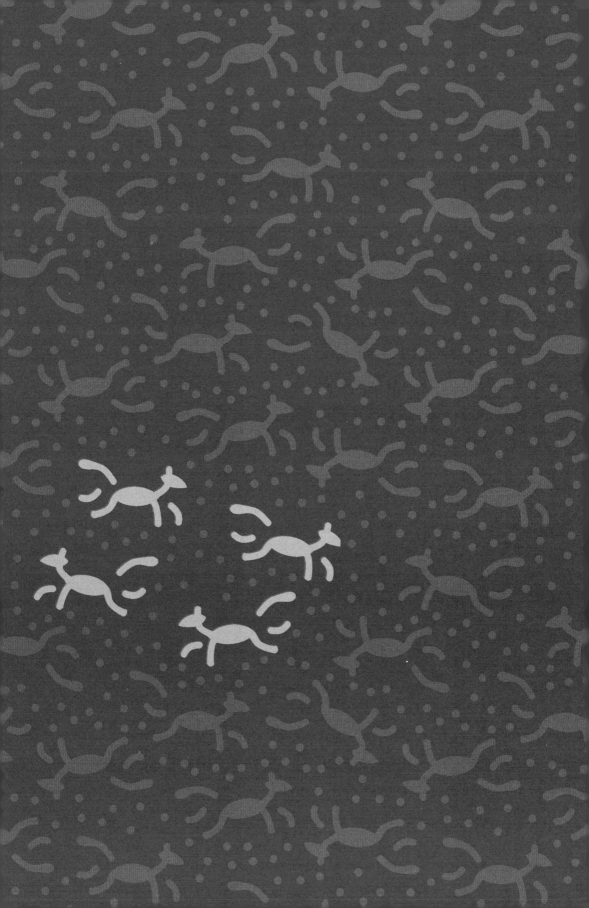

第三章

信仰的神和感覺的神

——日本八百萬神之謎

一神信仰與多神氣韻

　　日語裡稱日本神道教裡的「神」為「Kami」。基督教裡的「神」，日本人也叫「Kami」，而不叫「God」。當初基督教傳到日本，怎麼翻譯這個「神」，日本人還真的很困惑。當時有翻譯「大日」的，但和真言宗的「大日如來」相抵觸，未被採用。後來有翻譯「天」、「上帝」、「真神」之類的。最終在明治初年，聖經翻譯委員會經投票表決，還是選定「神」這個漢字，讀音為「Kami」。

　　同一漢字的「神」，同一讀音的「Kami」，在日本人的意識層中，日本神道教裡的神同《舊約聖經》與《可蘭經》裡的神完全不同。《舊約聖經》與《可蘭經》裡的神是叫人信仰的神，而日本神道教的神是叫人感覺的神。前者是信仰神的唯一存在的宗教，後者是感覺多神之氣韻的宗教。

① 西行（1118－1190 年）：平安時代後期的著名歌人。23 歲出家，又稱西行法師，著有歌集《山家集》。

　　西行①在伊勢神宮裡，在神的面前這樣感受到：

神殿裡，有怎樣的神？我不知。

神殿裡，神是怎樣發威的？我不知。

但是，在神的面前膜拜，

感激的淚水會油然而出。

神的身姿，神的存在，神的意味，都在西行的視野之外，只有神的氣韻能被神奇地感覺到。這種感覺，在歌人藤原敏行①的身上，又是另一種表現：

秋天暗自來，展目難明視。

一聽吹風聲，頓驚秋日至。

同樣是風聲，春之風和夏之風有何不同？秋之風和冬之風有何迥異？然而，歌人還是微妙、敏銳地從到訪的風聲中，感知「秋日至」。這種對自然的感覺，連帶着對神的氣場的感覺。自然和神用同一種方式去感受，這是日本人獨有的。

《源氏物語》的「明石卷」中，光源氏在須磨浦面對暴風雨的恐怖襲擊，有一種莫名的感覺在騷動：

住吉大神呵，請守護此境。

大顯神威，救救我們這些無辜的人吧。

住吉大神是什麼樣的神？有怎樣的形象和含義？光源氏恐怕未必有所知。但感覺告訴他，須磨浦有住吉大神的存在，住吉大神能守護無辜的人。

正是在這個意義上，法國作家久如曼妥瑪在走訪了京都、奈良、伊勢、

那智和出雲後，被日本那種無所不在的靈性所感動，在《日本待望論》中寫下這樣的話：「日本是人類史上最大的精神文化的繼承者。沒有神道就沒有日本。」

滿視野的沙漠與滿視野的綠

沿着約旦河前往耶路撒冷，滿視野的是沙漠，無邊無際，無依無靠。那可望不可及的天邊，如果有神在召喚，你是否前往？一定是，因為你別無選擇。如果你不投靠神，在如此極端的環境你可能一天也沒法活，這是沙漠人的思想和祈盼，一神教、耶和華、真主、絕對信仰由此誕生。

世界三大宗教的誕生地都在中東，而這三大宗教都是一神教。從地理環境來看，中東地區有着廣袤沙漠，「在這個世界上，只有信奉神的人，才能獲救。」《聖經》裡如是說。

信仰絕對論的理念基礎就是沙漠文明，這種文明，只需要信一個神，信一個領袖。所以耶穌說：「我與你們同在，直到世界的末了。」這是叫人相信，給人以「信」的信心。在《舊約聖經》裡，神這樣「召令」：「離開養育你的故鄉，請去由我指定的地方。你祝福的人，有我來祝福；你詛咒的人，有我來詛咒。」這裡，舊約裡的神為什麼有資格、有氣魄發佈這樣的「召令」呢？神這樣表白自己：「我是全能的神。請你跟隨我的步伐，義無反顧。」

與乾熱的沙漠文明不同，日本屬於一個多濕的森林文明。它是四周被海包圍的島國，北端的稚內是亞寒帶，南端的沖繩是亞熱帶，擁有 6 852個大大小小的島嶼。而森林裡朝、晝、夕、夜的細微變化，只能靠人的微妙的感覺去適應。森林的生態環境極具多樣性，可能有蘑菇野果、猛獸毒蟲、懸崖峭壁、瀑布河流。在森林裡生存，還必須有礦物、動植物、地理等豐富知識。如此多的知識不可能集中在一個人身上，從而就很難出現全

知全能的神的形象。所以，日本人一般不強調「我」的強大與「我」的唯一，曼陀羅式的多神多佛是日本文明的必然選擇。因此，同樣是神，一神教的神是要你相信，多神教的神是要你感覺。

在日本，神道與生命有一種連帶感，在日本人看來，工作是神和人的共同行為。工作產生和創造出有生命的東西，叫「產靈」。所以日語中有「職人」的說法，專指注入精魂的職業技術者，在物品中注入生命使物品鮮活。這正是日本人發展高技術力的精神原點，即技術被人格化。

人信仰與神信仰

在日本人的觀念中，神是被感覺的對象，不是被信仰的對象，感覺的主體是人，所以人就是活着的神，也叫「現人神」，日本人講「人信仰」。這和西方不同，在西方神就是超越全體的唯一的存在。《馬太福音》裡形容耶穌降生：「看，必有童女懷孕生子，人們要稱他為『上帝與我們同在』。」西方人講「神信仰」。「人信仰」派生出相信人的觀念，「神信仰」派生出懷疑人的觀念。前者用人倫確保社會秩序，後者用契約維護社會秩序。

因為神是唯一的存在，所以任何人的存在都是在「原罪」陰影下，都是被懷疑的對象。笛卡爾說「我思故我在」，宣告了近代科學的黎明到來，但這個「思」的原點就是「懷疑」。當霍布斯說出「人與人就像狼一樣」的時候，其實就是受到一神教的影響。

人人都被懷疑，社會秩序的保持、共同體的形成就有相當的難度，由此產出了契約的觀念，這是西方人發明的生存方式。所以神對諾亞和他的兒子們說：「我，必須和你們，以及你們的子子孫孫，訂立永遠的契約。」而與神訂立契約，其精神是什麼？是絕對遵守，不得違約。神又說：「我與你們同在。」即「我」的存在是無時無刻的，所以必須無條件地跟從「我」。「我」才是契約的主體，才是契約的債權部分。

而日本沒有超越一切的神的存在，也就不可能發酵出以一神為主體的契約精神，所以也不理解為什麼要神人共約。要確保社會秩序和共同體的完好，只有相信他人，「以心傳心」，否則日本社會的人際關係就會崩潰，社會秩序就會混亂。所以對處於同一共同體的日本人來說，最討人嫌的事就是對他人的背叛。日本人最恨告密者，在他們看來，「內部告發」舉起的雖然是正義之旌，但降下的卻是人倫之旗。在正義和人倫之間，日本人基本是犧牲前者，確保後者。日本的司法檢舉率之所以一直很低，在觀念上也是源於這裡。例如明治時代的「革命同志」坂本龍馬被暗殺，恐怕也是因為他是一個「奔走於幕府裡的背叛者」，這在日本人看來是最不能原諒的。日本江戶時代的「村八分」，就是對背叛共同體的人進行孤立的一種懲罰。人與人交往一般有「十分」，涉及出生、成人、結婚、建房、火災、水災、生病、葬禮、出行、法事等，但對違規的人實施「村八分」，即斷絕八個方面，只留下即火災和葬禮「二分」的交往。就也是日本人講「人信仰」的典型。

　　另一方面，由於講「人信仰」，就必須設法使對方相信自己是善意的。這裡就生出了「建前與本音」、「表我與裡我」等日本人特有的區別。「建前」、「表我」是表面上說的一套，未必是心裡想的，這就是在談判桌上日本人沒一句真話的原因。第一個踏上日本國土的美國人佩里，也說說謊是日本人的天賦。日本語中的敬語，就是為了掩蓋說謊而設定的，即便是說謊了，也要說得美麗些，說得誠懇些，讓人心裡舒服些。而這種說謊的天賦就是從「人信仰」而來，「人信仰」就是從多神信仰那裡派生出來的。

　　1591 年（天正十九年），進入全盛期的豐臣秀吉在屬於自己的宮殿——京都的聚樂第，會見了葡萄牙基督教會的巡察師。秀吉得意地說道：「我國是神國。神是什麼？神就是心。沒有神，就沒有靈的生成。沒有神，就不曉萬物。」秀吉用日本人特有的對神的感覺警示西方人，基督教的一神信仰，在這個國度是難以生根的。

人為什麼不能殺人？

日本人所說的神，有三種意義，一是指雷，在日本雷的漢字與中文一樣，但發音是「Kaminari」，意譯就是「神鳴」；二是指虎狼豹等猛獸和妖怪；三是指山。把神指為山，日本人古已有之。《萬葉集》裡有「在伊夜彥神的山麓上」的句子，這裡的「伊夜彥神」就是指伊夜彥山，今天的日本人對山嶽也懷有特別的感情。這三種意義的共通點是，神是有威力的、令人恐懼和敬畏的超人類對象。

而在日本人的眼裡，神又具有哪些特點呢？首先，神不是唯一的存在，而是多數的存在。《古事記》裡就記錄了三百種以上的神，可謂包羅萬象，無所不在。第二，神沒有具體的姿和形。第三，神是飄動的、彷徨的、不定的。因為是多神，沒有具體的姿和形，又是飄動彷徨的，所以日本人又生出了「萬物有靈論」的觀念。日本人把這些用肉眼看不見的「靈」都叫「Tama」。它是流動的，具有靈力，它依附的物體就是被崇拜和被敬畏的對象，就是被人感覺的神。

英國人類學家愛德華‧泰勒（1832–1917 年）的著作《原始文化》曾描述過日本人的「萬物有靈論」，日本人認為萬物都有流動的精靈依附其中，發揮着靈力。精靈的神秘在於看不見摸不着，但它也有喜怒哀樂的心情。日本著名的民俗學家柳田國男（1875–1962 年），把日本人的這種信仰稱之為「精靈信仰」。

萬物有靈也好，多神也好，都是用感覺去體會他們的存在。但感覺有時不能解決所有問題，如人為什麼不能殺人？這對一神教來說很簡單，因為神禁止，猶太教裡的「摩西十誡」，有一誡就是「不可殺人誡」。但對多神教來說，問題就變得複雜，因為沒有神下過這方面的命令。當日本的小孩問家長為什麼人不能殺人時，家長只能回答：殺人的話，警察要抓人，可能被判死刑。家長無法從信仰上回答。因為日本沒有自己的特定的宗教，到處都有神的存在，信誰呢？什麼都信的結果就是什麼都不信。最典型的

例子是日本人神佛混淆，把八幡大神和八幡大菩薩混為一物。但其實八幡大神是武神，武神就要打仗殺人；而八幡大菩薩來自佛教，佛教的基本教義為不殺生。而日本人不管其矛盾之處，仍然「神佛習合」。歷史上，與平家作戰的源氏武將們，就是一邊殺人，一邊高唱「南無八幡大菩薩」。這樣看來，多神教世界的缺陷在於，它有可能生出一個民族的無節操感和無原則感。

神為實用而生？

《古事記》開宗明言：「天地初始，從高天原生成諸神。」而《舊約聖經》開首第一章說：「萬首開端，神創造了天和地。」前者是從父神母神的諸關係中產生，後者是自始至終有一位絕對者和超越者存在；前者強調「所成神」（Narimaseru），即自然生成大地、泥土和萌芽，後者是依據神的個人意志使自然和生命誕生；前者是從已有之物生成，後者是從無到有的創造。這是多神和一神鮮明對立的最早出處。

但在舊約世界裡創造了一切的至高至善的神遭到了挑戰。挑戰者不是人類，而是蛇。神把亞當和夏娃放進伊甸園，並再三關照說：「樹上的果實等什麼都可以吃，但是智慧之果絕對不能吃，吃了肯定死。」然而蛇跑出來引誘夏娃說：「不，你是不會死的。一旦吃了智慧果，你也會開眼，像神一樣有智慧，知善惡。」這裡，聰明的蛇實際上點破了神要禁止他人吃智慧果的原因是不想人人都像他那樣變成神。神的用心被點破後十分憤怒，他嚴厲懲罰了蛇，並將亞當和夏娃逐出伊甸園。膾炙人口的失樂園的故事講述了人類的原罪，是在挑戰神的至高無上性中產生的。

而日本的神，卻沒有遭遇類似這樣的挑戰。因為神是自然生成的，不在任何人之上，不擺出支配的架勢。日本神道的特點是「三無」：無經典，無教義，無教祖，因此它能以更寬廣的胸懷關照天下所有之物。天下所有

之物都有靈魂，而有靈魂之物都是神。處處都有神的存在，就連石頭也可能附着神魂。日本人至今還喜歡在海邊撿石頭回家供奉，認為能感覺到神魂的存在。就是兇狠嚇人的野狼，日本人也叫「大神（Ōkami）」，意為恐怖之神。

所以日本人說他們有八百萬神，誇張但不無道理，簡潔清晰地和西方一神教區分開來。有八百萬神之多，就不能去信仰，只能去感覺。信仰的需要專一，而感覺才需要雜多。日本人遇不同的事，拜不同的神。他們祈禱商業繁盛，去稻荷神社；祈禱考試合格，去天神神社；祈禱賽事勝利，去八幡神社；祈禱火箭發射，去寶滿神社。拜神僅僅是個解決眼前問題、獲取利益的實用形式。與基督教裡對神祈禱相比，是完全不同的思維。

第四章

比叡山和高野山的對峙

—— 最澄與空海為何反目？

最澄的據點和空海的地盤

日本平安時代有兩大高僧，一個是最澄，一個是空海。最澄生於 767 年，空海生於 774 年。最澄的母親，盼子心切，在神宮連續參拜七天。到第五天，真有靈夢降臨，便懷上最澄。空海的母親，做了個在印度聖人的懷裡懷孕的夢。十二個月後，空海誕生。

最澄創立天台宗，空海開創真言宗，兩派都對日本佛教影響至深。最澄 19 歲在東大寺受戒成和尚，成了「國家公務員」。空海 24 歲寫下比較宗教學專著《三教指歸》，直指儒教無「心」，只有冰冷的倫理綱常。

最澄的據點是比叡山（橫跨京都府與滋賀縣）的延曆寺，他 19 歲上山，山中修行 17 年。俳人芭蕉有詩云：「比叡雲霞蒸，長天一字橫。」可見比叡山的險阻。空海的地盤是高野山（和歌山縣）的金剛峰寺。《平家物語》這樣描寫高野山：「晴朗時，山風雀鳴。天暮時，日影沉斜。八嶽高峰，九道深谷，真是令人心靜如水。」可見其俊秀。

留學：「公費」與「自費」？

804 年 12 月，有四條遣唐船駛向長安，最澄乘坐第一條船從長崎出發，空海乘坐的第二條船從大坂出發。五個月以後，四條船中沉了兩條船。幸運的是，最澄和空海的船都到達了當時的佛教聖地長安。那年最澄 38 歲，空海 31 歲。

最澄當時是受到桓武天皇器重的名僧，有翻譯陪同，屬於「公費留學」，入唐後拜中國天台宗第七祖師道邃為師。在台州國清寺受戒期間，他抄寫了大量的佛教經典，掌握了天台宗的奧義。八個月後最澄回國，帶回大量佛教典籍，在比叡山上建立佛教文化中心，自己擔任「所長」。最澄還建議桓武天皇遷都京都，此後一千年，京都一直為日本的首都，可見最澄對日本歷史影響之深。

空海入唐時還是一介無名和尚，沒有資格帶翻譯，是「自費留學」。空海見到了密教的高僧惠果阿闍梨。惠果是真言宗第七祖師，他一見空海就有相見恨晚的感覺。惠果向空海傳授了全部的密教，空海也接受了密教的金剛界和胎藏界的「灌頂」，坐上了中國密教第八祖師的座椅。怎麼會這麼短時間就成為第八祖師，至今還未解。空海兩年後就回國了，並帶回大量的真言宗典籍。喜好詩書的嵯峨天皇召見了歸國的空海，兩人很是投緣。之後空海上了高野山，將金剛峰寺建立為日本密教的大本營。

一山不容二虎

最澄和空海在去長安之前互不相識。回國後兩人曾有多次通信，相互拜訪，關係似乎並不壞。但不久兩人關係惡化，幾近仇人。其原因又何在呢？從史料來看，可歸結為這麼幾點：

第一，回國後不久，遵桓武天皇指令，最澄跟空海學密教，並在高雄山接受了金剛界、胎藏界「結緣灌頂」的入門儀式。但最澄最想學的是「傳

法灌頂」，這是密教的最高法，但空海並沒有立即傳授的意思。最澄焦慮地問道：「究竟什麼時候能接受傳法灌頂？」「至少需要三年的時間。」空海泛泛而答。

空海自己在長安只花了三個月的時間就接受了「傳法灌頂」，而要讓學生花三年的時間。顯然，空海不想讓最澄這麼快畢業。但最澄卻想在短時間內攀登佛教的頂端，一鳴驚人，兩人當然會產生不和。

第二，最澄喜歡經典，甚至迷信經典，他常向空海借經典閱讀。813年11月，最澄想向空海借閱《理趣釋經》一書。但這回卻被空海惡狠狠地拒絕了，理由是《理趣釋經》只是《理趣經》的註解書，而《理趣經》是密教中最為重要的經典，如果不先讀《理趣經》，就沒有資格讀《理趣釋經》。對此空海教訓道：「密教不是看看註解就能掌握的，如果不下工夫的話，就不能理解相傳之法。」最澄氣得忍不住回了一句重話：「沒有我，哪有你今天的名聲？」兩人關係從此惡化。

第三，最澄最愛的弟子泰範背棄最澄離開比叡山，上了高野山追隨空海。最澄寫了一封信給泰範，以懇求的口吻希望他「回心轉意」。但空海代泰範回信道：「決心已定，不再回比叡山了。」於是，兩位高僧自此便真正分道揚鑣。

第四，最澄最有力的支持者是桓武天皇，但不走運的是，最澄回國第二年桓武天皇就離世了。如果桓武天皇不死，最澄的後台會更硬，名氣會更大。而空海和後繼的嵯峨天皇私交甚好，空海自然感到得意。

第五，二人對於佛教理解的不同。最澄為人本分，他希望克服人自身的負面要素，因此主張佛教的修行。他教導人們，凡夫俗子必須通過刻苦修行才能成佛。最澄強調一步一步朝目標接近，一天比一天更接近於目標。最澄的天台宗的基本教義是《法華經》。《法華經》有兩個基本精神，一個是「一乘佛教」，即大乘和小乘的統一；另一個就是人只有真心懺悔才能得救。宗教哲學家山折哲雄曾寫《麻原彰晃能被救助嗎？》的論文，認

為像奧姆真理教麻原這樣的人根本無法被救，因為他殺了那麼多的人也不知道懺悔。此外，法華是蓮花的一種，大乘佛教的象徵就是蓮花。蓮花象徵出淤泥而不染的品質，日本人的「清淨」的思想就源於這裡。

空海的真言宗的核心是「即身成佛」。空海認為，人本身就是大日如來。一草一木中都有大日如來，何況人呢？所有的人從開始就是佛。和以前佛教相比，真言宗真正的反叛性在於，它肯定現世，肯定感覺。即使一般民眾，也可借用大日如來的力量使自己強大起來。空海的這一劃時代思想使佛教從教義走向了實踐，它使念佛從貴族走向了平民。佛教中，在今天的日本還有強大生命力的就屬空海的真言宗了。每年幾百萬人湧向寺院參拜，為交通安全、家庭平安、良緣、升學、工作等的祈願求助，都屬於真言宗的範圍。

從這個意義而言，最澄和空海是根本的對立，只能導致最終的反目。

而兩人的性格也有很大不同，最澄禁慾克己，偏執好爭論，不夠寬容。空海心胸寬廣，對人對事都更包容。比如關於喝酒，兩人看法就很不同。最澄說：「一旦喝了酒，就要離開這座山。」空海說：「用鹽做下酒菜，喝上一杯，當能許可。」從處事為人來看，最澄罵人兇。如最澄與南都舊佛教論戰中，最澄竟然罵對方為「粗食者」，意思是吃得不好。空海做事狠，在建造東寺的時候，空海砍伐稻荷神社的樹木，使稻荷神社至今還記仇。

二人對峙長達六年，最後，最澄先於空海而死，笑到最後的是空海。這就應了司馬遼太郎的一個說法：一山不容兩虎。

秀才與天才

最澄說：「道心中有衣食，衣食中無道心。」道心，即求道之心。有了求道之心，衣食問題也就解決了。反過來，如果先解決衣食問題，求道

之心也就出不來了。這裡，最澄顛覆了「衣食足，知禮節」的唯物論，創立了有深度的唯心論，比英國哲學家貝克萊早了近一千年。而空海說：「萬物情不一，飛游性不同。」世界上存活着萬物，鳥在空中飛，魚在水中游。無大小優劣，只是性情不同而已。空海的個性論和平等論令人歎服，比法國啟蒙思想家盧梭早了近八百年。

最澄是秀才，秀才是能複製的，因此他帶出了很多弟子。如開創融通念佛宗的良忍、開創淨土宗的法然、開創淨土真宗的親鸞、開創臨濟宗的榮西、開創曹洞宗的道元、開創日蓮宗的日蓮等，他們都是「比叡山大學的優秀畢業生」。從這一意義上說，最澄所創立的天台宗，是日本佛教的母胎。空海是天才，而天才是不能複製和傳授的，所以高野山無法人才輩出。

最澄於 822 年（弘仁十三年）6 月 4 日在比叡山圓寂，終年 56 歲。他留下遺言：「創佛寫經，自立宏志，一生窮盡。」這令人想起釋迦牟尼離世前的話語：「自燈明。法燈明。」我即便死去了，先亮自己的燈火，再亮教義的燈火。一代高僧悄然而去。空海以「美麗的星星消失了」道出無限的惋惜和悲愁。1981 年 2 月，羅馬教皇約翰·保羅二世去日本訪問的時候，引用了最澄的話：「忘己利他，慈悲之極致。」這是對最澄相當高的讚賞。866 年，即去世 44 年後，最澄被朝廷授予傳教大師的稱號。

空海於 835 年（承和二年）3 月 21 日，在高野山結跏趺坐，靜悄悄地入定，終年 62 歲。他留下遺言：「我願永歸高野山。」同年 10 月 27 日，空海被朝廷授予弘法大師稱號。

① 梅原猛（1925—）：日本哲學評論家，代表作有《地獄的思想》、《佛教的思想》等。他以佛教為中心，研究日本人精神性，其學說被稱為「梅原日本學」。

誰更偉大？

有學者問日本著名宗教思想家梅原猛①，最澄和空海誰更偉大？梅原猛在《用森林的思想救助人類》一書中回答：從能力上說，空海

強些；從對後世的影響來說，最澄強些。但日本佛教的主流還是最澄。因為以後日本佛教的各派，都是從最澄的天台宗開始的。

但在鈴木大拙的眼裡，最澄和空海都不能算什麼，都不算是日本的宗教。在這位大師的眼裡，禪宗和淨土宗、道元和親鸞才是日本佛教的傑出代表。西田幾多郎是日本哲學家中的另類，在他的眼裡，東洋思想就是禪，而不是最澄和空海。而諾貝爾獎獲得者湯川秀樹，卻從本質上厭棄禪和親鸞，喜歡空海的天才和自由。

有日本文化論第一人之稱的栗田勇，在 1998 年出版了歷史小說《最澄》。這類文字的小說本來較枯燥，出版兩個月後就再版了三回，可見日本人對於最澄的認同。小說這樣寫最澄的最後時刻：

「6 月 4 日，初夏的太陽照在湖面上。最澄突然睜開眼睛，不可思議地撐着病體坐起來，對光定和弟子們說：『別了。不要為我做佛事，不要為我寫經文。但是請傳播我的志向。』說完，最澄又一次用溫厚的眼神巡視大家。然後和釋尊涅槃的姿勢一樣，朝右側臥，帶着微笑，永遠地閉上了眼睛。此刻，異樣的靜寂包圍了四周。最澄與湖面的光輝融為一體。」

日本作家司馬遼太郎，在 1975 年出版了歷史小說《空海的風景》。司馬稱在十年前得到《空海全集》，在讀透全集的基礎上才開始動筆。這本書十年內再版了 48 次。司馬在書裡這樣描寫空海的死：

「跟隨空海多年的和尚實慧，把空海的死呈報給了唐的首都長安。向長安報告異域小國的和尚之死，這是在空海之前之後都沒有的事例。實慧向長安青龍寺呈送的辭文曰：承和二年春，薪盡，火滅。行年六十二。嗚呼悲哉。空海之生身。接受這一報的長安青龍寺，披戴素服，滿山蕭然，哀悼之極。」

平安時代的這兩位和尚，被日本人尊為自己國家的思想家、哲學家。

淨化死者怨恨的「鎮魂」

第五章

—— 日本歷史上怨靈作祟

為什麼桓武天皇匆忙遷都平安京？

理解日本歷史和文化，有兩個關鍵的概念。一個是多神，一個是怨靈。怨靈主要是一些蒙冤而死的人。可以說日本的歷史是怨靈的歷史，日本的宗教是怨靈信仰和鎮魂的宗教。不瞭解這一點，就不能看到日本歷史的真正姿態。

1. 親王魂斷淡路島①

公元 794 年（延曆十三年），第 50 代桓武天皇下令將首都從長岡京遷到平安京。誰也沒有想到，當初這個不得已而為之的遷都，改變了日本歷史的面貌，重生了一個以京都為中心的千年首都。使人疑惑的是，781 年 4 月即位的桓武天皇，為什麼要放棄營造了只有十年的長岡京，而匆匆遷都平安京？

這是日本歷史的一個謎，也是理解日本歷史的一個關鍵。說長岡地帶洪水多，風水不佳，並不適合作為首都，這是日本正史語焉不詳的解釋。

---

① 淡路島：位於兵庫縣南部、瀨戶內海的東部，是日本第三大島。

79

但這一説法與史實不符，實際上有着更深刻的原因。

這裡必須提及桓武天皇的同母胞弟早良親王。45 歲的哥哥桓武天皇即位後，立 32 歲的弟弟早良親王為皇儲。785 年（延曆四年）9 月，建造長岡京的中心人物、桓武天皇的心腹藤原種繼，在建築工地突然被暗箭穿透胸脯，墜馬身亡。兇手大伴繼人等人被逮捕並處以斬首。皇族成員五百枝王、佐伯高成等人也遭連坐。在酷刑面前，兇手招供説，暗殺藤原種繼是事先預謀的，目的是使桓武天皇退位，讓早良皇太弟即位。被激怒的桓武天皇在事發五天後下令逮捕了弟弟早良親王，把他幽閉在乙訓寺，罪名是唆使參與暗殺。

早良一直聲明自己無罪。但哥哥桓武不相信，最後將其流放到荒無人煙的淡路島上。早良以絕食抗爭，最終死在去淡路島的船上，終年 36 歲。死後他被草草地葬在流放地淡路島，終日冷風枯草相伴，淒涼無比。

桓武為何這般冷血無情呢？原來，桓武把弟弟早良看成是自己的兒子安殿親王（即後來的平城天皇）即位的一大障礙。因為決定桓武的後繼者的大權在桓武的父親光仁上皇手中。不能將兒子立為皇儲，卻要讓位於弟弟，桓武天皇自然不滿。所以暗殺事件發生後，桓武就以莫須有的罪名陷害早良。但事實上，早良確實沒有參與暗殺事件，他是無罪之人。

2. 周圍的親人，接連奇異地死去

桓武天皇感到周圍有異，是在弟弟早良親王死去一年之後。786 年，桓武寵愛的夫人藤原旅子的母親突然死去，由於其年事已高，桓武並沒在意。又過了兩年，夫人旅子死去。這位入宮只有六年的美麗女子 30 歲就離開人世，對桓武的打擊很大。789 年 12 月，桓武的母親高野新笠死去。三個月後皇后藤原乙牟漏死去。乙牟漏是在桓武還是皇太子的時候入宮的宮女，僅比旅子年長一歲，她為桓武生下兒子安殿親王。奇怪的是，這位皇后死前無任何不適症狀。同年 7 月，桓武的另一名妃坂上又子死去。9 月，

桓武的兒子安殿親王，突然無故臥床不起。周圍這麼多親近的人遭遇不測，令桓武心慌意亂。

人禍之外，天災也接踵而至。數年間水災、風災、旱災肆虐，饑饉、瘟疫在長岡京大流行，死者屍體堆滿了大街小巷。792 年（延曆十一年）6月，大洪水第二次襲擊長岡京，朝廷式部省的南門在大雨中轟然倒塌。京城一片狼藉，民不聊生，盜賊四起。這一年，有盜賊放火燒了祭祀天皇祖宗天照大神的伊勢神宮，其正殿和財殿燒得最為慘烈。

面對天災人禍，走投無路的桓武天皇去祖靈神寺祈禱太平，但是並沒有好轉。桓武只好請陰陽師算卦，才知道所有的災難都是早良親王的怨靈在作祟。桓武慌忙派使者去淡路島，修整弟弟早良的墓地，並規定墓地周圍禁止殺生，藉以慰靈。但早良的怨靈還是不散，作祟還是不止，天變地異依然在繼續。為了躲避怨靈，桓武天皇只好決定遷都平安京。僅僅建造了十年的長岡京，就這樣被放棄了。

新都平安京距離長岡京十公里，位於兩川之間的山背國（即現在的京都府）北部的葛野。平安京模仿唐朝長安城的建造，引入中國古代的陰陽理論，北山有玄武，東川有青龍，南池有朱雀，西道有白虎，借助天然地勢作為守護，以抵擋怨靈的入侵。

3. 昏天黑地，陰陽割昏曉

但遷都以後，早良親王的怨靈依然緊追不捨。遷都的第二年，即 795年 5 月，皇太子安殿親王的妃子藤原帶子死去。《日本紀略》[1]裡這樣記載：「即病頓逝。」由於帶子的急死，安殿開始精神恍惚，竟然愛上了帶子的母親藤原藥子。藥子是被暗殺的藤原種繼的女兒，看穿桓武問罪於弟弟早良的目的是想把自己的兒子安殿立為皇太子，藥子便讓自己女兒帶子色誘皇太子安殿。帶子成為妃子後，藥

① 《日本紀略》：為平安時代編纂的漢文編年體史書，編撰者不詳。

81

子就經常出入安殿夫婦的房間，引起了安殿的注意，這位血氣正旺的皇太子索性來了個母女通吃。當桓武知道兒子的不倫之事後，氣得把藥子趕出了宮外。兒子的不軌行為，使桓武感到早良的怨靈實在太厲害了。

更為厲害的是，800 年 3 月日本人敬畏的神山——富士山火山大爆發。歷史上富士山雖有二十多次的噴發紀錄，但都是山腹噴發，這回卻是中心噴發。大量的火山灰整整噴灑了一個半月，昏天黑地，陰陽割裂。桓武天皇著實感受到了怨靈的巨大恐懼。這年 7 月，走投無路的桓武天皇發出敕令宣佈，消除已故皇太弟早良親王的罪名，贈予「崇道」的稱號，即上升為天皇的級別，並將墓地改稱「山陵」。

日本歷史上死後被追稱為天皇的，只有三例，都限於天皇的兒子，追稱天皇的兄弟卻是異例。這年桓武天皇 63 歲，他已經被早良的怨靈死死糾纏了十五年。用這種方式為早良恢復名譽，也表明桓武與早良的對決，以桓武的認輸而收場。

4. 怨靈還在繼續發威

但問題並沒有最終解決。803 年的 12 月，在巡視完和泉、紀伊等地方後，桓武天皇開始生病。早良的怨靈最終還是沒有放過自己的哥哥桓武。

為了早日康復，桓武命平安京的七大寺集體詠經祈禱。但奇跡沒有出現，桓武的病情反而更加惡化。805 年正月，惜命的桓武再次下令在淡路島建造祭奠早良親王的靈安寺。桓武召集 150 名和尚，隆重地參拜靈安寺，念經詠典，並在靈安寺設立祭壇，供上稻穀三十束，棉花三百斤，以慰怨靈。3 月 20 日，桓武再次下令，免去因藤原種繼暗殺事件而遭連坐之人的罪責，允許被流放者返回京城。為祭祀早良的怨靈，桓武還規定每年 4 月 5 日為「國定忌日」，各地方都要舉行鎮魂活動。5 月 6 日，桓武任命自己的兒子安殿皇太子為「改葬崇道天皇司」，負責改建早良的山陵。在世的皇太子為死去的皇太弟鎮魂，姪子為叔叔守靈，可見桓武天皇對怨靈的恐

懼到了何等程度。5 月 11 日，桓武下令在紀伊國（今和歌山縣）伊都郡修建三重塔。10 月 25 日，桓武再度下令重新抄寫日本的所有經文。

但桓武的病還是一天比一天更重。806 年 3 月 15 日，桓武只得亮出最後一張王牌，下令召回因暗殺事件而遭流放的皇族成員五百枝王。3 月 17 日，桓武下令，所有因暗殺事件而受到牽連之人，包括已死的大伴家持等人，一律免罪，恢復名譽。每年春秋兩季，在全國的國分寺念誦金剛般若經，為早良祈冥福。但就在當天晚上，被怨靈糾纏了 21 年、奄奄一息的桓武天皇，還是一命嗚呼了。

5. 早良親王成了神

桓武死後，皇太子安殿即位，成為日本歷史上第 51 位天皇——平城天皇。父皇一死，平城天皇就把他的舊情人藤原藥子接到宮中，封她一個管理內務的「尚侍司」官職，兩人再次沉浸於愛慾之河。這位無才、無德、無體格的平城天皇，只在皇位上坐了三年零一個月，便讓位於弟弟嵯峨天皇，並由此還引發了皇室的內亂，史稱「藥子之亂」。這表明，早良親王的怨靈還在繼續發威發力，仍不放過桓武家族。

863 年（貞觀五年）5 月 20 日，即桓武天皇死去六十年後，朝廷在神泉苑舉行佛式慰靈會，祭祀以早良親王為首的怨靈。朝廷官員們在靈位前供花，詠讀金光明經和般若心經，表演雅樂和舞蹈，相當盛大。朝廷還在京都的左京區上高野建造了崇道神社，在奈良市西紀寺町建造了崇道天皇社，專門祭祀這位日本歷史上作祟最兇狠的怨靈。就這樣，早良親王成了被人們祭祀的神。

6.《萬葉集》：早良親王鎮魂的和歌集

對早良怨靈的恐懼，使日本歷史發生了很大的變化。照日本學者梅原猛的說法，《萬葉集》就是為早良親王鎮魂的和歌集。《古今集》的序文

裡說《萬葉集》是於 806 年編撰的。這也就是說，為了祭祀早良親王而在新都平安京建造上御靈神社的同時，《萬葉集》也敕撰完成。儘管《萬葉集》從整體來看，更明顯是為大伴家持而歌。但家持也被捲入早良親王的叛亂之中，最後流放而死。所以編撰《萬葉集》的真正動機是為二人的怨靈鎮魂。《萬葉集》誕生於日本「脫唐」後，是用心地探尋日本精神原點的文學作品。是否可以認為，鎮魂就是日本精神的原點呢？

日本第一大魔王為什麼是天皇？

1. 祖父之手伸向孫子之妻

日本史上公認最大的怨靈是崇德天皇。文學作品《保元物語》① 就把崇德描寫成怨靈，令人印象深刻。後有《太平記》以及世阿彌作的歌謠《松山天狗》更令崇德天皇的怨靈形象家喻戶曉。

> ① 《保元物語》：作者不詳，據推測在 13 世紀完成，是以保元之亂為題材的軍記物語。軍記物語盛行於日本鎌倉至室町時代，以戰亂和武將事跡為主題的敘事作品的總稱。包括下文的《太平記》都是軍記物語的代表作品。

崇德天皇於 1119 年（元永二年）5 月 28 日誕生，取名顯仁，是鳥羽天皇的第一個兒子。母親是中宮待賢門院的璋子，是權大納言藤原公實的女兒。中宮為皇室生下男孩，周圍一片祝福和喜悅。但父親鳥羽卻難見一笑。為什麼呢？原來璋子生得美貌，但行為不檢點，當初本要嫁給關白藤原忠實的兒子忠通，因為不檢點被忠實婉言拒絕，結果投入了鳥羽天皇的懷抱，兩年後生下崇德。

名義上崇德是鳥羽天皇的兒子，但其實是鳥羽的祖父白河法皇的種，因為當年 67 歲的白河法皇與璋子私通。所以對於鳥羽而言，崇德是個不愉快的存在。37 年後鳥羽臨終時還留下狠話：「不允許崇德在我的面前出現」。崇德注定一出世就走向沒有愛的不歸路。

對鳥羽而言更為過分的是，白河法皇還命令自己早些退位，好讓崇德即位。心裡不痛快的鳥羽天皇並沒有反抗，溫順地把皇位讓給了崇德，自己做了上皇。1123 年 1 月 28 日，只有五歲的崇德登上皇位，權力的中樞仍由白河法皇掌控，崇德只是名義上的娃娃天皇。

1129 年 7 月，77 歲的白河法皇死去。鳥羽上皇久等的復仇機會來了，他首先讓生前與白河對立的關白藤原忠實的女兒泰子入宮，做自己的妾，只可惜泰子並沒有為鳥羽生子。不久，鳥羽又愛上太政大臣藤原長實的女兒得子，即後來的美福門院，得子為鳥羽生下一兒一女。老奸巨猾的鳥羽，看到崇德和中宮聖子當時沒有生子，便把體仁塞給他們做養子。崇德沒辦法，只得認可。但不久，宮中的另一女房和崇德同床後懷孕，生下皇子重仁。兩年後，即 1141 年，鳥羽效仿祖父，逼崇德天皇讓位，讓自己的兒子——三歲的體仁即位。日本第 76 代的近衛天皇誕生。當時只有 23 歲的崇德只得無奈地隱退做了上皇。

2. 鳥羽天皇為什麼要打破繼承原則？

問題偏偏出在近衛天皇身上，他 17 歲患上眼疾，短命死去。近衛一死，崇德上皇想密謀恢復皇位。即便自己沒有希望，也想推自己的兒子重仁親王一把。鳥羽上皇既沒有選崇德上皇，也沒有指定重仁親王，而是下令自己的另一個兒子、崇德的同母弟弟雅仁親王即位，即日本第 77 代後白河天皇。

在鳥羽上皇面前，崇德感到反擊無力。同是一個母親璋子所生，卻讓弟弟雅仁即位，而弟弟雅仁的兒子守仁也就自然地成了皇太子。崇德失意感和屈辱感在滋生，對鳥羽的仇恨在擴大。

鳥羽上皇為什麼要這樣安排呢？原來美福門院得子怪自己兒子近衛天皇的早死是崇德詛咒的結果。鳥羽一方面顧及自己的寵姬得子的心情，一方面也對「叔侄系統」懷恨在心，所以選了雅仁。雅仁是近衛天皇的哥哥，

比弟弟大 12 歲。一般按儒家的原則來説，繼承必須是年幼的接替年長的，所以雅仁繼位在道理上是講不通的。

為什麼哥哥雅仁沒有在近衛之前成為天皇呢？原因是雅仁的母親是璋子，鳥羽上皇的祖父和璋子私通，生下崇德，讓鳥羽十分不滿。當然希望自己寵愛的得子的兒子體仁成為天皇。近衛天皇死去無後，按理本應由崇德長子重仁親王即位，想不到鳥羽來了個從弟到兄（近衛—後白河）的繼承順位的大逆轉，不讓崇德有復權的機會。

3.「取皇為民，取民為皇」的預言

鳥羽上皇的做法激怒了崇德上皇。但崇德鬥不過鳥羽，心裡自然不服氣，鳥羽一死（1156 年 7 月 2 日），崇德就決意叛變。1156 年（保元元年）7 月，崇德在左大臣藤原賴長和源為朝的配合下發動叛亂，史稱「保元之亂」。當時的皇室人員都不配刀劍，朝廷也沒有軍隊，所以崇德和後白河就雙雙僱傭武士打仗，最後後白河天皇取勝。取勝的後白河殺了七十多名叛亂者，並把敗北的崇德流放到讚岐（今香川縣）。上皇被發配，還真是前所未聞。

崇德在島上，頭髮和指甲都瘋長得像惡鬼一樣。每天所做的就是抄寫經書。崇德硬是用 3 年時間將《大乘經》、即《華嚴經》、《大集經》、《大品般若經》、《法華經》和《涅槃經》抄寫完畢。想到這些經文將埋沒於荒漠，甚覺可惜，於是崇德差人將經卷送至京都的仁和寺，祈望朝廷能收藏。並附歌一首：

> 水鳥之跡進京城，
> 身處松山惟哀愁。

誰料朝廷的少納言信西向後白河天皇進讒，説所送經文有詛咒之意，

因此後白河將崇德的經文粗暴地退回。這下激怒了崇德，他咬破舌尖，在五卷經文裡寫上血淋淋的詛咒文：「願為日本之大魔緣，擾亂天下。取民為皇，取皇為民。」他將經文投入瀨戶內海中，每天朝着京都的上空，詛咒自己就是日本國的第一大魔王，誓讓仇敵全部葬身海底。

「取皇為民，取民為皇」，是對於亂世的預言。意思是讓天皇家沒落，讓天皇家以外的人成為這個國家的王，這就和日本皇家的最大原則「天壤無窮」完全對立。「天壤無窮」即天皇家永遠繁盛，這是皇室的祖先天照大神在派其孫瓊瓊杵尊下去掌控這個國家的時候，向他所關照的精神。

在日本史上，不乏懷有怨恨而死的人，如菅原道真，如後醍醐天皇。但他們怨恨的最後的底線還是守住了，即不觸動天皇的根本，不詛咒天皇家。日本歷史上，能像崇德這樣詛咒天皇家，這樣公開説「取皇為民」的，前無古人，後無來者。

1164 年（長寬二年）8 月 26 日，崇德在強烈的怨憤中死去，終年 46 歲，其中九年是流放生活。崇德的兒子重仁親王目睹了父親遭遇，為求活路出家為僧，兩年後也悲慘地病死。父子倆的結局都十分凄涼。

4. 崇德的詛咒顯靈了

崇德上皇死後三年，平家的勢力崛起，武家出生的平清盛當上了太政大臣，還迫使天皇遷都福原。其女德子做了高倉天皇的中宮，不負厚望地生下皇子，即後來的安德天皇。不久平清盛發動政變，囚禁了後白河法皇，立女兒的幼子為安德天皇，其父高倉為上皇，仍將政治的實權捏在自己手中。雖然不久後平家沒落，但政權並沒能回到天皇家，而是源賴朝掌權，建立鐮倉幕府，日本史上第一個武家政權宣告成立，源賴朝成了實際上的「王」。此時是 1192 年，崇德死後的 28 年。

隨着源氏第三代將軍實朝被暗殺，源家隨即滅亡。1221 年，後鳥羽上皇看中現在正是奪權的好時機，便舉兵東征鐮倉，史稱「承久之亂」。但

後鳥羽被源賴朝的妻子北條政子所擊敗，被流放到荒涼的隱岐島，一同流放的還有其兒子土御門和順德上皇。這是日本歷史上第一次天皇被武士處罰，具有非同尋常的意義，打破了處罰者必定是「王」，被處罰者必定是「民」的鐵律。如果說崇德上皇的流放還屬於天皇家自家的事情，那麼後鳥羽上皇的流放則是天皇第一次被臣下治罪。這似乎應驗了崇德天皇「取民為皇」的詛咒。或者說，日本歷史上近七百年視皇室為玩偶的武家政治，在崇德的預言和詛咒下開場了。

自開天闢地以來，天照大神定下了天皇家統治日本的神聖規定，現在因崇德上皇的詛咒而失效。這說明，崇德上皇和天照大神同格，即都是具有同等靈威的「神」。所以當時的日本人，把崇德當成神，恐懼他，敬畏他，祭祀他，加深了自古以來的怨靈信仰。

5. 崇德怨靈的發威

崇德上皇死去二十天後，朝廷下令將其葬於讚岐的白峰山。在人們抬着崇德棺柩登攀白峰山的途中，突然天降大雨，抬棺人就把棺柩放在路邊石塊上避雨。這時棺柩裡流出大量的血，染紅了石頭。人們出於恐懼，為染紅的石頭建造一座小寺，叫做「血宮」。

確切地說，崇德的怨靈是在其死後 12 年，即 1176 年（安元二年）開始發威的。這一年後白河上皇周邊的人相繼死去：6 月 13 日，鳥羽和得子所生的二條天皇的中宮高松院妹子死去，終年 30 歲。7 月 8 日，後白河天皇的女御，原高倉天皇的生母建春門院平滋子死去，終年 35 歲。7 月 17 日，後白河天皇的孫子，二條天皇 13 歲的嫡子夭折。8 月 19 日，藤原忠通的養女，近衛天皇的中宮九條院呈子死去，終年 46 歲。《帝王編年紀》這樣記載：「僅三月有餘，院號四人駕崩。乃稀奇之事。」

崇德的怨靈還使得保元、平治年間的戰亂頻發。1177 年（治承元年）3 月，加賀守藤原師高燒燬佛教聖地白山。憤怒的延曆寺眾徒奮起反擊，

京都陷入混亂，皇嘉門院九條御所被火燒。4月，京都的二條東洞院突然失火，皇太后御所和太政大臣藤原師長的駐屋被燒燬。5月，京都的樋口富小路發生火災。太極殿、小安殿、應天門、朱雀門、民部省和式部省等與朝廷關聯的建築物全部化為灰燼，京都三分之一被燒燬。日本著名歷史散文集《方丈記》裡的描述當時的慘狀：「或被煙熏倒，或被火燒死，七珍萬寶全數化為灰燼。」不久年輕的二條上皇也莫名死去，朝廷人心惶惶。

面對這一系列的異變，當政的後白河上皇深感崇德的怨靈來勢洶洶，必須加以鎮撫。於是，1177 年 8 月，後白河上皇改「讚岐院」為「崇德院」，諡號為「德」字，希望藉以鎮魂。還在成勝寺舉辦法華八講，為其慰靈。1183 年（壽永二年），在崇德的御所春日河原，首次為其建造神祠。崇德原來的寵姬烏丸局，在家裡私設崇德上皇御影堂，每日祭祀。後由後白河上皇接管，成了公家的祭祀活動。

但這一切鎮魂措施收效甚微。1191 年（建久二年），後白河上皇得病，他再次感到這是崇德怨靈的發威。最後，後白河上皇決定在崇德的黃泉地讚岐白峰山修建御陵紫極殿。

原本只是崇德與後白河之間個人的恩怨，竟然發展成影響王權維繫的爭鬥。後白河上皇萬萬沒有想到，自己的頭等大事竟是對怨靈進行鎮魂，其目的是維持王權，延命皇家。鎮魂成為執政者的要務，其正當性也到了確立。

6. 明治天皇為什麼心虛發慌？

明治天皇在正式即位之前，曾於 1868 年（慶應四年）8 月 26 日，即變更明治元號的前 12 天，派大納言源通富敕使到崇德上皇的白峰陵墓去。為什麼在政權轉換的關鍵時期，要派敕使到七百年前的天皇墓地去？原來，敕使是去謝罪和鎮魂。明治天皇命敕使在崇德天皇陵墓前詠讀宣命：「向在讚岐的白峰山永眠的崇德天皇，傳達明治天皇的深深感悟。陛下因保元

之亂，在隔海一方的讚岐憂憤離世。實乃可悲，痛心至極。迎接陛下的御魂，回歸京都，慰其憂憤，是先帝孝明天皇的祈願。然未盡其志，便他界而去。為繼承先帝之遺志，慰其怨靈，在都之近處，新宮竣工。請陛下永遠地鎮守天皇和朝廷。近來陸奧、出羽地區的賊徒，猖獗作凶，反旗於朝廷。還請陛下為鎮定天下繼續助其力，發其威。」

這份宣命透出兩個重要信息：一是明治天皇想討崇德天皇的歡心，想借其靈力保佑新天皇和新政府。二是孝明天皇的死原來也與崇德天皇的怨靈有關聯。孝明天皇在兩年前因天花驟死，疫病古來就是怨靈作崇的結果，所以明治天皇在正式即位前，要在令人恐懼的怨靈面前詠讀這份宣命。讀完宣命的第二天，即 1868 年 8 月 27 日，明治天皇的即位禮隆重舉行。在朝廷看來，明治帝的即位與改年號，如果沒有崇德天皇的認可就不會太平順利，要對其鎮魂後才能安心即位。

明治天皇一上台，就以虔誠的態度在京都迎接崇德上皇的神靈。因為崇德上皇是日本的大魔王，他發佈了詛咒皇家的預言，鼓動臣民造反，成了日本皇室最大的敵人。明治政府即便王政復古，但因為有崇德的怨靈和詛咒，朝廷隨時都有可能丟失權力，所以朝廷要大規模地祭祀。1868 年 9 月 6 日，崇德死後的 705 年，明治天皇在飛鳥井町的神廟裡恭敬地祭祀，迎接崇德上皇的靈魂回到京都。

怨靈與鎮魂，污穢與淨化

1. 對怨靈和死的污穢的逃避

日本人認為的污穢是諸惡的集大成，包含罪、過、憎、恨、怨。而污穢只有人死時才有，那麼隨着天皇的死也會產生污穢。為了逃避有污穢的地方，只有遷都。

日本在 710 年平城京建都前頻繁遷都。第 36 代孝德天皇建都難波京；第 37 代齊明天皇建都飛鳥板蓋宮，後遷都飛鳥川原宮，後又遷至飛鳥岡本宮，最後又遷至朝倉宮；第 38 代天智天皇建都大津京；第 40 代天武天皇建都飛鳥淨御原宮；第 41、42 代的持統、文武天皇建都藤原宮；第 43、49 代的元明、光仁天皇建都平城京；第 45 代的聖武天皇建都難波宮，後又遷都恭仁京和紫香樂宮；第 50 代的桓武天皇建都長岡京，後又遷至平安京。遷都需要巨大的財政支出，所以一般不輕易搬遷，日本這樣頻繁遷都為了什麼？

原因就在於對怨靈的恐懼，以及逃避死的污穢。但頻繁遷都的日本天皇，為什麼到平城京時就停住了呢？原來遷都平城之前的持統天皇最早在日本推廣火葬，屍骸被燒成灰，死的污穢也就沖淡許多，對怨靈的恐懼也緩和了許多。平安遷都後歷代帝王為什麼又千年不變呢？那是因為佛教及密宗的的引進，讓日本人有了對付怨靈和死的污穢的新宗教技術，也就不需要通過遷都來逃避了。

日本人對於死的污穢的躲避自古就有。豐臣秀吉設定日本人的等級時，首先想到的是士農工商四等，沒有普通製造業者的位置，他們被視為身份和職業低下的人，因為他們工作過程中常常會接觸到死的污穢。比如皮革製造業者，工作中為了剝皮而殺死動物。日語裡「皮革」的讀音為「kawa」，意味「河流」。從事皮革業的人因為沾染「污穢」，往往被當地人趕出居住的村町，遷居至河的對岸。身份歧視由此產生，可見日本人心靈深處對污穢的厭惡和對怨靈的恐懼。

如果說殺生者惡，那麼皮革業者就是惡的代表，但皮革業者不殺生就不能養活自己，如何解決這個矛盾？日本的神道和從印度傳來的一般佛教都不能解決。最後，以親鸞為首的鎌倉佛教思想家們登場，想出了如何拯救下層階級的方法，即只要念唱「阿彌陀佛」，人人都可以得到救助。日本淨土真宗的信徒增加，就是基於這樣的背景。

在日本歷史上，平安時代的武具也體現出日本人對於污穢的厭惡。在戰爭時期，天皇和朝廷武官身着的鎧甲都是金屬製的，而武士身上的鎧甲都是皮革製的。殺死動物再剝皮，皮具充滿血與死的污穢，天皇和公家很難接受。對武士來說，倒具有了日常死的意味。不過武士掌握政權後不久，由於常年的和平生活，對血與死的污穢也開始生厭。如德川幕府的開山祖家康，在政權初期自己也曾拔刀殺敵，但在取得政權後，對町人、浪人等身份低下的犯罪者的斬首，則規定由專門的殺手山田淺右衛門來完成。這樣做就是為了不讓更多的人沾有血和死的污穢。

從這裡也體現出日本人的一種特質，即討厭不潔。在一千三百多年前的平安時代，日本女性就有生理休假正是出於這樣的原因。耶穌在最後的晚餐中，一手拿葡萄酒，一手拿麵包，對面前的弟子說：「這葡萄酒是我的血，這麵包是我的肉。」日本人聽了這話，可能會有一種不舒服的感覺吧。

2. 為什麼平安時代沒有死刑？

因為有對污穢的厭惡感，所以在平安時代中期，天皇家以及貴族們不會涉及軍人和警察等不潔的工作。那時就算犯死罪，也不會被判死刑。例如，伴善男放火燒了國家的正門應天門，這在當時是屬於死刑的大罪，但僅判了流放。再如菅原道真，要擁立自己的女婿做天皇，這在當時是大逆罪，在近代以前的任何國家都要殺頭的。雖然後來證實這是藤原氏陷害他的，但當時的有罪判決是流放，沒有判死刑。

平安 400 年，正式的死刑一次也沒有執行過。沒有警察和軍隊，治安必然要惡化。那時的高級貴族感到不安全，便給下級貴族發高薪，讓他們作為替代警察，行不潔之事，這就有了「檢非違使」的官職（「非違」就是做壞事之意），即檢查做壞事的官。這是日本特有的「令外之官」，即律令制以外的官，這在之前是沒有的。總之，平安中期以後，日本沒有軍

隊，沒有死刑，可稱真正意義上的「平安」日本。而支撐這種平安的，恰恰是怨靈鎮魂和污穢淨化的雙系統。

　　奈良時代與平安時代最大的不同是什麼？用兩個字概括，就是殺人。飛鳥時代的崇峻天皇、山背大兄王（聖德太子的兒子）、蘇我入鹿、有間皇子、大友皇子（弘文天皇）、大津皇子，奈良時代的長屋王、藤原仲麻呂、淳仁天皇（廢帝），在日本正史裡登場的這些人物都被殺死了。平安以前的日本朝廷史就是用血抗爭的歷史。進入平安時代，死刑事實上被廢止，對死刑犯都是罪減一等的判決。因為人們懼怕刑死者的怨靈，誰都不想染上血和死的污穢。直到「保元之亂」後的810年，嵯峨天皇恢復了死刑，這是346年以來的第一次。

　　一千多年後的現在，日本人討厭不潔的感覺仍沒變。所以即便是有死刑制度的現代社會，日本人也怕弄髒自己的手。在日本，死刑判決屬於司法權，死刑執行屬於行政權，必須要有管理行政的法務大臣簽字。例如2006年前的15個月內，日本就沒有出現一例死刑。因為當時的法務大臣杉浦正健表示，自己的信仰讓他無法簽署死刑執行令。自己的信仰就是對怨靈恐懼，對死的污穢的淨化信仰。但自從2007年8月鳩山邦夫擔任法務大臣後，已經下令絞死了十三人。對此，《朝日新聞》諷刺道：「鳩山法相每隔兩個月便下令行刑，創造了新的紀錄。他的別名應該叫死神。」

3. 出雲大社是「靈魂的牢獄」

　　日本自古以來就有作祟的觀念，即靈魂復仇。西方沒有這樣的思想，和對「造物主」的認同有關。在基督教世界，上帝是造物主，是創造天地萬物的神。反過來說，被神認可，個體生命才能存在；被神否定，個體生命就不存在。這樣，如果按照神的指令殺人的話，依附在死者生命裡的靈，自然不會被神認可，靈的復仇就無從談起，作祟的恐懼也就無從談起。所以，在一神教世界裡，即便殺死再多的人，也沒有作祟的恐懼。

在日本，沒有生命是神賜的這種想法。古代日本人認為在有生命存在的地方就有魂的存在，魂是生命的「格」。古代日本人還認為，人死後靈魂和肉體就會分離，肉體死了但魂不滅。隨着生者的祭祀和呼喚，死者的魂還能回來，這叫「呼魂」。繩文時期的墓葬形式之一的屈葬，就體現這一觀念。

這裡，日本人生出兩個思想：一個是既然魂和肉體是分離的，那麼怎樣使用個體生命都是可以的。所以即便是自殺，也是自己管理自己生命的結果。日本雖然自殺者多，但人們並不同情，就是基於靈肉二元論，基於生命是自己的與他人無關的想法。但基督教徒不這樣想。因為生命是神賜予的，神才是生命唯一管理者，所以必須慎重地對待生命，不應自己結束自己的生命。所以在基督教世界，自殺者是作為罪人被非難的，下葬也會區別對待。

日本人另一個觀念是，既然魂是不死的，那麼肉體的死去如果是因為政治悲劇，或被人陷害而怨死，魂靈就會生出怨恨與復仇之心，即作祟。面對怨靈的恐懼，必須鎮魂和慰靈。

平安時代的作家源為實曾為貴族少年們寫過一本通俗歷史讀物，叫《口游》。裡面有一句連日本人也不太懂的話：「雲太和二京三。」是說日本的三大建築：出雲大社、東大寺大佛殿和京都的大極殿。它們被戲稱為出雲太郎、大和二郎、京三郎。其意思是說出雲大社是日本當時最大的建築物。出雲大社為什麼要建造得如此高大呢？原來它是為大國主命而造。大國主命是日本的最高神？不是，日本的最高神是天照大神，而大國主命則是反抗最高神的代表，因反抗而被「永遠隱藏」（《日本書紀》裡的用語），就是死的意思。是被殺還是被迫自殺？日本神話史上語焉不詳。

那麼，祭祀反逆者的出雲大社，為什麼比佛教大本營的東大寺還要高大呢？這是因為東大寺是奈良時代的聖武天皇為了鎮護國家而建造的總國分寺，只是日本國教的神殿。而大國主命則是抱着自己的國家（出雲國）被他人（天孫瓊瓊杵尊）篡奪的怨念而死，相當具有「作祟」的威力。再

說大國主命不是平民，是王，是出雲族的代表。對大怨靈的祭祀，只有營造最高最大的空間，才具有鎮魂慰撫的效用。照日本歷史作家井澤元彥的說法，出雲大社是「靈魂的牢獄」。因為從觀念上來看，出雲大社才是日本「國教」──怨靈信仰的神殿，所以它必須最高最大。

在出雲大社的神樂殿裡，掛着重達五噸的巨大注連繩①。令人疑惑的是，這裡注連繩的搓繩方向和一般的神社正相反。第 82 代出雲國造（大宮司的職位）千家尊統在《出雲大社》一書中說，搓繩的一般方向是從左到右。從左到右是日本的習慣，如左大臣比右大臣地位更高，天皇的坐姿是朝向左側，日本神話裡最初的性交也是從左邊開始等等。而出雲的注連繩則是從右到左，為什麼反其道而行之呢？原來要與死者逆反。古代人的風俗和習慣是死者左，生者右；來世左，現世右。而這裡的死者就是大國主命。出雲大社不首先祭祀天皇的「皇祖神」天照大神，反而祭祀反叛者、失敗者，可見怨靈恐懼是日本人精神史中的一個特異。古代日本最大的神就是作祟的神，是最可怕、最需要祭祀的神。

① 注連繩：是一種用稻草織成的繩子，上面繫着被稱為「紙垂」的白色紙條，多數見於神社。有圍起結界，保護神域不受不潔之物入侵的意義。

② 法隆寺：位於日本奈良生駒郡斑鳩町，故又稱斑鳩寺。據傳始建於 607 年，但已無從考證，五重塔位於法隆寺內。

日本人把死於不幸和悲劇的人當神來祭祀。神武天皇、天武天皇、桓武天皇，沒有資格上明治時代的祭壇。能上祭壇的則是菅原道真、崇德上皇、後醍醐天皇，他們都是懷恨而死的人。例如菅原道真，被左大臣藤原時平的讒言擊中，901 年遭朝廷罷免官職，被發配到九州島任地方小官，兩年後鬱悶而亡。死後怨靈作祟，貴族們相繼被雷電劈死。醍醐天皇為了鎮住道真的冤靈，不得已建了北野天滿宮，把他當天神來祭祀。現在日本全國各地都有天滿宮，日本人至今還在供奉。

日本思想家梅原猛，在 20 世紀 70 代寫有《被隱藏的十字架》（新潮社，1972 年）一書，這是一部解析日本人怨靈精神史的力作。梅原猛從法隆寺②資財帳着手，分析法隆寺與藤原家的財務關係，發現了當時勢力巨大的德

太臣「宣命為而，食封三百煙」的施入記錄。這引起了梅原猛的注意。德

太臣不就是奉蘇我入鹿①之命，在斑鳩宮襲
擊聖德太子的嫡子山背大兄王並使其一族死
去的兇手嗎？那麼這位兇手為什麼又與法隆
寺的「食封」②施入有關呢？梅原猛認為法
隆寺是藤原家為了鎮住聖德太子的怨靈而修
建的。而插有四把鐮刀的五重塔，據說也是
為了鎮住聖德太子怨靈而設計。

① 蘇我入鹿（？－645年）：日本大和朝
廷的權臣，蘇我蝦夷之子。蘇我入鹿有意
擁戴親蘇我家族的古人大兄皇子為天皇，
反對當時呼聲甚高的山背大兄王出任天皇。

② 食封：律令制的俸祿之一，即皇親貴族
和寺院神社等特權階級享用所封食邑的租
賦收入。

聖德太子何許人也？他是日本有史以來最偉大的政治家之一，他確立
了日本人的精神核心──「和為貴」。日元舊幣五千元的紙鈔上，就有他
的頭像。雖然聖德太子沒有被判死罪或流放罪，但在他死後的 23 年中，他
的一族被藤原家族滅絕。法隆寺作為世界最古老的木建築，為什麼能逃過
千年來的人禍天災？也許是聖德太子的怨靈的靈力作用的結果。

4. 《源氏物語》為什麼要討源氏的歡心？

從這個角度說，《源氏物語》其實是鎮魂慰撫之書。作者紫式部是皇
后藤原彰子的女宮（私人家教），彰子是當時最高權力者藤原道長的女兒。
歷史上的藤原氏用卑劣的權謀術打倒自己最大的不共戴天的源氏（屬嵯峨
天皇系）。藤原氏擔心沒落的源氏對此抱有深深的怨念，如果怨靈作祟，
就會給藤原王朝的興盛帶來麻煩。

因此，藤原氏希望通過虛構的故事為源氏鎮魂，使其怨靈的威力被控
制在最小的範圍。從這個角度說，是藤原氏創作了《源氏物語》，藤原氏
故意在自己的全盛時代植入源氏這一主人公，為其鎮魂。把現實的權力讓
給源氏，藤原氏做不到，能做到的是在虛構的世界中，把勝利讓給對方。

小說用了最大的篇幅，寫了主人公光源氏遍歷女色，最後當上準太上
天皇（天皇的父親）。目的只有一個，討源氏的歡心，防止怨靈的作祟，

這是以源氏的名字命名小說的原因。否則再怎麼把他寫成一個勝利者，都不足以鎮魂。藤原道長知道紫式部在寫什麼，他不但沒有反對，還給予鼓勵和支持（如提供紙墨等）。而且篇幅宏大的小說中，沒有出現藤原家族任何人的名字。這恐怕也是來自藤原道長的指示。

5. 日本的「德」字，是為怨靈鎮魂而用

　　「德」字能鎮魂，這是日本的發明。日本從中國引進「德」字，但拋棄了中國式的用法。在中國，「德」是王的象徵，「有德者王」。反之，王者必有德。孔子說「為政以德」，孟子說「以德行仁者王」，就是這個意思。天，在中國人的思考中是最高神，雖然不是人格神，但是能支配全宇宙。天從億兆之民中選出的傑出人物，叫「天子」，即接受天命的天子。選傑出人物的條件是什麼？是「德」。這裡，頭腦不好也行，不會打仗也行，只要有「德」，就能治世。智慧不足有軍師，不會打仗有部下。《三國誌》裡的劉備玄德，刀劍不精，智慧一般，但是他有德。關羽、張飛是他的武將，諸葛亮是他的智慧星。總之，在中國的天命思想中，「有德」是天子的絕對條件。

　　但由此產生一個問題是，如果天子的子孫們無德怎麼辦？回答這個難題的是孟子。失德的王者，就是對天命的背叛，就必須從王位上下來。下來的方法有二：一是「禪讓」，一是「放伐」。前者是和平的，後者是武力的，即「易姓革命」。中國在上古時代，周滅殷但不殺殷人。這是為何？這裡還存有祖先祭祀的思想痕跡。但「德治主義」，在儒教思想盛行後成為主流。也就是說，德就是一切。既然德能解決一切問題，那對怨靈就沒有恐懼的必要，對怨靈的鎮魂就更沒有必要了。武則天殺死勁敵王皇后與蕭淑妃，砍掉她們的手腳扔到酒缸裡，「令二嫗骨醉」。臨死前蕭淑妃說：「我再生轉世，變成貓，你（武則天）變成老鼠。我要一口一口吃掉你。」即便是這樣，武則天既沒有怨靈恐懼，她雖然事

後也很怕貓，但也長壽地活到 84 歲。在中國歷史上基本沒有含恨而死的人用怨靈作祟的例子。

在古代中國，德是天子的必要和唯一的條件。日本的情況就完全不同，在天照大神「天壤無窮」的關照下，所謂天子就是天皇。而天皇之所以能成為天皇，絕對條件不是德，而是看他是否是天照大神的子孫，即「血統」。日本的德，則是為了怨靈鎮魂而使用的。以前日本人對溺水而死的女性，常用「美人」來稱謂。溺水死者，從面相看是最難看最醜惡的，但日本人則冠以「美」字，這是對不幸死去的女性之靈的撫慰，有鎮魂的思路。「德」字也是這樣。日本歷史上對懷怨而死的天皇，在其死後都冠以「德」字。如孝德、稱德、文德、崇德、安德、順德天皇以及後來的後鳥羽上皇被冠以顯德，都是基於鎮魂的需要。如這六位天皇中，八歲的安德是被源氏軍逼得投海自殺，順德、顯德、崇德都被流放到佐渡、隱岐島、白峰山等荒無人煙的地方後死去。用字鎮魂的日本人相信言語字符不只是事物的記號，還有一種靈力存在。萬葉歌人柿本人麻呂[1]稱之為「言靈」，他說日本是用「言靈相助」的國家。

中國有德治的系統，日本有鎮魂的系統，鎮魂排在立法、司法、行政的前面。日本的歷史，至少到中世為止的日本歷史，就是摸索如何鎮魂的歷史。傳入日本的佛教和儒教，以及本土的神道，最後都成了怨靈鎮魂的手段。就連日本的和歌，都逃不了與鎮魂有關，

> [1] 柿本人麻呂（生卒不詳，約 660 - 720 年代）：日本飛鳥時代的歌人，《萬葉集》的收錄作品中以他的為最多，在日本文學史上佔有重要地位，三十六歌仙之一，亦被尊稱為「歌聖」。
>
> [2] 《古今和歌集》：是日本最早的敕撰和歌集，由醍醐天皇下令，以紀貫之為首的宮廷詩人於 914 年編成，共收和歌一千餘首，多為短歌。

《古今和歌集》[2]就是典型代表。歷代天皇之所以熱心和歌的編撰，就是想用「藝術」來掩蓋「政治」的操作。對朝廷來說，最大的「政治課題」就是鎮魂。

6. 日本人的用心

怨靈帶來天災和人禍，御靈則有防禦作用。如何把恐懼的怨靈（惡神）轉化為御靈（善神），就是日本人必須要用心的地方，也是理解日本歷史的關鍵。如人人恐懼的大怨靈菅原道真，最後演變成人人喜歡的學問守護神和天神，就是日本特有的鎮魂和淨化污穢的雙系統裝置發揮了作用。在日本社會，人們不敢隨便說已故之人的壞話，除了因為敬畏，就是這種雙系統裝置起到了作用，這種意識已經滲透到了日本文化的所有層面中。

日本處處學習中國，但沒有模仿中國人的「禍滅九族」，因為這樣為怨靈鎮魂的人就沒有了。中國人因為講德治主義，所以對怨靈並不感到恐懼。

日本人放棄德的本意，只講德的鎮魂功用，使朝廷公家們也為此付出代價。祖父（白河）的手，竟然伸向了孫子（鳥羽）的妻子（璋子），還生下皇子。天皇家的德都已喪失殆盡。所以「保元之亂」以後日本政權移向武家，不是沒有原因的。王權旁落，從某種意義上說也是「缺德」的必然。

寶座上的金色老鷹是誰變的？

1. 西行和崇德白峰山對話

日本江戶時代的小說家上田秋成在《雨月物語》「白峰篇」裡，寫到歌僧西行上人去白峰山。這位一生寫了二千多首和歌的詩人，為什麼要行色匆匆，攀登深秋的白峰山呢？原來是想參拜崇德上皇的山陵。

隆起的土丘上，重疊放着三塊石頭，周圍荊棘叢生，淒涼無比。西行想，這就是上皇的御陵？不禁黯然神傷，宛如夢中。萬乘之君，也難逃前世怨宿。此時，太陽西沉，深山之夜更是寂靜異常。茂密的森林，一縷星

月之光都難以透進，夜黑如墨，西行不由得神魂失落。恍惚間，忽聽呼喚：「圓位，圓位（西行的法名）。」原來，崇德上皇的亡靈───一個身材高大、瘦骨嶙峋的異人現身了。

西行急忙伏地叩頭道：「上皇何不早升天界，為何仍在這污濁的塵世遊蕩徘徊？沒想到陛下依然迷戀塵世。今日顯形，使臣下深感悲傷。」崇德上皇哈哈大笑：「你完全不知內情。近來世道之亂，乃寡人所為。不久天下還將大亂。」西行進而道：「《孟子》裡説，武王一怒，伐紂以安天下之民。以往只聽説武王誅殺獨夫（眾叛親離的統治者），從未聽説過武王弒君的。所以，只有《孟子》一書至今未傳到日本。據説，凡載有此書的船隻，必遭風暴而沉沒海底。詢問因由，乃説，本朝天照大神開天闢地以來，皇室連綿，從未中斷。若將那詭辯之理傳入本朝，後世必以篡奪天神皇位為無罪，而有利於亂臣小人。故八百萬神震怒，颳捲神風，顛覆其船。可見，雖是他國聖賢之教，也未必都適合本朝風土國情。」

崇德長歎道：「朕雖已於去年秋天離世，但怨靈的怒火在胸中。因此終於成為大魔王，成為三百多禽獸的首領。朕與魔看到人類幸福，就要反過來給他們帶來災禍。看到天下太平，朕就要在那裡發動戰亂。如今滿門高官為所欲為，只是滅亡之期未到。」西行奏道：「君主如此深陷魔境，一意孤行，即與佛土相隔萬里。臣也無話可説。」這時，突然狂風大作，飛沙走石。崇德神色獰厲，口吐熱氣，魔王之形現身。

西行與崇德在白峰山的對話，文人西行，講的是逃隱論；政治人物崇德，講的是復仇。立場不同，無法相互理解。但這一對論的本身，也是歷史循環論的一種能動的宣託：

松山碧波瀾，歷史仍如新。
君主雖聖賢，難逃輪迴間。

轉眼 13 年過去，治承三年的秋天，平重盛因病去世。平清盛痛恨後白河上皇，將他幽禁在鳥羽離宮，後又囚禁在福原新都的茅宮中。這時，源賴朝起斥於關東，木曾義仲從北國踏雪殺進京城。平家全族逃往西海，一路上傷亡慘重。最後幼主安德天皇投海自盡，平家全軍覆滅。這一切據說都與崇德怨靈作祟有關，實在令人畏懼。此後，崇德上皇御陵被精雕繪彩，凡朝山拜陵到此，莫不頂禮膜拜，奉獻錢帛，以至誠崇敬神靈。江戶時代的浮世繪大師歌川國芳，為這個日本最大的怨靈和魔王畫了一幅風格恐怖的畫，畫面上閃雷鳴，後人稱之為「震撼的恐怖」。

2. 變身金色的老鷹

與《平家物語》齊名的《太平記》裡，描寫崇德上皇變身為金色的老鷹，擔任大魔王會議的議長，策劃怎樣使這個世界更為混亂。《太平記》裡說，山伏把和尚雲景帶到愛宕山的一個秘密場所，其中的中央寶座上坐着的金色老鷹，就是崇德上皇。寶座的右邊，持弓而戰的壯漢是源為朝。左邊排列站着的人是以鳥羽上皇、後醍醐天皇為首的死於怨恨的帝王們，都衣冠楚楚，持着天子才有的金笏。大家都聚在一起，談論這個世界一定有大禍臨頭。

值得注意的是，在日本歷史中，同樣是怨靈，崇德上皇的怨靈和早良親王、菅原道真等的怨靈有很大不同。明言發誓要詛咒、要作祟的，只有崇德。菅原道真就沒有表達過自己的怨氣和要作惡的想法，早良親王也一言不發。崇德上皇才是所有怨靈中最具恐嚇力、最為厲害的，對為政者們來說也是最為頭疼、最難對付的怨靈。為此故，七百年後的明治政府在新政開始之際，頭等大事就是慰撫作祟復仇最為兇狠的崇德。

3. 從怨靈和怨恨中發酵出的文化學課題

比叡山的和尚慈圓（1155–1225 年）以宗教史觀研究歷史哲學，著有《愚

管抄》，史上第一次記述了怨靈信仰在日本歷史上作用。他在《愚管抄》裡寫道，怨靈使現世中不可能的事在冥界變得可能，可以說歷史演變是由冥界怨靈事先安排的。只要有技巧地操作，就能使怨靈退散，世間太平。慈圓的這一思考，被日本學者花田清輝評定為「一筆平天下」的非暴力主義的「慈圓論」。

在日本文化史上，現代哲學思想家山折哲雄第一個從怨靈信仰角度來闡述一種文明誕生。他在《何謂日本文明》（角川書店，2004 年）一書中寫道：從怨靈到御靈，從惡神到善神，消解死者怨恨的思想裝置具有了一定社會規模，在愛和恨的兩極找到了平衡，粗暴的對立也消失了，日本由此誕生了一種寬容死者的文明。

1998 年 12 月，著有《文明的衝突》的美國學者亨廷頓來日本作題目為「21 世紀日本的選擇」的演講。在演講中，亨廷頓將日本定調成孤立的日本，沒有歐化的日本，沒有革命的日本。這「三個日本」論引起日本學者的很大興趣。這裡，沒有革命的日本是否就與鎮魂慰靈的寬容死者的文明有關呢？

曾因《日本人的縮小意識》一書而名聲大噪的韓國學者李御寧，也寫有《恨的文化論——韓國人心靈深處》（日譯本，學生社，1978 年）一書。他寫道，「恨」與「怨」在日本語中讀音和含義都相同，但在韓語中卻具有完全不同的意思。「怨」來自他人，是受到了他人故意的傷害而產生，所以只有通過對外的復仇才能消解；「恨」來自自己，是自己積澱已久的心情，如果願望不能實現就不能消解。怨是憤怒，恨是悲哀；怨像火焰般地燃燒，恨像雪團樣地堆積。

日、韓兩國人對怨與恨的不同理解，表明他們的感情發酵狀態是不一樣的。韓國人有他們特有的恨的文化，甚至有「恨的五百年」之說。這種恨隨着李氏王朝五百年歷史的演進，在韓國人心底裡慢慢積澱起來的。李御寧說，日本人心裡的深層不是恨，而是怨，復仇是日本人永遠喜歡的話

題。如《忠臣藏》能在日本延續幾百年，因為恰好符合日本人的心理結構。韓國人心裡的深層不是怨，而是恨，悲哀是韓國人永遠喜歡的話題。韓國的古典小說中，就很少有復仇的故事，我們看連續劇《大長今》，被其吸引的正是從綿綿不斷的恨中所散發出的悲哀心緒。韓國文化的母胎，正是這種綿綿的恨。

這裡的問題是，韓國人的這種恨，有消解的機制嗎？也就是說，相對於日本人的怨靈—鎮魂的文化裝置，韓國有其鎮恨的文化裝置嗎？對此，另一位韓國學者崔吉城在其《恨的人類學》（日譯本，平河出版社，1994年）一書中明確回答說：恨在韓國不能被鎮住。因為佛教沒有在韓國生根，佛教的鎮魂機制就難以建立。在韓國生根的是儒教，但儒教不言「怪力亂神」，所以巫俗信仰也難以確立。因此，韓國沒有「鎮恨」的文化裝置。

日本人從怨靈中發酵出「一筆平天下」的文化，韓國人從怨恨中發酵出「恨綿綿悲哀哀」的文化。這兩種文化都非常有魅力，是今後文化學研究的一大課題。

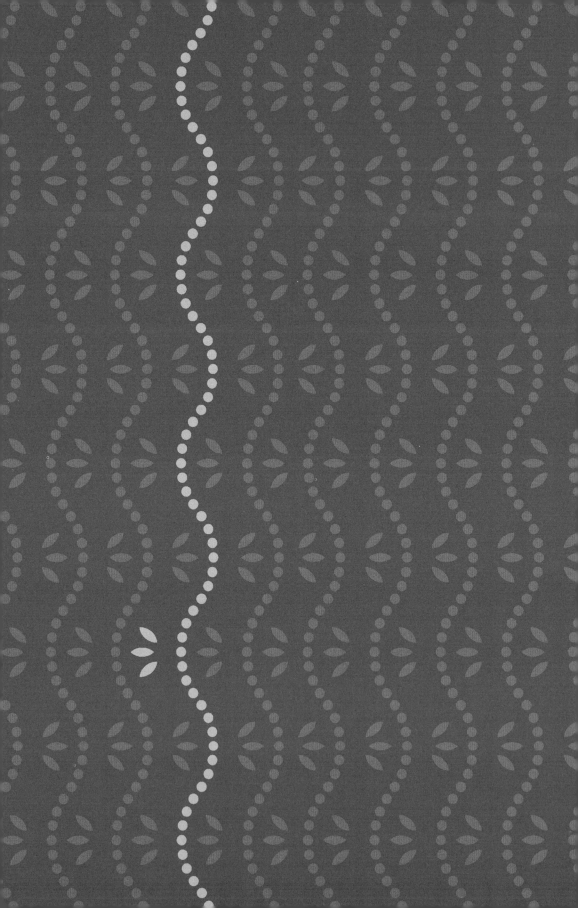

第六章

從天皇之子到不值半錢
——「風狂」的一休和尚

男色愛之初體驗

　　一休是日本文化中的異類，更是日本人中的怪胎，他開啟了日本中世以來最輝煌的「一休文化圈」，並為日本人的精神傾向注入新的元素。

　　他出生於 1394 年（應永元年），其父是後小松天皇，其母照子雖是後小松天皇的側室，卻因聰明美麗備受天皇寵愛。但她在懷一休時遭到皇后宮女們中傷，被攆出宮，1394 年在洛西嵯峨的草庵裡生下一休。失寵的母親在草庵裡總是歎息，總嫌春長，因為春對她已無用。由於從小受母親寂寞和感傷的影響，一休異常地早熟且具有靈性。早熟，促成性的覺醒；靈性，開啟作詩的天賦。性和詩，便是一休一生為之瘋狂的主題。

　　一休雖是天皇之子，卻沒過上一天王孫的生活，甚至不知父親長什麼樣，反而在六歲那年被母親逼出家當和尚。因為當權者足利義滿多次揚言要除掉一休，母親為了保護一休，不得已違心地說：「一子出家，九族被救。」年幼的一休只得到京都安國寺，當長老像外集鑒的侍童，僧名為周建。

　　母子分離使一休的心理不可避免地畸形發展。愛和被愛的權利被剝

奪，使一休轉向了對看不見的父親的怨恨，其深層意義在於出現了兩個自我：敵視自己的自我和敵視父親的自我。兩個自我神秘地糾葛在一起，刻畫、作弄人的命運。

少年一休被強行送進了男色世界。根據《禪苑清規》[①]，成為正式和尚之前，必須經過童行、喝食和沙彌三階段。童行一般劉海遮眉，身着艷服，服侍僧老。在當時，變童

> ① 《禪苑清規》：中國宋代的一部禪宗清規著作，由襄陽僧人宗賾編集而成，是現存最早的中國佛教清規典籍之一。

並未絕對禁止，特別是在男性為主的僧院，侍童往往是被寵愛的對象。日本作家水上勉的名作《一休》中，就對不近女色的男童世界作了赤裸裸的描寫：侍童們幾乎都有自慰行為，晚上，新來的童子還必須被老侍童玩弄。

這種變童行為在一休的眼中是「淫亂天然愛少年，風流清宴對花前」，是早熟的催化劑。一休有詩云：「即今若作我門客，野老風流美少年。」如果有美少年做我的門客，那麼他就是我風流的對象。同時這也是反骨的早熟。一休又有詩云：「臨濟門派誰正傳，風流可愛少年前。」放眼整個京都，只有我這個沉迷於男色愛、喝酒破戒的美少年，才是臨濟門派的正宗。從母愛的缺失到男色愛的體驗，從「夢裡平生男色愁」到「愛河深處水悠悠」，一休的靈性深處，隱藏着一個萬物皆空的世界，這是他活到 88 歲的精神寄託。

13 歲的長門春草

1250 年，中國南宋的周弼從唐詩中選出 494 首編成《三體詩》（三體指七言絕句、七言律詩和五言律詩），其作者以白居易為首的中晚唐詩人，其詩風大都纖巧婉麗，以宮女失寵、隱者歸田等為主題。《三體詩》傳入日本後，替代《唐詩選》成為中世日本人的基本修養讀物，一休也熟讀它。12 歲時，一休在寶幢寺聽清叟師的《維摩經》講座，滿堂幾百

人中只有他一個少年。13 歲時，一休跟隨五山文學①的代表——建仁寺的慕哲龍攀學作詩，寫出了《長門春艸》·

秋荒長信美人吟，
徑路無媒上苑陰。
榮辱悲歡目前事，
君恩淺處草方深。

長門指中國西漢的長門宮，即皇后陳阿嬌被廢後遷住的宮殿。阿嬌春心未死，便委託風流才子司馬相如代寫「解悲愁之辭」。司馬相如拿出當年與卓文君私奔的勁頭，寫出了千古名篇《長門賦》。但哀怨無比的《長門賦》並未喚回漢武帝的心，阿嬌 26 歲時抑鬱而終。從「春草」到「秋荒」，13 歲的一休竟能熟知春宮艷情，洞察人生悲歡，其心性的早熟令人吃驚。

15 歲的春衣宿花

一休的《狂雲集》裡，有一首 15 歲時的詩作。這首詩讓一休被其研究者們認定為「神童」，詩名為《春衣宿花》：

吟行客袖幾詩情，
開落百花天地清。
枕上香風寐耶寤，
一場春夢不分明。

在春花下宿眠，嬌媚之情油然而生。帶有日本式構想的詩題，令人想

起西行在櫻花樹下做春夢的詩情：百花開落滿地，衣袖充滿花香、隨風搖曳，在隨風吹拂的花香裡，半醉半醒的夢境是什麼？「百花」二字喚起了另一種詩情。唐玄宗宮廷裡的三千宮女，猶如百花盼怒放。但三千宮女一人一晚，也要等上十年，運氣差的十年也輪不上一次。雖然都屬「百花」，但這些佳麗的沉浮之運，使每朵花都包含了悲喜之色。失寵的宮女就像依然吐着芳香的百花，怨恨交加，倍感春怨。落花時節多寂冷，一休選擇在落花的美麗瞬間，尋找人生無常這一日本式主題，這樣的姿態和才氣已凸顯在 15 歲時的詩作裡。

一休的文學思路的跳躍是：從百花聯想到宮女，從宮女聯想到失寵的母親。宮女失寵，紅顏薄命，這一詠歎了千年的主題，在 15 歲的一休筆下，有了一種靈性和禪意。「一場春夢不分明」，雖然這句詩是借用晚唐詩人張挺的「倚柱尋思倍惆悵，一場春夢不分明」，但一個 15 歲的思春少年能諳熟中國文化典故，並從中開發出日本式的寂哀和冷艷，足見其手筆之大、靈性之深。

17 歲的中秋無月

一休總隨師父清叟出入，在經過芳草萋萋的神泉苑時，小蛇常出沒擾人，清叟就把蛇放進衣袖裡，唱段戒法，蛇就會很聽話。但有一天，一休在袖管裡藏了塊石頭，小蛇復現時，用石塊砸死了蛇。這可破了禪林的殺生戒，一般而言，師父定會發怒，但清叟卻讚曰「舉措穎脫」。

清叟唱經退蛇，用的是「德」，這是人事；一休以石擊蛇，用的是「機」，這是天道。人事可違而天道不可違。清叟看似沒破戒，但只是觀念上不殺生，隨時會有人破這個戒；一休看似破了戒，但其殺生恰恰是為了深入解決「不殺生」的問題，為了最終的不破戒。從沒有意義的地方生出意義，這也許就是清叟所讚許的「舉措穎脫」。

神泉苑是自桓武天皇以來招靈和祈願的場所，三代將軍足利義滿也常到這裡祈禱。一休在「聖域」殺生，只想參透天道裡的「機」。這一年他17歲，殺蛇破戒後便作詩《中秋無月，甲子十七》：

是無月只有名月，
獨坐閒吟對鐵檠。
天下詩人短腸夕，
雨聲一夜十年情。

人都說這年中秋有月，且又圓又清，但一休偏說無月，偏說「名月」證明了無月。用殺生之氣玩弄見識，雖有逆反的孤獨，實際上卻是脫俗，這首詩被認為是他自發求道成人的標誌。

狂風捲地任它吹

一休21歲時，西金寺的高僧謙翁宗為去世。謙翁是一休心中永遠的「生」，但這個「生」寂滅了，自我也就虛空了。當初入門，謙翁就給一休取名號「宗純」。心神喪失的一休自言：「若有神靈，則當救我；若無神靈，則將我沉於湖底，以肥魚腹。」於是便投湖自殺，然而真有神靈救他——他母親的神靈使他重生。1415年，一休去了堅田的祥瑞寺，欲拜名僧華叟宗曇為師。但華叟對門第管理嚴格，故緊閉寺門，一休為此痛下決心：見不到師傅寧可去死！

一休已經歷一次死，所以把死看得很輕。日復一日，一休晚上露天野宿，拂曉又到祥瑞寺門前靜坐，等與華叟見面。一周過去，華叟有時外出，一休就躲閃一邊，身影正好被華叟看到，華叟便對身邊侍從說：「這個小和尚還在這裡，快用水潑他，用木杖趕他。」等華叟回寺，發現渾身濕透

的一休仍在靜等，終被打動，便與他相見。

　　一休 25 歲時，師父華叟寫下「一休」兩個字。何謂「一休」？他自己的解釋是：

> 欲從色界返空界，
> 姑且短暫作一休。
> 暴雨傾盆由它下，
> 狂風捲地任它吹。

　　色即是空，空即是色；有即是無，無即是有。色空對對，有無雙雙，不即不離，暫作一休，得以重生。叩有無隱，懸無有逃，外部世界的一切覆地翻天皆與他無關。華叟寫下這靜中透動、動中息靜的二字，是否在給一休透露禪的真意？

狂雲面前誰説禪

　　1420 年（應永二十七年）夏夜，在琵琶湖邊蘆葦叢裡，一休和往常一樣，獨坐船頭冥思。寬廣無邊的湖光月色，不巧被垂雲所遮，夜風吹拂着寧靜的蘆葉。突然，一束光把黑暗切斷，把寧靜撕裂。就在這一瞬間，傳出烏鴉的啼叫聲，僅僅一聲，就像一種破碎的東西，豁然炸開在玲瓏的生命裡。湖水，天空，小舟……所有的東西都成了「一」，一休終於大徹大悟。

　　天漸漸明亮，一休急忙趕到華叟處，敍説夜晚的心境。華叟答曰：「這只是羅漢的境地，尚未成正果。」一休反擊道：「那就好，我討厭正果。」華叟當即拍案道：「這就是你的正果境地。」於是一休的大悟被法定化了。

　　兩年後，華叟的另一弟子問：「百年以後，華叟大師的後繼者是誰？」華叟答：「就是這位風狂的一休宗純。」這大師第一次説出「風狂」二字，

禪意被本質化了，而能夠理解並實踐這一本質的，只有一休。

酬恩庵所藏一休畫像的《自讚》詩云：

> 華叟子孫不知禪，
> 狂雲面前誰說禪。
> 三十年來肩上重，
> 一人荷擔松源禪。

在一休面前，能說禪的人一個也沒有。師父逝後三十年，他一人擔當松源的禪，雖然重擔在肩，但他當仁不讓。

吹起狂雲狂更狂

「持戒為驢破戒人」，持戒是畜生，破戒才是人。這種「顛倒黑白」的狂，對墨守成規的日本人來說，確有震撼和警示作用。這也是日本人喜歡這位「花」和尚的一個原因，一休集誹謗、謾罵、嘲笑、好色於一身，他的世界是完全顛倒的。善因善果，惡因惡果，這千年來的佛教信條遭到一休的批判和否定。一休倡導信仰「不在」，因為信仰最大的缺陷，就在於信仰的確定，他的破戒行為本身就是對「信仰確定」的反對。就像尼采說的「夜晚也有太陽」，一休把室町上層流行的「白晝禪」破戒成「夜晚禪」。日本一切神聖的活動都在夜裡舉行，這和「夜晚禪」在本質上一致。法國哲學家說：「神的不在這一觀念的存在，比神還大，比神還要神。」

一休自比能吹起狂雲的狂風：

> 狂風偏界不曾藏，
> 吹起狂雲狂更狂。

誰識雲收風定處，

海東初日上扶桑。

　　狂風猛吹，狂雲突進，翻江倒海，淹沒一切，誰也不知道其路徑和盡頭。只有一休，在狂雲的深處，看到這一瞬間驚心動魄的風景。「風狂狂客起狂風，來往淫坊酒肆中。」風狂的「狂」，其「狂」的深處，是依風而動，循風而深。一休研究者市川白弦評論這首詩說，這是颶風的眼，一休的虛空。狂風，實際上就是虛空的能動的「動」。

　　「狂」不僅是今日所言的「狂氣」，還有更本質的「狂義」。已故的甲骨文權威白川靜在《狂·癡·愚》裡寫道：「在東洋思想裡，終極之物謂『真』而不謂『完全』。而人為了窮極『終極的真』，往往以一種狂、癡、愚的積極姿態表露出來。」這種狂的觀念產生於中國古代，只存在於東洋，其原義並不壞，儘管人要達到這點非常困難。狂，這種浩浩蒼蒼的室町精神，在一休那裡有了「在冷靜的錯亂中，所見之物就成詩」（法國詩人語）的意境，這就和禪悟隔了一層紙。

情性自由才是禪

　　一休曾直言：「他日君來如問我，魚行酒肆又淫坊」。魚行（魚屋）、酒肆（居酒屋）、淫坊（妓院）分別是禪宗的三戒：不殺生戒、不飲酒戒和不邪淫戒。而一休三戒皆破，成了極惡非道的破戒僧，可謂狂氣盈盈。

　　一休一生與無數女性有染。他四十多歲時「淫坊十載興難窮」的告白表明，早在三十多歲，他就做了嫖客，對此他有詩云：

夢熟巫山野夜心，

蘇黃李杜好詩吟；

> 若將淫慾換風雅，
> 價是無量萬兩金。

　　一休把淫坊比作楚懷王在夢中與美女交媾的勝地巫山，他每天也作巫山雲雨般的情交之夢，夢醒時分就吟誦蘇東坡、黃山谷、李白和杜甫的詩歌。原來淫慾也是一種無價的風雅，這與宗教的體驗有關。在一休看來，超然體驗的獲得，一般通過性的恍惚感來實現，這種性的恍惚感能生出瞬間永久的意念。一休的《淫坊禮讚》詩云：

> 美人雲雨愛河深，
> 樓子老禪樓上吟；
> 我有抱持睫吻興，
> 竟無火聚捨身心。

　　一休對與青樓美女雲雨的喜好像河水一樣深，整天沉醉於女色，哪裡還有求道心？但這種沉醉的本生，是不是也是一種求道呢？大膽的一休把嫖客買春公然地哲學化和詩化，這令人想起西方哲學家們所說的性的「祝祭」。「祝祭」看上去是反宗教的，但實際更接近宗教的本質。對此，法國哲學家說：「愛的唯一的最高的快樂，是在對惡的確信中入宿的。所有的快樂只能在惡中存在，這一事實，是在男女誕生時才知道的。」一休也把自己的性的狂宴，看成是一種「祝祭」了。

　　在大燈國師的百年大忌上，一休悄悄帶來一位美人，當眾僧為國師祈福時，一休卻把美女帶到塔頭寺院，和着不遠處的讀經聲，雲雨作情。事後還留有一詩：

> 宿忌之開山諷經，

經咒逆耳眾僧聲。

雲雨風流事終後，

夢閨私語笑慈明。

　　在一休看來，與其和那些「邪惡敗類」一起偽善地誦經念佛，還不如同美女睦言談情。就像宋代慈明禪師好色的笑話，也是一種風流。這是不淨中的潔淨，淫風中的清風，魔性中的佛性，達到了一種至上的宗教境界，原來，禪的自由，首先是情性的自由，「平常心是道」才是宗教的本真。

純愛的極致有狂氣

　　1470 年（文明二年）初冬，77 歲的一休在住吉藥師堂，聽盲女（森女）彈唱艷歌。場所和空間，季節和時間，在艷歌裡融合。盲女看不見一休的風姿，但確信她就是一休的靈魂；一休聽不懂盲女的音曲，但確信他就是盲女的救星。30 歲的魂奪走了 77 歲的心，77 歲的情攪亂了 30 歲的心。一休興致極高地寫下了《看森美人午睡》：

一代風流之美人，

艷歌清宴曲尤新；

新吟斷腸花顏靨，

天寶海棠森樹春。

　　盲女有海棠般的睡顏，就像被唐玄宗比作海棠的楊貴妃，給人斷腸之美。午睡中的森女的酒窩，令人百看不厭。六歲喪母的一休，終於在森女的身上，看到母親身姿的回歸。

夢迷上苑美人森，
枕上梅花花信心；
滿口清香清淺水，
黃昏月色奈新吟。

吟誦着心中的春夢，就像一幅濃艷的宮廷春畫。性這東西，一旦穿透至上的快樂，便與永遠的靈性同化，這是戀愛的超越性。再看：

楚台應望更應攀，
半夜玉床愁夢顏；
花綻一莖梅樹下，
凌波仙子繞腰間。

凌波仙子就是水仙的異名，一休用水仙作比喻，看中的是它的形、姿、香。夜半，一休和森女在玉床上共枕，構築「愁」和「夢」。《莊子》說：我是蝴蝶的夢？蝴蝶是我的夢？是夢還是真？是真還是夢？主客渾然一體，就像時間本無晝夜之分一樣，純愛也不分明暗，純愛的極致是帶有狂氣的。

幾百年後，歌詠森女的艷詩驚動了一個人，這個人不無驚歎地說：「一休對森女純愛告白，並對森女守約三生，這是超越時空的『戀愛極致的表現』。」他就是日本著名學者、定論日本文化是「雜種文化」的加藤周一。

善惡不二的惡人

一休稱自己是個惡人，是惡的表演者。他一生流連青樓，醉酒狂歌，狎妓作樂。僧侶界紛紛指責他的放浪行為，他卻反詰道：「名妓談情，高

僧説禪，實有異曲同工之妙也！」這裡涉及為善者和為惡者的問題。為善者對惡有恐懼，總想把惡隱藏起來，偽裝成善而出現。但是把原本的惡偽裝成善，就犯了雙重惡的錯誤，所有為善的醜陋，都源於對惡的偽善。對為善者的最大愚弄、剝去為善者面目的最好方法，就是比他更惡、更壞。

一休的為惡，恰恰是為了和為善者鬥惡。他為惡而惡，絕不表明他原本就是一個惡人，而是為了使為善者陷入被攻擊之中。在他看來，「淫犯肉食」之所以惡，並不在於其行為本身，而在於刻意隱藏這一行為的偽善的心。他告白自己是「酒淫色淫詩亦淫」的為惡，就是要打破「為人説法是虛名」的為善。「風流可愛美人妝。」青樓淫女化妝後的美，如果不帶偽善的邪念，也是那麼可愛。

> 樓子無心彼有心，
> 淫詩詩客色何淫；
> 宿雨西晴小歌暮，
> 多情可愛倚問吟。

樓子和尚有淫心無淫膽，就是因為為善作祟。一休對為善者的揭露入木三分。

> 木稠葉落更回春，
> 長綠生花舊約新。

木會朽，葉會枯；花會凋，人會老，一休念念不忘的是如何回春。在他看來，色慾不減、情事不絕就是最好的回春。用詩意的回春，回歸原本的宗教心，從「木稠葉落」到「長綠生花」，也就是原本的「善木」的枯朽和「惡之花」的盛開。一休厭棄相對的道德，而把自己放在絕對的道德

之中，這就是善惡不二。

70 歲的夜雨青燈

一休的《狂雲集》收詩 1 060 首，共約 31 800 字。所用漢字約三千個，平均一字用十回，但「寒」字用了七十回。寒，為貧為乏，為寂為寥。

> 秀句寒哦五十年，
> 愧泥乃祖洞曹禪；
> 秋風忽灑小時淚，
> 夜雨青燈白髮前。

這是 70 歲一休挖掘 13 歲一休的記憶深層。他不忘 13 歲時對他文學啟蒙的詩句：「秋風白髮三千丈，夜雨青燈五十年」。這是洞春翁的詩，室町時代的日本人都熟讀這位名禪的詩作。一休從「白髮夜雨」開眼，13 歲的「長門春早」的早熟初見端倪，70 歲的「夜雨青燈」仍見斑斕。一個是對秋風裡飄動三千白髮的老愁的無可奈何，一個是對美人薄倖、青春如怨的歎愁，都是在重複詠歎人的孤獨之命，但其底色的嫣然之美仍在閃爍。再看一休 88 歲的辭世詩：

> 十年花下理芳盟，
> 一段風流無限情；
> 惜別枕頭兒女膝，
> 夜深雲雨約三生。

用青春美人的膝蓋作枕，懷着春心到他界再雲雨，88 歲的詩作和 13

歲時是一樣的語言和主題，一樣的心情和憧憬。好像沒有成長，沒有成熟，更沒有超越，這常人所不能的事，一休做到了。

魔界裡的魔性藝術

一休有兩張臉：作為詩人的一休和作為禪僧的一休。詩和禪，乍一看是分離、矛盾的，但恰是分離和矛盾使一休達到了至上的境界。

一休是對宗教斷念的男人。他放火燒盡室町時代的形式主義的禪，拾起作為藝術而不是宗教的禪。他總是用自己特別的表演來吸引觀眾，「消盡」被「事物化」的傳統宗教，最終完成了「風狂」的禪，藝術由此誕生。連歌家飯尾宗祇和山崎宗鑒、水墨畫家兵部墨溪和曾我蛇足、能樂家世阿彌和金春禪竹、茶道師村田珠光等一百多位年輕藝術家追隨着一休。「風狂」播下了藝術再生的火種，羨慕「不良」和尚的這群「不良」青年正在嘗試從未有過的美的表現方法。

「進佛界容易，入魔界難」，喜歡一休這句話的川端康成，每天看着床頭的字畫，最終斷絕了自己的生命。這表明，一旦入了魔界，再尋求生還和退出並非易事，但也留下魅力過人的藝術。藝術不是道德，不入魔界，只停留在透明的佛界，真的藝術就難以產生。被命運愚弄的、自我陶醉的莫扎特光着屁股彈琴，在魔性世界創造了魔性音樂，這是對恭敬、虔誠、講究禮儀的宮廷音樂的反動。一休也在日本文化中颳起一股「風狂」的旋風，呼喚着日本文化黃金時代的到來。終於，連歌①誕生了，能樂②誕生了，茶道誕生了，世界一流大師誕生了。

① 連歌：日本古已有之的詩歌形式，興盛於平安朝中期，按照一定的規律一人吟上句，另一人接下句。連歌創造最開始流行於上流王宮貴族，後來亦在武士階層與庶民階層發展起來。

② 能樂：日本最古老的傳統藝能之一，結合了戲劇、舞蹈等元素，當中又可以細分成「式三番」、「能」和「狂言」三種。

不值半錢的真髓

1481 年，一休 88 歲。11 月，一休開始滴水不進。21 日清晨 6 時，他坐著像睡覺一樣靜靜地圓寂。他在大德寺塔頭真珠庵留下遺偈，

須彌南畔

誰會我禪

虛堂來也

不值半錢

東海純一休

自我否定、反省、排除一切，自己留下的任何東西，有形的、無形的，都不值半錢。這種「無用」就是精神的真髓，就是獨立自由的境地。就像刀劍，刀鞘是給人看的外觀。一旦出鞘，便成裸體。裸體之心在何處？

第七章

首次追究皇室的責任

——最懂政治的北條政子

「尼姑將軍」的演說

介紹日本的天皇，不能不提及 1221 年的「承久之亂」，而提及「承久之亂」，又不能不提及北條政子這個女人。江戶末期史學家賴山陽[①]在《日本外史》中寫道：「修撰將門之史至平治、承久之際，令人扔筆慨歎之念，從未有過。」這位史學大家為何慨

① 賴山陽（1780—1832 年）：江戶末期著名的史學家、漢文學家。撰有《日本外史》22 卷，寫有大量漢詩。

歎，原來，「承久之亂」摧毀了古代天皇的系統，令天皇意識形態發生了顛覆性的轉變，最終朝廷失去了政治權力，這是日本史上前所未有的大事。

1221 年 5 月 15 日，想最後一搏的京都朝廷——後鳥羽上皇（第 82 代天皇），決定舉兵討伐不太順從自己的北條義時。5 月 19 日，鎌倉幕府開始傳達京都朝廷舉兵的消息。這是幕府政權誕生以來的最大危機。因為天皇是天照大神的神孫，有神佛加護，所以向天皇開戰必敗無疑。源賴朝曾對部下發出指令：「跪接帝王之敕令，再有艱難險阻，必尊敕令行事。不尊令者，請滾出日本國。」這是鎌倉幕府開啟者源賴朝的天皇意識形態論，因此要幕府首領率領武士們做好攻打朝廷的準備，在心理和行動上都

很困難。

打破這一困局的是北條政子（1156–1225 年）。她是源賴朝的正妻，有「尼姑將軍」之稱。面對恐懼朝廷權威的武士，她發表了如下演説：

「大將軍征伐朝敵，草創關東。汝等有今日之官位和俸祿，全依仗賴朝公的恩惠。其恩比山高，比海深。是忘其恩投靠朝廷，還是感其恩為鎌倉奉公；是不惜功名，奮勇殺敵；還是跟隨上皇，叛我而去。請痛快地説吧。」

武士聽後無不流淚感傷，紛紛宣誓效忠鎌倉，欲與京都決戰。史家評價這段演説有劃時代意義。因為對天皇和朝廷必須遵旨聽命，不能違抗，這是預定説，也是正統説。但北條政子卻反過來説，天皇和朝廷必須善政，善政者從，惡政者誅，這是歷史的因果律。因果説代替了預定説，正統説也就不攻自破。所以説，北條政子是日本歷史上最懂政治的女人，她破了自己丈夫繫下的意識形態的死結。

19 日中午截獲朝廷舉兵的情報，25 日幕府的十九萬大軍便向京都進發，能作出如此閃電般的反應，全仗北條政子的演説打破了原先的正統和神話，創立了新的正統和神話。

破天荒的戰後處理

擁有全新思想武器的幕府軍勢如破竹，朝廷軍抵擋乏術，全線敗退。天皇的超凡神力遭受致命打擊，可謂「破天荒」。

更「破天荒」的是北條政子的戰後處理。按照傳統，天皇的政治責任是無論如何都不能追究的，因為天皇無論做什麼或不做什麼，都是正確的，這是不可撼動的正統説。但這回北條政子動了真格，要求皇族必須為自己的行為負責，這是因果律。於是，戰爭的主謀葉室光親等貴族五人，作為戰犯被處死；後鳥羽上皇等上皇和皇子被流放；上皇的嫡孫被廢黜；已經

入道的上皇的哥哥後高倉院，坐上了治天之君的寶座，其子後堀河則登上皇位。天皇和朝廷被追究責任，日本史上從未有過，這標誌着天皇崇拜的時代終結

無怪乎賴山陽要扔筆歡息，寫慣了虛假的正統，面對突如其來的真實的正統，反倒無所適從。還是北畠親房更老到，這位寫出《神皇正統記》這一天皇意識形態經典的史學家，一邊熱捧天皇為「天壤無窮」，一邊卻頗具膽識地批判後鳥羽上皇：「兵荒馬亂，天下民塗炭生靈，這乃後鳥羽之愚，非德政也。」他從德政出發，講的是因果律，非正統的正統。

不殺死倒幕的上皇，但必須判罪，這是北條政子的政治智慧。北條泰時在率兵攻打京都的過程中，曾經返回鎌倉幕府向北條政子請示「如果後鳥羽上皇在戰場上出現了，如何對付？」政子的回答頗具政治智慧：「如果碰到這種情況，收起弓箭，設法降伏他。」收起弓箭，就是解除武裝、不殺的指令，但不殺不等於不抓、不判罪。這就是日本史上具有里程碑性質的「承久之亂」。北條政子用自己的政治智慧，使武家在公武二元的政治體制中佔據了主導地位。因為搜遍當時日本所有律令條文，沒有任何允許臣下干預皇位繼承的規定，而「承久之亂」後，武士直接用武力干涉皇位的更替，表現出前所未有的能動性。

值得注意的是，日本史學界近年發現了一條重要史料。在亂世終結之際，後鳥羽上皇給幕府司令官北條泰時發出一封院宣：「從今以後武勇之人不再使用，朝廷內外禁止修武。兵亂勃發，正是對此有所放縱。作為上皇，我深察這點。」這份院宣實際上是後鳥羽上皇從他的歷史感覺出發，並站在治天之君的立場上，對幕府發誓：朝廷從此不再擁有武力。這一顛倒的邏輯，源於北條政子邏輯的顛倒。

買下妹妹的夢

　　從個人命運來說，北條政子絕對是個悲劇人物。她 41 歲以後，親人接連死亡，丈夫、女兒和弟弟相繼病死，兒子和孫子先後被殺害，但政子連擦眼淚的時間都沒有，她以淚水為武器，構築新政權。

　　歷史小説《曾我物語》[1]裡有一則故事：一天夜裡，政子的妹妹阿波局夢見自己手持日月星辰，第二天便告知姐姐政子。政子看出此夢非同一般，它象徵權貴和天下，但她卻對妹妹説「夢兆大凶，非吉事也。」為了化解妹妹的不安，政子又説：「我買下你的夢，讓大凶在我身上顯現。」

> [1] 《曾我物語》：室町時代的軍記物語，以鎌倉時代初期發生的日本歷史上三大復仇事件之一的「曾我兄弟復仇記」為題材。作者不詳，版本眾多。

　　「承久之亂」的結果是關東大勝，妹妹的夢從假託變成現實，最終政子向鎌倉報告説：「合戰無為，天下靜謐。」日本的歷史從此步入了新時代。

第八章

日本中世的暴君與叛臣

——織田信長與明智光秀

信長就是國家的神

　　日本史上的最大謎案是什麼？恐怕絕大多數日本人會説，明智光秀為何要發動本能寺之變？為何突然殺害自己的主君織田信長？日本的歷史學家、作家為此洋洋灑灑地寫了一本又一本書，但謎案仍未破解。

　　1582 年 6 月 2 日的本能寺之變把織田信長送上了斷頭台。他距離成為統一日本的霸王僅差一步，無奈時運不濟，從「天下布武」到天下統一，信長的夢想和偉業，都在本能寺的熊熊大火中化為灰燼。

　　天才和狂人，英傑和暴君，只隔着一層薄紙，織田信長就處在這張紙的兩邊。天底下能賞識他的人只有兩個，一個是他的父親信秀，這位生了十七男七女的父親把繼承家位的機會給了信長；一個是出席信秀葬禮的和尚，他看到信長奇異的裝束和失態的舉止，驚奇地説：「國之器，非他莫屬。」

　　1534 年，織田信長出生於尾張的那古屋城（今愛知縣的名古屋），其暴躁的脾氣可謂與生俱來。17 歲時，父親信秀離世，繼承父業的他為了贏得尾張的霸主地位，在同族中大開殺戒：他攻打本家織田敏定的養子織田廣信，令其切腹；攻佔清州城後，謀殺了與他並肩作戰的伯父織田信光；

他把自家的重臣佐久間信盛逼到山中，使其活活餓死；最後親弟弟信行也沒能逃脫信長的魔掌。

他詭計多端，每次出兵前都要投擲兩枚銅板卜卦，結果兩枚都是正面朝上，是勝卦。其實是他在銅板上做了手腳，不管如何投擲，正面永遠朝上，勝利永遠屬於他。

他為達目的，不擇手段。1562 年正月，他把女兒嫁給德川家康的兒子竹千代（後叫信康），兩人締結互不侵犯同盟長達二十年，這在戰國年代絕對是個特例。1565 年，他又將養女嫁給強敵武田信玄的兒子武田勝賴，並於兩年後令嫡子信忠迎娶信玄的女兒。1568 年又將妹妹嫁給近江（今滋賀縣）的強敵淺井長政。這一系列婚姻外交，使得信長的「天下布武」無人可擋。

他喜歡打破常規，讓不可能變成可能。1560 年的桶狹間之戰，今川義元的軍隊有四萬五千人，信長只有三千人。如果用攻打敵方城池那種常規打法信長必輸無疑，但他抓住今川義元只帶三百餘兵在田樂狹間休息的機會發動奇襲，一舉獲勝。戰後論功行賞，勳功第一給的不是刺向今川義元第一槍的服部小平太，也不是取得今川義元首級的毛利新介，而是給了先取得情報的梁田政綱，他得到了三千貫文的土地和沓掛城。這在日本戰國時代是前所未有的，家臣們都大吃一驚，但最後都服了這超常規的做法。按常規不可能取勝的，信長偏偏取勝了。

他有絕對的好運氣。鬼神都不怕的信長偏偏對武田信玄抱有天生的恐懼，因為信玄有一支戰無不勝的鐵騎軍團。然而天助信長，信玄在攻打信長的途中突然病死。信長的另一塊心病是上杉謙信，這也是令他膽寒的戰國名將，但就在兩人剛要化友為敵之時，謙信也突然死亡。原想以打倒信長為目標的兩位武將，都在好運的信長面前撒手歸西。

他殘暴狠毒，殺人如麻。1571 年，信長火燒比叡山延曆寺，四百多堂塔被毀，數千和尚被殺。1574 年，他燒死願證寺的兩萬多門徒。1575 年，

他又殺死一萬多參與造反的農民。信長曾把 120 個女人綁在十字架上，殘酷地刺死。然後再將 514 名僧侶、婦孺分別關在四間平房裡，放火燒死。小谷城戰役後，淺井長政的母親被抓，信長每天砍她兩個指頭，到第六天則用磔刑處死她。1574 年正月一日，信長招待武將，最後端上了三個用骷髏頭盛放的菜餚給武將們下酒，這三個骷髏頭分別是朝倉義景、淺井久政和淺井長政的首級。看着嚇呆了的武將，信長狂笑起來。對此賴山陽在漢詩《日本樂府》第 58 闋中日：

髮匣血模糊，擎出兩雄頭。
有此好下物，誰辭滿酌酒。

他藐視一切權威，卻把自己視為神。1576 年，他以帝王的氣魄，開始在京都附近建造日本近世城郭的先驅——安土城，並命令遠方諸國的臣民必須到建成後的安土城叩拜神體，安土城最終成了信長神體的象徵。1581 年，信長在京都舉行了一場聲勢浩大的閱兵式。當十三萬全副武裝的武將從正親町天皇面前行禮走過時，幾乎所有的日本人都瘋狂地發誓要跟隨信長，他們都虔誠地相信自己生活在無比榮耀的時代。

永祿年間，信長把齋藤氏趕出美濃國稻葉山城，並把地名改為「岐阜」，齋藤氏時代結束了。統治者發生變化，地名隨之更改，這是世界史上極為常見的事，但在日本則由信長首創。日本史上，稱自己為「新皇」的反叛者平將門、狂叫「我就是這個世界的主」的藤原道長、開創武家政權的源賴朝、想篡奪皇位的足利義滿等人，都沒想過要更改地名。對此，葡萄牙傳教士弗洛伊斯在《日本史》中寫道：「這個日本男人眼中毫無神明可言，他認為自己就是神，在他上面根本沒有創造萬物的神。」而明治時期歷史學家德富蘇峰的百卷《近世日本國民史》，就是從信長寫起，把信長看成是日本近世歷史的開創者。

明智光秀的煩躁不安

如果說織田信長是天才、領軍人物，那麼明智光秀就是秀才、跟隨者。雖然他的前半生謎團重重，連年齡也不詳，但他的肖像畫給人一種文弱中有堅毅、書生氣裡有陰險的感覺。

光秀是美濃家明智氏出身，屬於土岐氏的名族，但做家臣的命運則難以避免。光秀最初為越前的朝倉義景服務，當時他40歲。不久被第15代將軍足利義昭選做家臣。後又通過義昭介紹，在1568年與信長見面，這是決定光秀後半生的歷史性見面。他巧妙周旋於義昭和信長之間，在朝廷和武家之間尋找平衡，但當信長和義昭走向對立時，光秀毫不猶豫地選擇了信長。光秀預感到跟隨這位怪人，命運定能改變。果然，只用了五年，光秀就成了近江坂本城（今滋賀縣）城主，得到十萬石的俸祿。在信長的武將中，光秀成了背靠城郭的頭號人物，而羽柴秀吉（後來的豐臣秀吉）成為近江長濱城主則是三年後。秀吉從20歲起就跟隨信長，而光秀到四十多歲才跟隨信長，可見信長對光秀的重視。後來光秀又在丹波的龜山再建一城，其作為武將的能力令人刮目相看。

日本史上沒人說光秀的壞話，他用庶民的立場治政，是個優秀的官僚。同時他又是典型的日本武士，其同族皆如此：其女嘉拉夏是典型的日本貞婦；其堂兄弟左馬助是集勇武情義於一身的青年；其母是作為人質卻為堅守兒子的信義而尋死的烈女；而其妻也是武士道式的貞女。光秀自小從母親處學到：武士尊重自己和他人的人格，決不忍受屈辱；武士崇尚信義，憎惡虛假和卑怯。對於已經失去信任、讓自己蒙受屈辱的主人是否仍須盡忠？光秀捫心自問：是放棄武士道，還是向主君復仇？他煩躁不安於這一選擇。

有一次，豐臣秀吉送光秀外出，問身邊的半兵衛[1]說：「光秀像是聰明人物嗎？」半兵衛微皺眉頭，低聲說：「確是聰明模樣。

① 半兵衛：即竹中重治（1544－1579年），日本戰國時代的安土桃山時代武將。美濃國不破郡菩提山城城主竹中重元之子，是日本戰國時代的代表軍師。

不過，聰明有兩種，一種是真正的聰明；另一種則是旁門左道的聰明，我總覺得他不太對勁。看起來冷靜沉着，卻帶着一股陰險之氣，不宜深交。」

無人能與信長為敵

謀叛和背棄，對信長來說不是第一次遇到了。1556 年，親弟弟信行和織田家的重臣林通勝、柴田勝家等人密謀，企圖暗殺信長，計劃以失敗告終，但信長大氣地放了策反者一馬。同年，庶兄信廣和美濃的齋藤義龍起兵叛亂，失敗後也不被追究。多年後，信廣在伊勢長島的戰鬥中戰死，為信長留盡最後一滴血，算是將功贖罪。1557 年，不死心的弟弟信行，又和織田伊勢守家的當主信安串通，再度謀反。這回，信長沒有放過弟弟，親手殺了他。

1570 年，專業殺手杉谷善住和尚扮成草芥之民伏擊信長，信長負傷逃脫。四年後信長抓獲兇手，得知其是受潛伏在甲賀地區的佐佐木承禎之託。佐佐木不知何時得罪了信長，被信長追殺得走投無路，只好僱用殺手。此外，在畿內[1] 稱霸的松永久秀多次想殺害信長，直到第三次失敗後被令切腹。將軍足利義昭也再三企圖謀反，最後公然舉兵直至失敗。

① 畿內：指京畿區域內的五國：山城國、大和國、河內國、和泉國和攝津國。

信長周圍的人，如攝津的伊丹城主荒木村重、高槻城主高山右近、播州三木城主別所長治，也給信長帶來一定威脅。

像信長這樣遭遇如此多謀反和叛亂的人，在日本武將中沒有第二個。一方面是他剛烈的性格得罪了不少人，另一方面是他堅信以自己的實力必能平定叛亂。信長的這種自信逐漸變成信仰：他堅信，不管是誰，不管遭受了怎樣的屈辱，最後這個人也一定會心甘情願地跟隨他；他堅信，除了對自己的忠誠之心，任何人不會有二心；他堅信，除了跟隨信長，在當時不會有更好的選擇。過度的自信，終於招來殺身之禍。

智慧之鏡也蒙塵垢

1582 年 6 月 1 日晚，信長只帶百餘隨從悠閒自得地進入京都，入宿本能寺，沒感到任何不安和預警。信長做夢也沒想到曾為自己出生入死的明智光秀會起反叛之心，而且是那麼果斷狠毒。

晚十點，光秀打着去增援豐臣秀吉攻打毛利軍的幌子，率領一萬三千名軍人從龜山出發趕往京都。用一萬三千人包圍一百多人，實在是太多了，擺明了要把信長立即置於死地。光秀知道，兵變只能成功不能失敗。他記得：1578 年，他的同僚荒木村重突然起兵反叛信長，但被擊敗。荒木隻身逃到中國地區[①]，其一族中，122 名女官被處磔刑，512 名公務人員被活活燒死，很慘。

改寫歷史的時刻終於到來。6 月 2 日黎明前，光秀向不明目的的突擊隊員發出攻擊號令：敵人就在本能寺。外面騷亂和炮聲不斷，從夢中驚醒的織田信長問：「這不是謀反嗎？究竟是誰？」「好像是明智的軍隊，徽誌是桔梗（明智光秀的軍徽）。」身邊的森蘭丸回答。信長大歎一聲：「光秀？如果是他，那就別無他法了。」信長知道，光秀的攻擊佈陣無懈可擊，其出手之狠毒超乎想像。

> ① 中國地區：也稱中國地方，指日本本州西部山陽道、山陰道地區。日本平安時代全國的驛站按照地區分類，分為近國、中國和遠國。
>
> ② 《信長公記》：織田信長的家臣太田牛一所著的半傳記式的回憶錄，主要描述織田信長的生平事跡。亦稱為《安土記》。

信長六人親衛隊中的太田牛一在《信長公記》[②] 裡，把信長描寫成冷靜颯爽的英雄：「先取弓箭反擊。弓弦斷裂，再以長槍應戰，手腕被擊傷，遂令女性先逃。此時已是熊熊大火，料想已在宮殿深處自刃。」而弗洛伊斯的《日本史》則描述：「兵士們衝進寺內，發現正在洗手的信長，立即朝他放箭。信長拔出箭，手持長槍抵擋。不久手腕中彈，信長進入自己的屋子，關上門切腹自殺。隨從者立即放火，信長被活活燒死。」

解決了信長後，光秀欲斬草除根，又率突擊隊員直撲在妙覺寺的信長長子信忠。如果說信長犯了輕敵的錯誤而喪命，那麼信忠則犯了重敵的錯

誤而歸天。事發當晚，信忠看到夜空中的熊熊大火，得知父親逢凶。身邊武將建言：「乘敵人還沒來，急速返回安土城。日後召集幾萬人馬，再行復仇之舉。」這是當時的最上策，但年輕的信忠思量過度，他說：「敵人是有計劃的行動，肯定在途中佈置了伏兵，我不想橫死路邊。」其實，光秀並沒有在回安土城的必經之路上佈兵，結果犯了重敵錯誤的信忠隨其父魂而去，錯失改寫歷史的機會。

信長躲過了幾次暗殺，最終卻被光秀的突然襲擊所擊倒，這應了他自己的說法：「運數終時，智慧之鏡也蒙塵垢。」

光秀謀反的傳統說法

想殺信長的人其實很多：為收拾這個挑戰權威的人，朝廷和公家想殺他；為無辜死去的和尚們報仇，比叡山和本願寺的僧侶們想殺他；為報一箭之仇，被他追殺而下野的將軍足利義昭也想殺他；北陸的上杉、關東的北條、四國的長宗我部等武將都想殺他；基督教傳教士也想殺他；甚至在織田家族內，想殺他的也大有人在；即便是鐵桿同盟德川家康，只要有機會，也會毫不猶豫地殺掉信長。總之，情況就像被追得走投無路的老鼠，有時也會對得意忘形的貓反咬一口一樣。

然而，奮起謀反的為何是光秀？光秀在兵變前一年說過：自己就像一塊沉水的石頭，是信長公打撈出的，此出世之恩永誌不忘。但一年後，光秀就對恩人下手了。光秀為何不知恩圖報？他的殘忍又從何來？日本歷史學家提供了兩大傳統說法：

一是野心說。該說認為，信長已經統治了中部三十國的領土，「天下布武」就要實現，光秀想搶奪信長的成果，做亂世大王。野心說的主要依據是：第一，光秀在丹波龜山築城時，曰其山為周山，自喻周武王，而信長自喻殷紂王。周武王征討作惡多端的紂王，這是中國家喻戶曉的故事，

説明光秀想有朝一日討伐信長。第二，1582 年，光秀到愛宕山參拜，並在威德院西坊中召來著名連歌師里村紹巴等人飲酒唱歌。當時光秀所作的連歌有一句為：

　　　　　　ときはいま天が下しる五月かな。

　「とき」的日語發音正好和光秀的出生地「土岐」相同，如果「とき」確為雙關語的話，這句連歌可解讀為「五月間，土岐氏取得了天下。」光秀的野心暴露無遺。戰國的武將都有奪取天下的夢想，光秀也不例外，但從政變後的處理來看，光秀並沒有一攬子奪取天下的計劃。相反，他在事後給女婿細川忠興和其父細川幽齋的信中寫道：「自己做這樣的事，全是為了忠興能有作為。等百日後近畿諸國稍有平定，我就引退。」從本能寺之變到山崎合戰的十二天，光秀並沒有讓人們看到一個奪取天下的領袖形象，最多是個軟弱的教養派武將而已。僅用兩小時就決定勝負的山崎合戰，是從織田信長到豐臣秀吉政權交替的開始，而光秀扮演的不過是政權過渡的角色。討伐信長的激情冷卻後，犯了殺害主君大罪的光秀，良心沒有得到絲毫的休憩，一度高昂的精神已經死了，所以他並沒有大局的戰略，野心說是難以成立的。

　　二是怨恨說。該說認為，有着秀才氣質的光秀，難以忍受信長的淫威，終於憤然而起。怨恨說的主要依據是：第一，1579 年，光秀攻打丹波的八上城，為誘降城主波多野兄弟，送母親為人質。但信長還是背信棄義地殺害了波多野兄弟，八上城士兵因此被激怒，慘殺了人質光秀之母。光秀一直痛在心裡。第二，在一次宴會上，光秀被連灌七大杯酒，實在不能再喝了。信長便亮出長刀說：「不喝酒就吞刀。」光秀只得繼續喝。信長嘲笑道：「到底還是個惜命的人。」光秀的自尊心遭到了毀滅性的打擊。第三，在慶祝擊敗日本最強的武田軍團的大會上，光秀說了一句真話：「來之不易

的勝利，也有我們的辛苦和努力。」信長聽後勃然大怒：「真是豈有此理。你辛苦什麼，做了什麼？」便按住光秀的頭，往鐵欄杆上撞。在眾人面前，光秀吞下恥辱。第四，1582 年，德川家康來安土城訪問，信長命令光秀為總招待。但就在歡宴時，信長發現端上來的魚有異味，便用鐵扇暴打光秀，並罷免其總招待一職。臉面無光的光秀，只得默默退席。

怨恨說確實是最容易想到的理由，但光秀從一出世就是習慣了看主子眼色行事的家臣，忍耐和順從應是其基本素質。他還是個有心機的人，能看透信長心思，把握信長喜好。即便要反主君，他也不會愚蠢到從平時的怨恨中找理由，他有一句名言：「僧侶為了方便而吹噓，武士為了武略而吹噓。」那麼家臣就是為了出世而吹噓，因此怨恨說也難以成立。

光秀謀反的焦慮說

除野心說和怨恨說外，筆者試提出更接近歷史真相的焦慮說。

比光秀晚出世的秀吉，此時被信長任命為攻打中國地區毛利氏的最高指揮官。眾所周知，毛利氏是統治中國地區十國的最大勢力，也是信長奪取天下的最後勁敵。誰被任命為剿滅此勢力的最高指揮官，誰就是信長最信任的武將。這讓一向敏感的光秀感到，在信長的眼裡自己已不重要。

更令光秀不安的是，信長竟然命令他支援秀吉。正在攻打備中高松城的秀吉，看到毛利、吉川、小早川等軍正趕往高松城援助城主清水宗治，便向信長請求援兵。信長便命令光秀打先鋒，前去援助秀吉。光秀原為明智軍總帥，如今卻成了秀吉指揮下的一介武將，這使他十分失落。而狡猾的信長卻像哄騙小孩似的對光秀說：「對毛利氏的討伐如果看到了勝利的曙光，就贈送你出雲（現島根縣東部）和石見（現島根縣西部）兩國的領地。但在這之前，我要收回你現在的領地丹波（現京都府中部）和坂本（現滋賀縣琵琶湖西岸）。」這雖是信長的慣用手法，但對光秀來說無疑是晴

天霹靂。收回丹波和坂本，對信長來說，只是暫時把官僚的資產凍結，而對光秀來說，則是到手的全日本最好領地被剝奪。況且已筋疲力盡的光秀，自感無力從毛利氏手中奪取出雲和石見。

有政治抱負的光秀決不甘心默默無聞地結束一生，不想淡出信長視野，但又不想被當棋子使用，絕望中的光秀只得遵命，出征中國。光秀想起 1581 年春在天皇面前舉行的盛大閱兵式，自己是十三萬兵馬的總指揮，一種恍惚的權力感突然湧上心頭，擁有天下之兵，控有天下之權，讓這種恍惚變為現實，只有謀反。打開地圖，一個意想不到的發現閃現在光秀眼前：織田軍團的有力武將此刻都遠離京都。柴田勝家、佐佐成政、前田利家等在越後和越中與上杉景勝對陣；秀吉在備中與毛利軍團對陣；家康和家臣們正在畿內遊玩；信長的三子信孝和輔佐役丹羽長秀在大坂的兵力處於寡勢；瀧川一益、河尻秀隆、森長可等武將在各自的新領地；信長僅帶一百多名部下入住本能寺。眼下最有實力的是光秀，他有三萬人馬可調動，這是一生不會再有的打倒信長的最佳時機。

光秀的重大失誤

為什麼要除掉信長，光秀自己也說不清。殺了信長，殘局怎麼收，他也沒有謀劃。而他的朋友在政變後都不來幫忙，這些久經沙場的武將們都不看好他，認定他會輸。

6 月 4 日，光秀入住安土城——昔日信長的精神宮殿，並成功佔領長濱與佐和山兩城。光秀達到了人生的頂點，但對競爭對手秀吉的行動則未察覺到。政變後，光秀想把信長的死訊首先報給中國的毛利氏，以牽制秀吉。但人算不如天算，早在 6 月 3 日晚，光秀的信使把主子的親筆信錯送到了秀吉處，秀吉殺掉了信使滅口。可憐的信使到死都不知道，自己的失誤改寫了日本歷史。

得知光秀謀反的秀吉馬上就與毛利軍講和，把圍困高松城的軍隊調往京都。政變後第十天，秀吉明確地以為主子復仇之名，準備和光秀決一死戰。6 月 13 日，光秀軍一萬六千人，秀吉軍三萬人在京都郊外山崎合戰，僅用兩個小時就決出了勝負，殺主心理負擔過重的光秀完敗。6 月 15 日，光秀的首級被送到秀吉處。秀吉命令將其首級和胴體縫合起來，暴曬於本能寺，然後在京都栗田口，接受磔刑。

《明智軍記》^①裡記載着光秀的辭世詩：

① 《明智軍記》：江戶時代元祿年間出版的以明智光秀為主人公的軍記物語，作者不詳。

逆順無二門，心源悟大道。
五十五年夢，醒來歸於一。

這不是野心家或天下王的心境，而是在順從和逆反中掙扎，最後發現順也是死、逆也是死的無奈。光秀被授予的戒名是「秀岳宗光大禪定門」，其戒名排位非常低（排在大居士、居士的後面），這反映了輿論對逆反者的立場。身為信長家臣的光秀，想做一個「善的衛道士」而未成，最後墜落成「惡之花」，抱着苦悶和煩亂死去。信長「天下布武」的終結，倒成了秀吉「天下布武」的開始。如果光秀按規矩行事，不行叛亂，那秀吉終生也只是織田家的一員部將。從此意義上說，光秀是為秀吉奪取天下而發動了兵變。對此，秀吉對光秀的叛亂也表示同情。山崎合戰後，秀吉對信長和光秀作了如下評價：信長公確是一員勇將，但絕不是良將。他只知以柔克剛，但不知以剛克柔，所以只令人生畏而不為人喜愛。聰明的秀吉，把光秀謀反的另一半原因歸結於信長。

對於信長的橫死，正親町天皇沒有留下隻字片言。日本史學家今谷明在《信長和天皇——挑戰中世權威的霸王》（講談社，2002 年）一書中說，天皇肯定是喜悅的。本能寺之變對這位天皇來說，只是料想中的一個跳棋而已。武家政權的頻繁更迭使他麻木了，所以信長被殺，他也不會驚訝。

還有一個人毫不隱瞞對信長之死的喜悦，他就是足利義昭。他給毛利氏的書簡寫道：「信長之事，是難逃的天命，是難逃的自滅。」

京都的公卿、朝廷和義昭等舊勢力，只是懷着喜悦的心情觀看信長的悲劇，只是懷着冷漠的心情猜測光秀的命運，他們中沒一個人向光秀伸出援手。因此有日本史學家說，京都人的冷漠也是光秀的一個敗因。也有為光秀說話的。史學家高橋和島在《明智光秀物語》中，對光秀在兵變中表現出的水準給予高度評價：「戰國亂世，將星雲集，然文武雙全之士，天下無出光秀其右者」。就是說，儘管最後落得兵敗身亡、三日將軍的悲劇下場，但光秀一日之風姿，仍超越了當時任何名將。

信長為何被燒得毛髮不留？

信長到底是信長，臨死前還和光秀鬥了一把。他得知是光秀反叛，便把自己燒得連一根毛髮、一塊骨頭都不剩。他知道，如果光秀取得了他的首級，光秀政權的合法性和長久性就能維持。反之，如果光秀取不到他的首級，信長之後的歷史就會發生變化。因此，事變後第二天，光秀親臨現場，急於尋找信長屍骨，為自己尋找作為「天下王」的資本。但料事如神的信長在最後時刻，還是為自己復了仇。13 天後，光秀被人割下首級，掛在本能寺示眾數日，充當了秀吉的政治宣傳道具。

這裡有一個有趣的問題：為什麼信長會被燒得毛髮不留？一般的點火燒寺決不會有如此大的威力。原來，本能寺是當時儲存彈藥的倉庫。《國史大辭典》（吉川弘館，1987 年）中的「本能寺」條目寫道：「很早就從種子島接收各種武器。」這也就是信長只帶少數家臣便敢在本能寺留宿的原因，他想即便發生了不測，也能用本能寺的武器抵擋一陣。而信長被燒得屍骨不留的原因就在於他引爆了火藥，自然被炸得灰飛煙滅。

日本戰國史上有一段插曲。一次信長和家康見面，正好戰國武將松永

久秀在場。於是，信長向家康介紹説：「這位就是做了前所未聞的三大惡事的傢伙，他殺了足利將軍，殺了主君三好，火燒了南都大佛殿。」想不到多年後，家康在經過明智光秀的墓地時，對身邊的武將們説：「這就是殺死信長的那個男人。」歷史由誰主宰，在未見分曉之前難下定論。同樣是 49 歲，信長在「天下布武」過程中死去，秀吉則在天下統一後就任臣下第一職——關白。從布武到統一，信長缺少的是天運。

日本人為何喜歡信長？

在日本戰國 130 位名將中，日本人最喜歡織田信長。關於信長的歷史小説，照日本文藝評論家秋山駿和尾崎秀樹等人的排名，第一位是坂口安吾的《信長》，第二位是司馬遼太郎的《國盜的物語》，第三位是遠藤周作的三部曲《反逆》、《決戰之時》、《男人的一生》，第四位是津本陽的《天下是夢？》。這些歷史小説，寫活了信長，更寫活了日本人對信長的喜愛。

日本史料集《朝野雜載》裡有一段逸史：天下王信長給部下發出命令，要求找出一個與他同年同月同日同時生的男人來見他。這是個頗有難度的任務，但部下還是找出了一個與信長同年同月同日同時生的男人，可這是一個相當貧窮的男人。

信長説：「我奪取了天下，你卻是個窮鬼。在同樣的時間出生，但命運卻是多麼的不同。」

那位窮人回道：「不是的，尊敬的大人。我和你沒有大的差別，只是一日之差而已。」

信長不解地問：「何謂一日之差？」

窮人回答道：「奪天下也好，極貧困也好，這都是到昨天為止的事情。即便是大人您，即便是明君您，也無法知道明天。所以僅僅是今天，您作

為天下之主，是快樂的。我作為極貧之人，是痛苦的。」

信長一臉愕然，原來，人就是活在今天。陷於極貧的人，說出了人生的真理，信長感到了滿意，於是給了他很多錢物。原來，信長也有天真的一面。難道日本人喜歡的就是信長的天真？

第九章

水土不服的「切支丹」
——日本歷史上的天主教

日本人何以喜歡《沉默》？

「獨眼龍被砍殺了，屍體被拖到自己昨天挖的坑穴裡，自己埋葬了自己。羅德里格神父透過格子窗，看到了劊子手無表情地收起閃着寒氣的大刀。

褐色的血，在滴，在滴。

知了還在發出嘶啞的鳴叫。無風，悶熱，剛才的一隻蒼蠅，還在自己的面前，無力飛舞着。

一個人死了，但什麼變化也沒有。

神父難以理解的是，這裡為什麼還這樣寧靜？知了為什麼還照樣歌唱？蒼蠅為什麼還照樣飛舞？對於一個人的死，外界為什麼一點反應也沒有？有這樣瘋狂的嗎？難道這就叫殉教嗎？神，你為什麼沉默不語？

你應該知道，剛才的獨眼信徒，是為了你而死。然而為什麼這裡還是這樣的寧靜？這大白天的寧靜。」

這是 1996 年去世的日本著名作家遠藤周作[1]在小說《沉默》（新潮文庫，2004 年第 38 版）

---

① 遠藤周作（1923 － 1996 年）：日本著名小説家、文學評論家和劇作家，為戰後日本「第三代」作家的代表人物。他本人為天主教徒，筆下作品亦以日本人和天主教徒的身份矛盾為題材，代表作有《海與毒藥》、《沉默》、《武士》、《深河》等等。

裡的一段描寫。這篇小説發表於 1966 年，字數不多，但在出版後的四十多年裡，再版以及各種版本的出版沒有停過。日本人何以喜歡《沉默》？它的震撼力在哪裡？我們試着解謎。

播撒信仰如播撒荊棘

1549 年 7 月 3 日，西班牙人聖．弗朗西斯哥．沙勿略（1506–1552 年）在鹿兒島登陸，首次在日本傳播天主教。他來日本傳教，是受一個叫彌次郎的日本人啟發。彌次郎殺了人，逃離日本到了馬六甲，在那裡偶遇沙勿略，被他帶到印度的果阿並被傳授天主教。不久，彌次郎接受洗禮，成了日本史上第一名天主教徒，這為沙勿略去日本傳教奠定了信心。

在日本的兩年間，沙勿略在平戶、山口、京都等地佈教，五百多名日本人接受了洗禮。他在給羅馬教會總部的信裡説道：「日本人重禮節、善良，不懷惡心。他們重名譽的程度使人驚訝。」這算是對日本人不壞的評價，但在宗教方面，情形卻完全不一樣。「這個國家把天主教視為敵人，他們敵視天地的造物主。」1551 年，沙勿略給印度耶穌教會的信寫道：「我們傳道者瀕臨着死的飢寒，雨雪濡身，腳底凍裂，險道翻滑，但沒有博得他們一絲的安慰與同情。在路街和廣場，小孩向我們投擲石塊。」可見播撒信仰，就像播撒荊棘般艱難。

豐臣秀吉取代織田信長統掌天下時，日本有天主教徒三十萬人、教會250 所、傳教士三百名。從秀吉到家康，對天主教的排斥一直沒有停止，但進行徹底鎮壓的是三代將軍德川家光。從 1638 年（寬永十五年）家光頒佈禁教令到明治維新為止的 230 年，是天主教在日本最黑暗的年代。

1614 年，羅馬教會收到一份猶如晴天霹靂的報告。被派遣到日本長崎的葡萄牙天主教會費雷拉神父，在酷刑下宣誓棄教。這位神父在日本二十多年，擔任教區最高職務，但就是這位重量級人物叛教了。羅馬教會難以

相信，於是緊急派遣三人乘船由澳門赴長崎，一探究竟。其中一位是資深神父羅德里格，他不敢相信，他的老師在死亡面前，竟然選擇了叛教而不是殉道。

羅德里格神父到長崎後，白天躲在山腳下的小屋裡，夜晚則深入到天主教徒中打探消息。在小屋裡，羅德里格目睹了最虔誠、最有組織能力的兩位信徒，在拒絕棄教之後被綁在海灘的十字架上，夜裡漲潮被水淹，白天退潮被暴曬，數天之後被折磨至死。

德川政府對信徒的高壓，使得恐怖就像瘟疫一樣到處蔓延。官員們為了找出日本人中的信徒，便叫他們「踏繪」，即踩踏聖母瑪利亞的銅板畫像，吐上一口唾沫，罵上一句淫話。有三個日本信徒，其中一人在極度恐懼中，為了表示清白，屈辱地向聖母吐了一口唾沫，罵了一句淫話，並踩了聖母像。但另外兩人，在聖母像前，卻怎麼也抬不起腳，張不開口，只低垂着頭。他們的身份暴露了，隨即被砍了頭。

放棄信仰有時比堅持信仰還重要

井上看上去是位溫柔、儒雅的老頭，但其骨子裡是陰險、狠毒的。是他發明了「穴吊」、「踏繪」和「海邊水刑」；換上日本人的名字，娶被判死刑的日本人的老婆，也是他的發明；在打擊信徒的信心，頓挫信徒的勇氣，把信徒改造成像狗一樣聽話的棄教者方面，他是專家。這位統管長崎左近的築後守在歐洲被描繪成殺人魔王，但他出現在羅德里格面前時，全然沒有魔王的感覺。他娓娓道來，使聽者有迷醉的感覺：

「有的土地能碩果結枝，有的土地卻生長枯枝敗葉。」

「『切支丹①』的樹能在異國花開葉茂，但在日本國卻枝枯葉敗、花蕾不結、水土不服。」

他的話沒有殺氣和批判之意，溫柔婉轉，

① 切支丹：又稱吉利支丹，是日本戰國時代、江戶時代乃至明治初期對天主教徒的稱呼。

145

帶着文學色彩。但羅德里格卻深感井上的每句話都是一把殺人不見血的刀，它斬斷了天主教在日本生長的根，剔除了傳教者骨子裡的靈魂。儘管羅德里格聽後有點心神煩亂，但這樣的說教要想輕而易舉地使羅德里格折服，那也太小看耶穌的力量了。

然而，長崎官員們的耐心也是有限的，他們對葡萄牙人已經給予了足夠的時間和忍耐，換做日本信徒的話，早就青山埋白骨了。不久，羅德里格自己也遭厄運。他被叛教的日本信徒出賣，並被關進了陰暗潮濕、充滿臭氣的牢房。他自比被猶大出賣的基督，能和基督遭受同樣的命運，倒有種莫名的喜悅，也充滿了殉道精神。

行刑日臨近了，但羅德里格仍然是個不屈的勝利者。押解途中，不知從哪飛來一團馬糞，擊中他的臉，但他依然保持微笑。忍受屈辱和蔑視的表情，是人最高貴的表情。他想起了耶穌說過的話，如今，他在生命的最後時刻，也刻意保持這個表情，這是異邦的基督信徒特有的表情。

被解到奉行所後，羅德里格被關在茅房裡。如果最後一晚不選擇棄教，第二天他就要被倒吊在糞坑上。隔壁傳來像豬一樣的鼾聲，羅德里格感到不可思議，在生命的最後一晚，聽到這種惡俗的聲音，好像自己的信念被愚弄、尊嚴被欺凌了。他用拳擊打壁板，突然，門開了，費雷拉出現在門口，羅德里格想見的人出現了。「這不是鼾聲，是被吊起的信徒們痛苦的呻吟聲。」費雷拉的身體像亡靈一樣在晃動。為了防止被倒吊的信徒血流過於集中於腦部而突然死亡，看守便在其耳邊挖個洞，讓耳血、鼻血、口血一起往外流，他們嘴裡便發出如鼾聲的呻吟。費雷拉說：「我就是這樣被吊了五天，我沒說一句背叛神的話，我拚命地向神祈禱，但神一點反應和行動也沒有。我在這裡傳教已經二十年，但我不得不遺憾地說，在你面前我是一個敗北的老傳教士。」

他已經不是費雷拉了，他叫澤野忠庵，娶了日本老婆。而他老婆的前夫，作為信徒已經被處死。他遵照井上的指令翻譯天文和醫學書，說是為

了讓日本人多掌握些科學知識。身着黑色和服，在夕陽下，老人的身體更顯乾瘦，但他的話語卻不乾瘦，有時還很有力量：

「這個國家是恐怖的沼澤地，再好的苗插在這裡，根也會腐爛，莖也會枯敗。這個國家信仰的不是我們的神，我們很長時間都不知道，以為日本人信了天主教。耶穌在他們眼裡是大日，拜太陽神的日本人把大日當作了耶穌，他們把我們的神變成了另外的東西。基督之神，作為實體，不知不覺地在日本人心中消失了。我們拚命地佈教，並誇耀說有四十萬信徒，但他們在教會裡祈禱的並不是我們的神，而是他們自己的大日如來。日本人無法理解有一個和人分離並超越人而存在的神，他們把與人共存的東西叫做神，把使人有所變化的東西叫做神，這不是我們教會裡的那個神。所以，根據我二十年的傳教經驗，在日本傳教已毫無意義。」費雷拉，不，是澤野忠庵，在向羅德里格說教——令人驚愕的顛倒。

費雷拉是為自己的軟弱和失敗辯護嗎？但他的眼神泛着光亮，不像是失敗者的謊言。羅德里格重複着費雷拉的話，他自己也奇怪為什麼要這樣？他的耳、鼻、口都在流血，這種生不如死的痛苦，只有自己的身體知道。如果基督在場的話，他也會為了正在受苦的他人而棄教。「你們為了自己的信念和夢想，但卻犧牲了日本人。」羅格里格又想起一位看守的話。隔壁不斷地傳來忽高忽低的呻吟聲，在這寂靜無月的夜晚，越發淒涼、恐懼，讓人不能忍受。「主啊，你應該打破沉默，你不是正義、善良和友愛的象徵嗎？」羅德里格丟魂似地擊胸問天。

第二天，羅德里格慢慢抬起了沉重的腳，自己生命中最美好、最神聖、最理想的東西，被自己踐踏了。銅板的聖母像，由於被很多人踩踏過，臉上凹凸不平，如今又加上了極有份量的一腳。羅德里格流下了淚水，渾身顫抖，他知道他褻瀆了什麼，但他更知道，如果執意殉教意味着什麼。

棄教的羅德里格取了日本名，叫岡田三右衛門，也娶了死了丈夫的日本女人。費雷拉出色地完成了任務，像幽靈一樣消失了。他們就像一對醜

陋的雙胞胎，互相憎恨對方的醜陋，但誰也離不開誰，因為他們搭乘着同一條即將沉沒的船。

略帶微笑和得意的井上築後守對羅德里格說：「長崎的五島和生月等地的信徒，我們決定不再追捕了。因為異教的根已斷，莖葉已腐爛。」羅德里格心如刀割，不知井上是讚賞還是嘲笑他棄教。但不管怎樣，天主教的神聖性已被擊潰，神成了可以隨意踩踏的東西，井上和日本人成為勝利者。

問題的關鍵在於：放棄信仰，是因為上帝的沉默，還是因為信仰本身不需要獻身？或者說，最大的信仰是否就是人的生命？如果是，那麼殉教者豈不成了渺小者，棄教者反倒成了偉大者？邏輯的顛倒緣於原則的喪失。作為信仰的對象，上帝有時也扮演狡猾的角色，他的沉默是為檢驗信徒的忠誠。

信仰與反叛、聖潔與背德、崇高與低下……所有的兩難都可以在最終選擇中定位，唯有信徒的命運似乎與兩難無關。棄教或處刑，對信徒來說都是死。棄教，是靈魂的死；處刑，是肉體的死。「踩得好，我最清楚你腳的疼痛；踏得好，我來到這世上，就是為了給你們踩踏的。我知道你們的痛苦，才背上沉重的十字架。」這是遠藤周作對耶穌和天主教的理解，更是對信仰的理解：放棄信仰有時比堅持信仰還重要。

最大的宗教疑問

沙勿略來日本時，日本人對佛教最為熱心，而沙勿略起初全然不知佛教為何物，他把天主教之外的宗教都看作惡魔。對此日本人反駁道：「如果照你所說神創造天地萬物是真的話，那麼為何至今不對日本人傳授？日本文明是從中國傳來的，但中國人也沒說神創造天地萬物。為何只有西洋人知道，而東洋人不知道？」這是當時日本人最大的宗教疑問。

此外，日本人又問：既然神創造了萬物，那為什麼還有惡呢？這一點

沙勿略自己也説不清。他看清的一點是：日本文明的源頭是中國，如果把中國的信仰也變成天主教，那麼日本人就徹底信服了。於是他決定去中國傳教，但卻在出發前病死了。

早在 14 世紀，但丁的《神曲》就提出了相似的問題：如果一個人既不信基督教，也不接受洗禮，作為一個正直的人，死後究竟去天堂還是地獄？如果僅僅因為沒有受洗而不能去天堂，那還有什麼正義可言？一個人沒有信仰也是罪嗎？這就是著名的「但丁宗教疑問」。

天主教難被接受的原因

天主教在日本紮不下根，還有宗教和文化的原因。歐洲人把耶穌像硬搬到日本，但信徒數始終難以增加。日本有教會醫院和學校，但教徒的比例始終不足人口的 1%，而在韓國卻佔人口的 30% 以上，這使歐洲人很困惑。在日本，神道和佛教能共存上千年，為什麼偏偏不寬容天主教？18 世紀法國啟蒙思想家伏爾泰在《寬容論》裡也提出了相同問題：日本人是世界上最寬容的國民，日本人與多達十二家宗教和平共處，但是天主教傳入日本，卻發生了流血事件。原因有以下兩點：

第一，從耶穌和釋迦不同的死法來看，釋迦 35 歲開悟，乞食 45 年，在 80 歲高齡靜靜死去。「寂滅」這個詞，就是他圓寂的形象，後來的弟子沒有在釋迦的死中發現悲劇的色彩。凡是人都會死去，為了向人們傳達這一死的真理，釋迦才靜靜地死去。而耶穌作為政治犯被處死，他被釘在十字架上，死得淒慘、血腥，這種折磨非一般人能承受。有德國學者説，釋迦是壯觀的死，耶穌是悲壯的死。日本人從宗教和文化上，都難以接受耶穌的悲壯死，而對釋迦的寂滅死卻情有獨鍾。所以遠藤周作説：一個人的真正思想，並非他年輕時裝腔作勢、自認高明的思想，而是他臨死時如何接納死亡的思想。

第二，日本人似乎不喜歡嚴父，而喜歡慈母。明治時代的天主教徒被規定不能吸煙、喝酒、玩女人，這種嚴父式的宗教令日本人相當困惑。作家吉行淳之介[1]說自己是摸着女人的屁股激發創作靈感的，對此遠藤周作說：「我如果也摸女人的屁股，那就為天主教染上了污點。」在歐洲，神父的原型來自家庭內的分食肉類，15人的大家庭只有父親擁有分肉的能力和權力。所以莫扎特曾在信中寫道：「我每天睡覺前對神說一聲感謝。」因為他得到了父親分的肉。

而日本宗教學者松本滋在《父性的宗教母性的宗教》中寫道：日本文化和宗教都是基於母性原理而成立的。《古事記》裡的男性神如果得不到母愛就難以成長，其典型就是須佐之男命的話：「我想到死去母親的黃泉國去。」所以說這個國家的根底裡深藏着戀慕亡母的意識，《源氏物語》裡追慕母親桐壺更衣的光源氏，森鷗外[2]的《山淑大夫》裡的廚子王，長谷川伸的《瞼母》裡的忠太郎，都代表了具有這種意識的日本人。

> ① 吉行淳之介（1924—1994年）：日本戰後文壇「第三代」的主要作家之一。他的作品多通過描寫兩性關係，尋求人生的存在意義。代表作品有《驟雨》、《原色之街》、《砂上的植物群》等。
>
> ② 森鷗外（1862—1922年）：小說家、評論家、翻譯家，本名森林太郎，是與夏目漱石齊名的文學家，代表作有《舞女》、《青年》、《雁》等等。在醫學方面，他亦是陸軍軍醫，是日本衛生學的開拓者。

天主教到處建有高聳的十字架建築，宣傳冊會塞進家中的郵箱，它的盛氣凌人有時讓人難以喘息，令人生厭。佛教則是靜悄悄的，不讓人有負擔。所以對日本人來說，天主教像嚴父，佛教像慈母。戰後思想家丸山真男說日本人的精神特質是「依據無限擁抱性的雜居性」。日本人出生儀式、婚禮、葬禮分別在神社、教會、佛寺舉行，這種宗教上的折中主義，在歐洲是見不到的。

鐵炮遠比十字架重要

葡萄牙傳教士弗洛伊斯因撰寫《日本史》而著名，他第一次求見織田

信長是在 1569 年 3 月，當時信長沒有露面，只是叫和田惟政和佐久間信盛接待。後來在惟政的努力下，信長接見了弗氏。「渡過萬里波濤，來到我們這裡，確實偉大，但如果信徒很少怎麼辦？」信長首先問道。

「如果只有一個信徒，我也留在這裡不走。」弗洛伊斯答道。

「真了不起，讓人敬仰。」信長流露出感動，然後又問為什麼在京都沒有教會。弗洛伊斯答說是由於佛教徒們對改宗者的壓迫。最後信長同意了弗洛伊斯在京都的居住權，並允許在京都設立教堂。弗洛伊斯很感動，他在《日本史》裡，將信長的形象塑造成偉人作為回報。

令人好奇的是，一個鎮壓宗教的兇手，為何唯獨對天主教如此寬容。原來，信長關心天主教，除了它帶來的海外新知識外，進口火藥的原料硝石也是個很重要的因素。沒有火藥，最新的鐵炮就無法使用。日本沒有天然的硝石資源，而傳教士能夠決定貿易船的航線，所以信長把傳教士當做道具來使用，至於傳教士的目的，則不在他的考慮之內。果然在 1575 年的長篠合戰中，信長用火槍擊敗武田勝賴，這是日本史上、也是世界史上第一次大規模使用槍支作戰。

其實，沙勿略最初就是在鹿兒島登陸。鹿兒島是薩摩島津氏的根據地，但是島津氏對天主教沒有興趣，所以此後的貿易船都繞開鹿兒島，進入大友氏和松浦氏的領土，大友成了日本「北九州島王」。還有有馬晴信，他和傳教士聯手進口鐵炮，在這些大名眼裡，鐵炮遠比十字架重要。

河豚好吃但有毒

1596 年（慶長元年）10 月，西班牙「普里佩」號來到日本土佐的浦戶沖。船員求見秀吉，想修復船體故障，但秀吉卻下令把船上物資全部沒收。這令船員們相當憤怒，但「普里佩」號的領航員對前來調查的五奉行的官員增田長盛，說出了令日本人料想不到的事情。

這位領航員打開世界地圖給增田長盛看，誇自己國家的領土十分廣袤。被問到為何會有這麼多領土時，這位領航員說：「我們國家首先派傳教士向一個國家佈教，當有了相當多的信徒後再派遣軍隊，如果有信徒內應，那這個國家就很容易被征服了。」增田長盛聽後恍然大悟，並把這一重要情報向秀吉匯報。

　　秀吉原先對天主教的態度是：河豚好吃但有毒。天主教佈教不行，但貿易還是要做。早在 1587 年（天正十五年），秀吉就發佈了最初的天主教禁令，禁令規定：「日本是神國，天主教徒傳佈邪法是絕對禁止的，但黑船如果為了商業而來，則另當別論。」聽了增田長盛的匯報後，秀吉對天主教的認識發生了根本變化：河豚就是猛毒，「切支丹」就是危險人物。再看看身邊的大名，秀吉頓時感到天主教的滲透快得驚人。

　　就在「普里佩」號來訪不到兩個月後，秀吉下了逮捕令，在京都和大坂共逮捕 26 人，其中包括方濟各會的傳教士、耶穌會日本人會員和信徒。為儆傚尤，首先割去他們的雙耳，在京都、大坂、伏見等中央地帶巡迴示眾，然後令他們步行至長崎，綁在十字架上處刑，這在日本稱為「長崎 26 聖人殉教事件」，也是日本迫害天主教徒的開端。而目睹這一血腥事件的弗洛伊斯，在這年年底與世長辭，終年 65 歲。

神與將軍誰更偉大？

　　神與將軍誰更偉大？在家康的眼裡，這是信仰問題，而信仰問題在幕府政權初建時，僅僅是個次要問題。所以，對誰更偉大的問題，家康並沒有多大的興趣，家康這時更感興趣的是貿易，因為貿易能帶來錢，而錢能穩定政局。家康在伏見城笑臉相迎將被判死刑的傳教士亥斯司，已經有了死的準備的亥斯司反而被家康允許在江戶傳教。同時，家康向西班牙商船發出了要求派遣礦山技師的申請，原來家康是為了釣大魚。他雖然也反對

天主教，但對歐洲的「洋技」更感興趣。他不希望大名們信教，但也沒有處死過信教的大名。在攻打大坂城、全滅豐臣王朝時，家康向荷蘭人和英國人購買的鑄炮和大筒發揮了作用。

但是問題也出來了，1611 年（慶長十六年）在葡萄牙商船上發現了一封在日葡萄牙人寫給自己國王的信，其主要內容是：第一，日本國內的天主教徒是反幕府、反德川家康的。第二，由此故，顛覆幕府是可以考慮的。為了倒幕，首先必須殺掉幕府創始者德川家康。第三，不僅僅是日本國內的教徒，就連幕府的要員們也加入了策劃的行列。信被送至家康處，沉得住氣的他當場並沒有發怒。1612 年，家康悄悄地致函西班牙總督，要求停止傳教活動，並明令在天領（幕府在各地的領地）內禁教；凡旗本[1]、家臣及居住江戶的大名妻室中有天主教信仰嫌疑者，一律強迫改宗；拒不棄教者，削去官位，逐出城外。儘管如此，家康還是較為溫和地處理傳教問題，他沒有殺死一個外國傳教士。

[1] 旗本：指江戶幕府時期不滿一萬石的武士。他們是德川軍的直屬家臣，擁有自己的軍隊。

1616 年，家康死去，二代將軍德川秀忠掌權。秀忠的思路與父親家康決然不同，貿易在他的眼裡成了次要問題。因為全國基本太平，大規模戰爭幾乎不可能爆發，所以鐵炮的作用降低，而一旦不需要鐵炮，硝石的進口也就無關緊要。從邏輯上說，對外國商人的優待也就無必要，禁教則更理所當然。於是當年 9 月，秀忠發佈了強硬的法令：在領國和家臣中，無論出於何種情況，都不許出現教徒。後又追加一條：傳教士必須判死罪。秀忠看似外表溫和，卻有比家康更強烈的排外思想：他對所有的歐洲人和天主教徒都不信任。1621 年，秀忠向全國發佈了第一道禁教令，重申日本是神國和佛國。1622 年，在長崎西坂，55 名天主教傳教士和信徒被綁上十字架，先火刑後斬首，史稱「元和大殉教」。殉教者包括日本早期天主教徒的代表人物賽巴斯蒂安·木村、耶穌會士意大利人卡洛斯·史賓諾拉等 21 位神職人員，後被梵蒂岡追封為「聖徒」。

1622 年 10 月，52 名天主教徒（包括 11 名兒童）在京都被捕並處以火刑，史稱「京都大殉教」。

1623 年（元和九年），二代將軍秀忠引退，20 歲的德川家光繼任為三代將軍。在家光的眼裡，自己就是這個國家唯一的神。他一生參拜東照宮[1] 24 回，崇拜祖父家康是一個因素，但通過對家康的神化，強調自己血統的神聖，才是他的政治考慮。家光把荷蘭人送給他的能迴轉的銅製大燈籠放在東照宮神靈的前面，而同樣是荷蘭人的禮物，家康最喜歡鉛，因為鉛能製造軍用品。一個從軍事的實用主義出發，一個從宗教的象徵主義出發，掌權者的興趣竟有如此大的差異。家光借「東照神君」的超驗靈力把自己神化，他採取了比他父親秀忠更血腥的手段，想把外來宗教斬盡殺絕。再從經濟視角來看，當時日本用銀子購買中國的絲綢等物，但就在此時，西班牙在南非發現了更大的銀山，大規模開採隨即跟上，導致世界範圍內銀價暴跌。這對日本的打擊很大，要減少貿易赤字，就必須限制貿易進口，而當時限制進口的唯一方式就是鎖國。也就是說，為了經濟的理由必須鎖國，而鎖國就必須鎮壓天主教。此外還有一個重要原因：日本此時已能自行生產硝酸鉀，因此家光認為已不需要洋人的貿易和搭配進口的天主教了。

> [1] 東照宮：供奉德川家康的神社。德川家康死後被尊為江戶幕府的守護神「東照大權現」，供奉他的神社一律稱為東照宮。關東北部的日光東照宮，是家康的埋骨之地。

就在這一年，原主水胤信、耶穌會士安吉里斯、方濟各會士蓋爾維茲等 51 人，被押往刑場燒死，史稱「江戶大殉教」。1624 年（寬永元年），發生 38 人被殺的「平戶大殉教」和 109 人被殺的「東北大殉教」。1627 年（寬永四年），家光政權首創「雲仙地獄」的肉體拷問法，將教徒倒懸在熱泉正上方，接受高溫硫磺毒氣的熏蒸，在其氣絕之前拖下來，呼吸緩和後吊回原位繼續折磨。內堀作右衛門等 16 名教徒成了這種方法的首批犧牲者。1629 年（寬永六年），家光政權再創「踏繪」的精神拷問法。1633 年

至 1639 年，幕府共下達了五次鎖國令，並全面實施海禁。家光犯下的最大血案是「島原之亂」。1637 年，九州島島原、天草等地的農民不堪忍受苛政，與當地天主教徒合流，爆發了直指幕府統治的武裝起義。起義者高舉天主教旗幟，推舉年僅 16 歲的天草四郎為總大將。驚恐的幕府抽調十二萬大軍，由老中[1]松平信綱為總指揮，包圍了島原城。最後，37 000 名天主教徒全部戰死或投海自盡。

① 老中：江戶幕府的官職名，負責統領全國政務。

日本的悲劇

島原 37 000 名戰死者中，有被當時最新武器大炮炮擊而死的。炮擊的兇手是荷蘭人，也就是說，這些傳教的「先生」向他們虔誠的、手無寸鐵的學生們開炮。「先生」們此舉是為了保住自己在日本的貿易地位而取悅德川幕府。幕府也投以回報，在關閉了所有國家的貿易窗口情況下，只保留了荷蘭在長崎出島的全日本唯一一家商館。

西方殖民的偽善和兇殘被家光看穿，原來友善的傳教背後有更大的野心，這促使德川幕府下了更大的鎖國決心：要禁教就必須鎖國。從秀吉到德川，對異端的打壓，從根本上說是出於政治和經濟的考慮。由於「島原之亂」加重了為政者的危機感，淨化意識形態的作戰成了當時的首選。日本學者也發現，在日本的「切支丹」時代，葡萄牙人就有佔領日本的野心。因此，雖然德川幕府因亂殺異端被貼上了專制和黑暗的標籤，但日本從此開始鎖國，倒也保住了不該失去的東西。江戶時代能有 260 年的和平期，也與禁教和鎖國有關。荷蘭東印度公司的醫生——德國人肯貝盧於 1690 年（元祿三年）來到日本，後寫下遊記《日本誌》。他原以為民族間相互往來被強行斬斷是天理不容的，但他從長崎到江戶一路所觀察和理解到的東西，又促使他寫下「鎖國下的繁榮」，「國民處在幸福的狀態」等文字。

但是，日本的大學問家和辻哲郎對鎖國的評價則是否定的，他說這是「日本的悲劇」。長達 220 年的鎖國使日本歷史進程錯失了各種可能性和多樣性，當日本人剛把自以為新鮮的「文明與野蠻」模式納入自己的視野時，歐洲人已經以「戰爭與和平」模式來制定各國必須遵守的國際法了。本來從織田信長開始的最新型鐵炮戰爭，到德川的江戶時代則「軍縮」成了刀的美學。江戶獨特的「純粹性」文化，雖然被喜歡自閉的日本人說成是「脫離中國文明而自立的證據」，但也鎖住了自己的民族性格，以「井底之蛙」窺世界，滋生出畸形的「島國特性」。

1859 年，德川幕府終於在神奈川、長崎和箱館（今函館市）三地再次開港。220 年的鎖國終於在「黑船」的強勢下，羞答答地再開。260 年的禁教終於在 1873 年被明治政府解禁。1879 年（明治十二年），新政府完成了《新約聖經》的日語翻譯。1887 年（明治二十年）又完成了《舊約聖經》的翻譯。1888 年在東京新榮教會，舉行了《聖經》日語版本的奉獻儀式。二戰後，美國佔領軍司令麥克阿瑟，派了 2 500 名牧師，運了一千萬部《聖經》到日本，日本迎來了傳教的全盛期。

遠藤為何對歷史沉默？

1493 年 5 月 4 日，葡萄牙和西班牙兩個島國，在教皇亞歷山大六世的主持下，劃定了海外擴張界線，即「教皇子午線」。規定亞速爾群島和佛得角群島以西約三英里的子午線為分界線，該線以西的土地都劃歸西班牙，該線以東的土地都劃歸葡萄牙，16 世紀兩大海上霸權由此誕生。「教皇子午線」不僅把從歐洲經由好望角到達印度的航路上所有的據點劃分給了葡萄牙，更使葡萄牙成了最先與日本接觸的西歐國家。1543 年葡萄牙船駛入日本港。在種子島登陸的六年後，耶穌會會士沙勿略一行四人在鹿兒島登陸。這就是葡萄牙人進出長崎的大背景，也是遠藤周作寫《沉默》的大背景。

一個人如何能同時既是日本人又是西方人，既是日本人又是天主教徒？面對這兩種本質不同的意識形態，遠藤試圖從中尋找融合的契機。然而兩者並不為這種融合提供可能，不僅日本社會抵觸變革，即使是天主教也同樣狹隘頑固。這使 17 歲就接受洗禮、23 歲留學美國的內村鑑三[①]深深陷入「二 J」（Japan 和 Jesus）的矛盾中，自己一生信奉基督教，但自己又是日本人；33 歲去英國留學的夏目漱石，從熱衷英國文學轉向了禪宗；22

① 內村鑑三（1861—1930 年）：基督教思想家、文學家、傳教士，創建並領導了日本基督教的「無教會主義」。

② 永井荷風（1879—1959 年）：小説家，不滿當時的現代社會，喜愛江戶風情，代表作有《地獄之花》、《墨東綺譚》和個人日記《斷腸亭日乘》等等，作品大多帶有消極享樂的色彩。

歲去德國留學的森鷗外，從熱衷《舞姬》轉向了晚年的歷史小說；24 歲去美國留學後又到法國工作的永井荷風[②]，從熱衷法國物語轉向了江戶趣味。百年前日本知識分子的煩惱，傳給了百年後的遠藤周作。

對於《沉默》，日本文藝評論家江藤淳説，這是「日本式的天主教」；日本西洋史專家會田雄次説，從歐洲的不寬容文化和日本的寬容文化對決來看，這是天主教教會內部的東洋精神對歐洲精神的追問，是日本人對天主教的追問。遠藤沒有對上帝沉默，他向上帝追問：「人既然已如此淒慘，主啊，那大海為何依然蔚藍？」這一追問就像耶穌臨死前發出絕望的叫喊「我的神，我的神，為什麼離棄我」一樣，深刻而有力。

但是遠藤選擇了對歷史沉默，他沒有向歷史發問：自古標榜多神宗教寬容的日本，在天主教面前為何如此氣急敗壞？當時的日本人為何只選擇了一種可能性，而且是最壞的可能性？對於日本歷史上的這段血腥和黑暗，遠藤為何那樣心安理得、從從容容。那火刑的熊熊大火，那砍頭的刀光劍影，在他的筆下是如此虛幻、飄渺。

1996 年，遠藤周作彌留之際，吩咐家人把《沉默》放入他的棺木，不知他是想讓歷史永遠沉默，還是想在棺木中再度思考沉默的歷史。

幸運女神總是跟隨他

第十章

——豐臣秀吉為何能奪取天下？

運氣的拿破崙原理

明智光秀火燒本能寺，殺死織田信長之後，最有希望接替信長的本是兵變發動者明智光秀，或是信長的鐵桿同盟德川家康。

但無奈光秀氣運太差，只做了「三日天下王」就被殺頭。家康則患得患失，在沒有撥開鬥爭的迷霧之前，索性來個戰地大逃亡，失去了最佳時期。

這時，只有一個人發覺歷史的氣運正不可阻擋地向他走來，此人就是45歲的羽柴秀吉（後來的豐臣秀吉）。被西方歷史學家稱之為運氣的「拿破崙原理」在他身上得到了驗證：一個人的成功，百分之九十五靠運氣，百分之五靠實力。

明智光秀帶來的好運

羽柴秀吉的第一個幸運是明智光秀給的。

明智光秀自己沒什麼好運，倒給羽柴秀吉帶來了至少兩個好運。

第一個是光秀在兵變時把織田信長和織田信忠父子倆同時幹掉了。如果信忠不死，就是正統的後繼者，秀吉介入的餘地幾乎沒有。況且信忠也確是一位能幹的武將，統帥過父親的兵馬。因此，信忠要是活着，秀吉想做天下王惟有兵變，但這就會像光秀那樣背起反叛的惡名。現在那對父子雙雙歸西，對想奪取天下的秀吉來說，真是有如天助。另外，信長的孫子，即信忠的長子，三歲的三法師（後叫秀信）沒有隨祖父和父親一起被殺掉，這對秀吉來說也是個幸運。如果三法師和父親同時被殺掉，織田家的繼承者鐵定就是二子信雄。儘管他能否奪取天下是個疑問，但至少在程序上是合理合法的。但由於三法師的存在，織田家就存在着一個直系的孫子和一個旁系的二子和三子，這也為秀吉的介入留下了空間。

明智光秀給秀吉帶來的第二個好運是光秀的信使跑錯了兵營。殺死信長父子之後，明智光秀派使者從京都趕路至高松陣中，向毛利家通報兵情，並規勸毛利軍千萬不要向秀吉軍投降。但那個使者兼程趕路，卻誤入了羽柴秀吉的兵營。聞得信長的死訊，一世豪放的秀吉也茫然若失，悲歎無語。此時身邊的參謀黑田官兵衛靠近秀吉進言道：「運氣要開了。好運向你走來了。」「信長公的不幸令人愁傷，但這也是您掌控天下的最好時機。光秀殺君，罪責難逃，現在發令討伐光秀正是時候。天下在您的掌控之中。」

秀吉眼前一亮，他知道運氣來了。

唯有英雄識英雄

羽柴秀吉的第二個幸運是敵方小早川隆景①給的。

據推算，秀吉知道本能寺兵變是 6 月 3 日晚 10 時左右，毛利家則是在 4 日的午後 5 時左右得到消息。這 19 小時之差，給了秀吉締結和約、調回軍隊的時間。

備中高松城浮在水中已有大半月。面對

① 小早川隆景（1533—1597 年）：戰國時代著名的武將，後歸順於秀吉。

秀吉的水攻以及信長快要打過來的危險，毛利家派三子小早川隆景和二子吉川元春和秀吉媾和。最初秀吉開出兩個條件：一是屬於毛利家的五國領土割讓給秀吉；二是高松城城主清水宗治切腹。

讓對毛利家盡忠的清水宗治切腹，毛利家頗有難色，交涉沒有進展。但當秀吉比毛利家早19個小時獲悉信長被殺的消息後，決定放寬條件，加速和談：不要領土，只要切腹。這次解決難題的是毛利家的高參——安國寺惠瓊和尚。他深知秀吉的心思，便泛小舟直接去清水宗治處勸談：「如果您能切腹的話，就能免於血洗該城之慮，五千兵士也能免於一死。」頗為珍惜兵士生命的城主考慮再三，終於接受切腹，以此換來和平。第二天，清水宗治便搭船出城，在寬廣的湖面上切腹。毛利軍和秀吉軍共五萬人肅立兩岸，見證了這一悲壯時刻。清水宗治切腹後兩小時，毛利家才得到了信長死去的消息。

歷史的巧合就在這裡。如果毛利家早兩小時知道這一消息，和平條約就不可能簽訂，毛利家也想在這動盪時刻與秀吉作最後一搏。秀吉自然也就不能抽身打掉明智光秀。從邏輯上說，不能為主君復仇，自然也就做不了天下王。新井白石在《讀史餘談》中，這樣讚譽秀吉說：「他迅速地和毛利媾和，迅速地調兵遣將，就像氣蓋世的英雄。他太幸運了。」

知道信長死訊的毛利軍，沒有乘勢追擊京都的秀吉，也有違常理。主戰論者當然存在，如吉川元春當時就極力主張調兵追擊秀吉。但被弟弟小早川隆景勸住了：「還是守住當前，靜觀局勢。再說已經交換了誓約，如果我們違約，就會失信於天下，秀吉也會有朝一日向我們毛利家報這一箭之仇。」

精明的秀吉也想到了「後有追兵」，在直驅姬路城的路上，還是在沼城停靠了一下，就是怕如果毛利軍追擊，可在這交戰。但毫無被追擊的跡象，秀吉自己也感到太幸運了。因為如果後有追兵，秀吉進軍的步伐就會被拖住，而一旦不能及時趕到京都附近截住明智光秀，他就有可能做天下

王，這是秀吉最不願意看到的結局。

果然，講情份的秀吉在奪取天下之後選出的五位重臣中，就有小早川隆景（其他四人是德川家康、前田利家、宇喜多秀家和毛利輝元）。小早川隆景本來是沒有資格進入這個核心圈的。從這個回報和厚待來看，本是敵手的小早川隆景給予秀吉的不是一般的好運，而是奪得天下的機遇。對此，日本江戶時期歷史學家賴山陽發出了「唯有英雄識英雄」的感慨，倒也十分恰當。

剔除最大的障礙

羽柴秀吉的第三個幸運是信長的二子信雄和三子信孝給的。

「中國大返回」後的山崎之戰，秀吉以完勝收場。主君的仇報了，篡位的明智光秀的首級也砍了。無疑，秀吉在大義名分上可以穩坐江山了。但接下來的問題是，織田家的後繼者就一定是秀吉嗎？顯然，秀吉要走到這一步，還缺少一件正統性和合法性的外衣。如果強行竊取政權，就會像光秀一樣，背上一個「反叛」的罪名，遭人非難。

因為論身份，秀吉只是織田家的家臣。織田家自有其血脈，有正當的後繼者。織田家的重臣也不止秀吉一個，柴田勝家無論從年齡上還是資歷上都要勝過秀吉。另外，德川家康作為同盟者也是個有力的人物，他沒有家臣的包袱，身為獨立的大名，他更有立場收拾破碎的河山。

但對秀吉來說，奪取天下的最大障礙不是勝家，也不是家康，而是信長的三子信孝。他 25 歲，相當年輕，參加了山崎決戰，從名分上說也為父親報了仇，為織田家洗刷了恥辱。織田家當主之座，從理論上說非他莫屬。

至於二子信雄，從輩分上說，大哥信忠死後理應由二哥出頭繼承才是。但這位信雄是個公認的大傻瓜。「本能寺之變」發生時他在伊勢的居城屬於近畿地方，與秀吉、勝家和家康相比，離本能寺最近的就是信雄。

但他就是沒有動靜。山崎之戰時，他本應配合秀吉，指揮軍隊從背後襲擊光秀，但他也沒反應，錯過了為父親的復仇之戰。光秀敗北從近江方面逃走，如果信雄前去捉拿，取了光秀的首級，他的功績就大了，但他又一次錯失良機。

當得知光秀敗走後，在安土城的明智秀滿急着與光秀在近江坂本城會師，便拉出軍隊，撤離安土城。這時信雄才把軍隊開進安土空城，做的第一件事竟是把父親的優秀作品——安土城燒燬，這是誰也沒有想到的事情。以至外國傳教士弗洛伊斯也專程向本國寫報告說：「信雄愚蠢之極。沒有任何理由放火燒了安土城。」從此，信雄的愚蠢便出了名。

信雄和信孝是異母所生。同是側室，信雄的母親身份則要高得多，這或許因為她也是「長子的母親」的緣故。對此，信孝一直懷有不滿，再加上二哥是個大傻瓜，故而引發了兄弟之間的不和。其最後結局，就是哥哥信雄迫使弟弟信孝切腹。

這樣，秀吉奪取天下最大的障礙被剔除了。

意義深遠的清州會議

羽柴秀吉的第四個幸運是清州會議給的。

6 月 2 日拂曉，本能寺冒出濃濃黑煙的時候，柴田勝家正在距離它 380 公里的地方攻打越中魚津城，秀吉則在距離 270 公里的地方，圍攻備中高松城。兩人只差一百公里，但歷史的改變豈止是一百公里，捷足先登的是秀吉。

6 月 27 日，即「本能寺之變」後 25 天，織田家在尾張清州城（現愛知縣西春日井郡清州町）召開了一個歷史性會議，主要有兩個議題，一是決定織田家的後續人選，即後信長的主導權握於誰手中，二是重新分配信長的遺產。

由於是織田家重臣會議，已經獨立的大名德川家康與信長之間是同盟關係而非上下主臣關係，自然沒有出席資格，這對秀吉來說當然是個幸運。一直把秀吉視為勁敵的織田家另一重臣——東山方面軍司令官瀧川一益，由於「本能寺之變」後的戰事不順，未能回到尾張參加會議，反秀吉票又少了一張，當然也是個幸運。

這樣一來參加會議的除秀吉之外只有三人：柴田勝家、丹羽長秀和池田恆興。會議一開始，勝家就舉薦信孝為當主，勝家從家族的現狀出發，說的是現實之理。但秀吉的出牌令勝家驚訝，他舉薦信忠的遺孤——當時只有三歲的三法師為織田家的當主。秀吉從長子的血統論出發，講的是常識之理。

對立發生了，會議的進程中斷了。這時秀吉做了個出人意料的舉動，告示身體不適，暫時退席。一般而言，對立中先退席就是認輸的表現，但秀吉胸有成竹，因為在會議之前，他已經私下做通了丹羽長秀和池田恆興的工作。果然，最後的表決是二比一，勝家只得承認三法師的當主地位。這時，秀吉又回到會議桌前，不過這次多了一個人——三歲的三法師被秀吉抱在懷裡。這一招令人叫絕，有挾天子以令諸侯的味道。由於會議決議已經出台，所以即便是在三歲的娃娃面前，柴田勝家這位 61 歲的首席家老也要行重禮。然而，坐在最中央的是秀吉，這等於織田家的重臣們向秀吉行禮，默認了秀吉是最高權力者。

清州會議確立了秀吉在織田家的歷史地位，同時也埋下了羽柴秀吉和柴田勝家仇恨的種子。

柴田勝家為何不參加葬禮？

羽柴秀吉第五個幸運是老天給的。

清州會議僅僅是個會議而已，會議上的決議也只有圈內人知道。如何

讓天下人都知道信長的正統繼承者是秀吉呢？也就是說，合法性的外衣如何讓天下人都看到呢？秀吉陷入了思考。儘管他文化不高，但他的感覺是一流的，心計也是夠用的。

柴田勝家雖然會場失意，但情場得意。在信孝的斡旋下，61 歲的勝家與信長的妹妹——36 歲的阿市結婚。交了桃花運的勝家懷着喜悅的心情，帶着日本戰國時代最美的新娘阿市去了寒冷地帶的越前（今福井縣）。據日本氣象史的資料，這年的冬天特別寒冷。10 月份寒冬還未臨近，越前就已大雪紛飛，柴田勝家被完全困住了。

秀吉抓住這一難得的機會，在京都的大德寺以喪主的身份為信長舉行了隆重的葬禮。這是 1582 年 10 月 15 日的事情，清州會議後的三個多月。秀吉知道因為大雪封路，勝家即便有意參加也過不來。信長的棺槨覆蓋着金絲錦繡，棺槨裡擺放着泛着沉香的雕像代替在本能寺被燒燼的信長遺體，兩旁的執紼者達五千餘人。織田信孝和織田信雄由於沒有收到秀吉的邀請都沒能參加，但秀吉安排了信長的四子——自己的養子羽柴秀勝作為名義上的喪主參加葬禮，並讓其抬棺過街，以增添其合法性。

誰是喪主誰就是後繼者。古往今來莫不如此。當時全日本的諸侯、織田家的諸將、朝廷官方、平民百姓都認為秀吉作為信長的後繼是不用懷疑的了。果然，在 1583 年的正月，織田家的大部分武將都向秀吉發出了稱臣的賀年狀。

如果這年天氣溫暖，柴田勝家就有可能出席葬禮。而柴田勝家一旦出席葬禮，秀吉打出喪主名義的合法性就會受到質疑，秀吉以後就難有風光。從這個角度說，秀吉真是幸運到家了，連天氣都為他大開幸運之門。

攀上權力的頂端

滅掉光秀，架空清州會議，以喪主身份舉行葬禮。秀吉的一系列行動，

激怒了柴田勝家和織田信孝，他們組成抗擊秀吉的聯合軍。而秀吉也想除掉對他奪取天下威脅最大的信孝。但殺害主君的兒子，豈不要被天下人罵為「光秀第二」？秀吉正為此事犯愁。

1583 年（天正十一年）4 月 21 日，秀吉與織田家第一宿將柴田勝家在賤岳展開決戰。這是瓜分天下的第一戰。賤岳合戰，柴田勝家敗於秀吉，越前北莊城也同時陷落。面對慘敗，勝家親手殺了所有家人，最後切腹自殺。

正當秀吉軍圍剿北莊城的時候，信雄的軍隊也同時包圍了信孝所屬的岐阜城。兵臨城下，又得知柴田軍的慘敗，信孝接受了信雄的勸降，開城服輸。怎樣處置信孝成了難題。信雄本堅持弟弟信孝只要出家當和尚，就能免於一死。但秀吉挑唆信雄說：「只要他活着，織田家的未來就與你沒有關係。」信雄像傻瓜一樣信以為真，派人追至尾張野間的大御堂寺，向正在念經的信孝下達了切腹的命令。憤怒的信孝得知這是秀吉的意志，便在切腹前說：「平治的歷史必將重演，殺主君者必有報應。」便以「無念腹」的形式切腹，切開肚皮，挑出腸子，扔向周圍。這是最痛苦、最難忍受的一種切腹形式，也是表示很冤枉、死不瞑目的一種切腹形式。

這樣，秀吉最大的競爭對手，奪取天下最大的障礙被剔除了。信長的子嗣，長子信忠在「本能寺之變」中死去，次子被秀吉降服，三子被迫切腹，四子病死。唯一存活的是信忠的兒子、信長的孫子三法師秀信。秀吉後來把美濃和岐阜二城送給了成長中的秀信。這與其說是秀吉的惻隱之心，還不如說是對怨靈的恐懼。

織田信長用了二十年的時間，將日本中部的對手打壓下去。在這個基礎上，原本只是近江長濱城的一個小城主的豐臣秀吉，只用了八年的時間就完成了日本的統一。

1582 年，山崎之戰，全滅明智光秀。

1583 年，賤岳合戰，擊敗柴田勝家。

1584 年，小牧・長久手之戰，第一次和德川家康正面交手。

1585 年，降服長宗我部元親，平定四國，升任關白。

1586 年，升任太政大臣，天皇賜姓「豐臣」。

1587 年，降服島津氏，平定九州島。

1588 年，發佈「刀狩令」[①]。

1590 年，征討小田原的北條氏，平定關東，降服奧州，最終完成全國統一。

① 刀狩令：日本史上的一個法令。主要是沒收庶民手上的武器，加強對其統治。取得統治地位的豐臣秀吉，在 1588 年發出刀狩令。但執行並不嚴格。

燦爛的黃金時代

秀吉遇上了一個大好時代，到德川三代家光為止，幕府的儲藏金都在成倍增長，金庫裡堆滿了錢。

1587 年（天正十五年），秀吉在京都撒錢，他在聚樂第的前庭堆起三座黃金山。大名也好公家也好，一個不漏的發放。1596 年（慶長元年），秀吉藏着的金銀稅金有十萬枚。一枚十兩，戰國時代的十兩相當於現在的六百萬日元，以此計算，每年有六千億日元的金銀在秀吉的手裡。

秀吉的聚樂第、伏見城，從柱子到牆壁到屋頂全部貼金。這是為什麼？屋子大，採光不足，貼上黃金更明亮。晚上點燃蠟燭，金箔也會反射光。秀吉的碗碟筷子等也都是用黃金做成。其實用銀或象牙等做餐具還能識別毒物，黃金並沒有這個作用，這是常識，秀吉不可能不知道。那他為什麼還一味用金？就是為了把自己的權力裝飾得豪華再豪華。

1588 年秀吉在京都的方廣寺建造大佛殿，棟木要從富士山山腳下運出。一根的搬運費是 12 000 兩，相當於現在的六億日元。當時建造人員一天的收入是今天的 12 000 日元，在四百多年前那是了不得的高收入。高五十多米，寬約一百多米的建築物，棟木的需求程度可想而知，需要撒多少金銀可想而知。

在秀吉時代，日本到達了黃金頂點。用日本美術史學家的話說，用「絢爛、華麗」等詞語已經無法形容，只能用當時表示黃金的形容詞「燦爛」來表示。

是人又像猴，是猴又像人

秀吉被他的家臣評價為：「是人，但又像是猴子；是猴，但又像是人。」這是什麼意思呢？看下面兩段評論和兩個細節，就會明白了。

日本明治時代的歷史學家德富蘇峰在《近世日本國民史‧豐臣秀吉篇》中說：秀吉是古今難以比擬的人類學大博士。信長精通退敵之理，秀吉精通化敵為友之理。信長令人畏服，秀吉使人悅服。即便你是君子，即便你是策士，即便你是智者，只要一接觸秀吉，那種催眠術一般的效應，就會生效。

日本昭和時代的歷史小說家司馬遼太郎說，從個人魅力上來說，秀吉缺乏某種宗教領袖式的精神氣氛，因此可能不及楠木正成、上杉謙信、西鄉隆盛等人。但是他仍有一種偉大的震撼，這表現在他的戰術、政治感覺和日常生活趣味上。在所有的日本英傑中，能公正地看待人的功利性和私利私慾的就屬他了。

1581 年，攻陷鳥取城後秀吉回到安土城，把戰利品全部交給信長。搬運的行列，前面已經入城門，後面還在山下，秀吉在先頭指揮。這驚呆了信長，他大叫：「秀吉是日本第一的大氣者。」原來，信長的重臣佐久間信盛被放逐的一個理由，就是物慾太強，愛貪小便宜。秀吉看在眼裡記在心裡，他這次獻上全部戰利品，表示自己沒有一點物慾和私慾。

在攻打高松城時，佔優勢的是秀吉，但他還是請求信長出兵增援。因為從某種意義上說，這是一種「奉承」的行為，即把勝利送給信長，讓他佔盡榮譽。信長專橫跋扈、嫉妒心重，對獲取功勞的部下，時常敲打。秀

吉太瞭解信長了，這是秀吉的過人之處。

在權力的運作上，豐臣秀吉也只是想把自己的政權之錨定在皇室譜系中，僅此而已。他有野心，但更遵守傳統；他很嚮往，但更能克制。他把大坂城建在難波上，這裡原是聖武天皇建築宮殿的地方。他的富麗堂皇的聚樂第矗立在原來的平安皇宮上，伏見城則位於桓武天皇的葬地。他能做的僅此而已。「真的，如果他沒有皇室血統的話，哪能這般偉大？」秀吉的手下人也僅在嘴皮上享受皇室的榮光。看來，這位從尾張國走出來的一代英雄，也有他可愛天真的一面。

原來，秀吉並不是一個單靠運氣的草包，他知道好運也要有聰明的頭腦，否則，送上門的好運也會丟失。其實，秀吉的心裡一直有這樣的念頭：只要好運氣還能繼續，我就要付出百倍的努力。不過他也不清楚自己最終能走到哪一步。

禍兮福所倚，福兮禍所伏

秀吉六十年的人生，從為織田信長提草鞋到奪取天下，他一路福星高照，幾乎得到了所有他想得到的東西。不過，歷史還是有它相對公正的一面。好運連連的人，必有厄運相伴。這也應了老子的「禍兮福之所倚，福兮禍之所伏」之説。

對秀吉來説，最大的也是唯一的不幸就是膝下無子。和生育了十一男五女的家康相比，秀吉確實相當不走運。他時常抱着最喜歡的淀君，在秋色正濃的夜晚，哀愁感傷。正室北政所夫人雖是女強人，但就是不生育。秀吉雖也染女數百，側室數十，但能生育的就是 17 歲來到他的身邊、阿市的長女淀君（也叫茶茶）。淀君在她 22 歲那年為秀吉生下鶴松，但不幸夭折，這不能不説是秀吉的厄運。

眼看自己日益老衰，卻繼承無人。心急的秀吉於是安排姐姐瑞龍院的

孩子秀次為自己的養子。秀次自己並沒有太大的才能，但因為是秀吉的外甥，沾了大光。他 18 歲升任四位下右近衛中將，21 歲成正三位權中納言。在他 24 歲時，秀吉乾脆把關白的位子讓給了他，並賜豐臣姓和聚樂第城，自己則返回大坂城，自稱太閣①。此舉無疑是對外宣告：豐臣秀次是秀吉家不可動搖的接班人。

① 太閣：前關白的尊稱。

　　但歷史又與秀吉開了個玩笑。兩年後的 8 月 3 日，淀君又為秀吉生下一子阿拾（秀賴）。其實，就在這年的 1 月秀吉就接到從大藏卿局送來的信，説夫人已經懷孕三個月，產期或在 7 月下旬或在 8 月上旬。這令秀吉大吃一驚，「已經懷孕三個月了。」他一邊重複着信裡的這句話，一邊開始計算日期：為了朝鮮戰事，秀吉去年 10 月 1 日離開大坂到九州島，此後就沒有與淀君同過床，所以無論怎樣計算，淀君受孕期間秀吉都不在身邊。秀吉算了三遍，都是同樣的結果，不安和焦慮變成了憤然和恥辱。淀君背叛了秀吉，身邊的官員背叛了秀吉。當時的秀吉就是這樣認為的。

　　這時秀吉還有一個唯一的期待，就是希望淀君能早產。因為如果是早產的話，還能和自己搭上邊。但淀君沒有早產，而是在預產期內生下了一子。

　　這如同一盆冷水潑到秀吉頭上。但隨着兒子的誕生，他的心態又發生了變化：不管怎樣，表面上他就是這個新生兒的父親。秀吉很好地發揮了政治家那種厚着臉皮認可既定事實的本領，也算老年得子的興奮的秀吉趕緊從九州島返回京都，守候在兒子身邊。秀吉開始後悔給了秀次關白職位。秀次也敏鋭地感覺到了地位的尷尬，這讓他自暴自棄，夜半潛伏路邊，亂殺行人數百之多，因而被稱為「殺生關白」。他還在最忌殺生的佛教大本營比叡山殺生，故意在和尚面前烹飪，並把狗和鹿等動物的屍體亂扔於山中。這種極端惡劣的行徑終於被秀吉知曉，他氣得大罵秀次「簡直不是人」，趕緊找了個謀圖反叛的借口，令其切腹。正在青嚴寺與和尚下將棋

的秀次，聽到莫須有的罪名，一聲長歎，無奈切腹，時年 28 歲。

　　這回秀吉也是夠殘酷的，將秀次的妻妾和子女共 39 人全部斬首。殺了接班人秀次，秀吉就立 3 歲的秀賴為後秀吉時代的接班人選。但秀次事件也使豐臣家受到極大的傷害，顯現了秀吉王朝那種力不從心的衰敗。就在秀次自刃當天，秀吉登上大坂城天守閣。天氣酷熱，大坂灣一絲海風都沒有。秀吉用手絹擦拭着臉上的汗水，殺害秀次的恐怖記憶，令他發出莫名其妙的狂笑。

　　不祥的預兆，籠罩了天守閣。

令人吃驚的妄想症發作

　　當權者到了晚年，往往在生理和心理上都不能自控。秀吉晚年最大的一個錯誤就是妄想征服不屬於他的世界。1590 年，他明確地對朝鮮國王李日公說：「我的願望不是別的，就是要讓我的名字在日本、中國和印度這三個國家人人皆知。」1591 年，他又說：「長驅直入大明國，易吾朝之風俗於四百餘州，施帝都政化於億萬斯年。」他還曾經打算自己親自渡海駐留寧波，讓他的養子豐臣秀次做北京的關白。

　　激發豐臣秀吉這個侵略計劃的，是《古事記》或《日本書紀》中的故事？是平安後期那些日本人在中國嬉戲的故事？是蒙古人動作太大的傳奇？是明朝正在動盪的報告？還是想要尋找另外一個出口的野心？或許只不過是老年癡呆症發作，使他沉浸於征服的妄想之中。

　　1592 年（文祿元年）4 月 12 日，小西行長和宗義智的軍隊率先登陸釜山。之後，第二隊的加藤清正從東路進攻，第三隊的黑田長政從西面進攻。只一個月的時間，漢城和平壤便被攻陷。但從這裡開始，秀吉碰到了一個棘手的問題，住在漢城的朝鮮國王逃往明朝請求援軍，明軍開始參戰。另一方面，李舜臣率領的朝鮮水軍也開始猛烈反擊，號稱擁有十六萬軍隊的

秀吉也抵不住。史稱「文祿之役」。

打不贏秀吉便想休戰，但在休戰協定的提案中，他無理要求大明皇帝的女兒下嫁到日本天皇家，當然被大明皇帝一口回絕。和議沒有進展，秀吉被激怒，便第二次出兵，史稱「慶長之役」。但還是深受李舜臣水軍反擊的困擾，嘗盡了苦頭。

在朝鮮半島激戰七年，結果豐臣秀吉對朝鮮的侵略以失敗告終。這種蛇吞象的野心帶來的是軍事消耗、財政拮据、民怨四起、政權飄搖。風燭殘年的秀吉從此一蹶不振，當年的那股霸氣和豪氣已經消失殆盡。

歷史的相對公正性

老年得子雖然高興，但看不到親子繼位，令秀吉傷神。像 1598 年（長慶三年）8 月 5 日，自感時辰已到的秀吉，把德川家康、前田利家、毛利輝元、上杉景勝和宇喜多秀家五大老叫到床前，再三囑託好好照顧秀賴，並要他們當場發誓效忠秀賴。13 天後，63 歲的秀吉在伏見城死去。

就在秀吉死的當晚，他的靈棺被秘密抬出伏見城，安葬在方廣寺大佛殿後面的阿彌陀山峰上。到了 9 月，秀吉被授予「豐國大明神」，這是取日本古名「豐葦原中津國」的頭尾二字。其社殿命名為「豐國社」，建造得極盡豪華奢侈，社域三十萬坪（一坪約三平方米），回廊東西有 46 間，南北有 59 間，神廟裡有本殿、舞殿、神寶殿、神供殿、護摩堂等。

有一個人對秀吉宏大的廟堂建設感到由衷的高興，但並非出於對秀吉的尊敬和崇拜，而是對豐臣家資產被浪費掉的幸災樂禍。這個人是德川家康。在奪取天下後，德川家康就公然與豐國社為敵。1615 年 7 月，家康指令破壞豐國社；同年 9 月，禁止參拜豐國社，禁止神事；同年 12 月，封鎖豐國社的參道；1619 年 9 月，依據德川幕府的命令，豐國社社殿讓出給妙法院，豐國社的祭祀就此斷絕。這一斷絕就是 280 年，也就是說，在德川

幕府統治的 280 年間，阿彌陀山參拜的道路被堵死，豐臣秀吉的遺體只能落寞地躺在裡面。

而身上有織田家和豐臣家血脈的秀賴，看來並沒有上輩們的天賦，他 19 歲第一次看到街上慢走的牛，竟被嚇得半死。秀吉死後，統掌天下的歷史機遇留給了家康。為了斬草除根全滅豐臣家，七十多歲的家康發動了「大坂冬之陣」和「大坂夏之陣」兩場血洗大坂的戰役。1615 年（元和元年）5 月 8 日，大坂城落陷，秀賴和淀君母子先後自殺，豐臣家一共三十多人統統死於大火之中。豐臣家到二世就結束了，此時離秀吉的去世僅僅過了二十年，這是秀吉做夢也沒有想到的。

到了明治中期，朝廷終於發聲，打破德川時期禁令，重新挖掘豐臣秀吉的陵墓。但是限於當時的挖掘技術，一打開棺柩，遺體即刻腐爛，裡面只有為數不多的人骨殘骸留存。阿彌陀山成為日本歷史上最為孤獨的山峰。這所有的一切表明：歷史，這位老人，把情份把握得恰到好處。

歷史的相對公正，就在這裡。歷史的魅力，也在這裡。

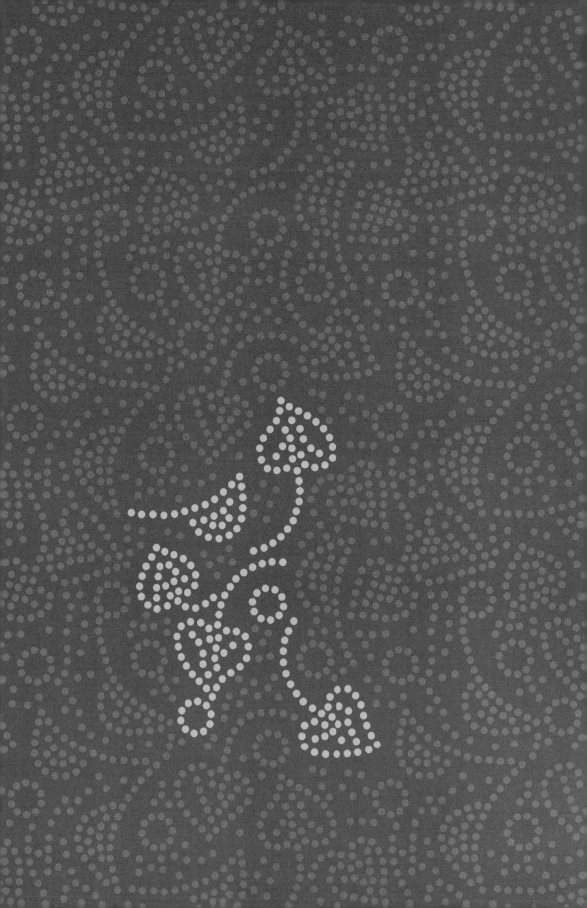

第十一章

權力與美學的博弈

——千利休之死

卑屈的秀吉，直腰的利休

《千家系譜》記載：利休生於 1522（大永二年），切腹於 1591 年（天政十九年）。在七十年歲月中，成為天下第一茶人是在六十歲以後，只有十年時間。利休和秀吉的蜜月親政，從開始到悲劇的切腹也只有五年的時間。這五年，「天下第一茶人」和「天下王」之間究竟發生了什麼？

從村田珠光到武野紹鷗再到千利休，被視為日本文化範型的茶道，一開始就是在商人的世界裡產生的文化，這就決定了它必然要尋找新興的武家勢力做朋友，這是日本茶道先天的一大不幸。茶道作為工具被政治利用，是從織田信長開始的。奉足利義昭之令，信長 35 歲「上洛」，以掌權者的身份登上歷史舞台。武將和豪商們為了討信長的歡心，送去金品名物。這其中，最使信長愛不釋手的是大和多聞城主松永久秀贈送的九十九髮茄子茶罐、堺市的大商人今井宗久贈送的松島茶壺和紹鷗茄子茶罐等，這些都是相當值錢的精品。奪天下之人，也要奪天下之名物。於是「霸王茶」的意識在信長心中萌生，他指名當時的京都第一茶人不住庵梅雪為茶頭。信長不為藝術，不為美學，僅僅作為政治的工具而玩起了茶道。為了擴大社

交圈，信長通過茶匠武野紹鷗的女婿今井宗久結識了同樣是紹鷗門下的千利休和津田宗及，三人都成了信長的茶頭。

1573 年（天正元年）11 月 24 日，信長在京都妙覺寺舉辦茶會。利休奉信長之令，從三日月茶罐裡取出上好茶葉招待貴客。這個三日月茶罐原為足利義政所收藏，是天下無雙的逸品。當時，一般武士想持有名品茶具，想開茶會，必須要有信長的許可。而一旦被許可，就是公認的文武雙全的武將。茶道成了日本政治的一種特權。

當時豐臣秀吉也僅僅是信長手下的一員將領，他被信長認可持有茶具和開茶會的資格，是在 1577 年（天正五年）的歲末，也就是在秀吉攻下毛利氏的諸城，回到安土城向信長匯報戰果的時候。當時秀吉 41 歲，名字還叫羽柴筑前。他高興得手舞足蹈，向初次見面的信長的茶頭千宗易（利休）下跪，聲稱要好好學習茶道的全般。

一個是茶頭，一個是學生。一個叫茶頭時用敬稱，謂之宗易大人，一個則直呼其名，謂之筑前。一個直腰，一個卑屈。在只有兩個人的狹小茶室，面對大自己 15 歲的利休，秀吉說：「我就像羨慕父親大人一樣羨慕您。」尾張國貧農出身的秀吉，在商人出身的利休面前玩起了太極。但他的骨子裡卻有着得志便猖狂的遺傳因子。

文武通吃的執政理念

天正六年，秀吉在攻打播磨三木城閒暇之際，用一客一主的茶會形式，招待茶匠津田宗及。茶爐是乙御前的名物，壁上掛的是名畫家牧溪畫的月圖，端上的茶碗是武野紹鷗遺愛的高麗茶碗。「這些都是信長公贈送的名物，我也有出世的一天了。」在信長的茶頭面前，秀吉不無天真地炫耀自己，流露出一種得意，一種天下非我莫屬的得意。他把茶道和出世聯繫了起來。

在秀吉的感覺裡，藝術就是政治，政治就是藝術。從這點上來說，秀

吉作為政治家是出色的。果然，四年之後，即 1582 年（天正十年）6 月 2 日的「本能寺之變」，織田信長憤死在明智光秀叛亂之中。抓住歷史機遇的秀吉，不出所料一舉成了天下王。從一介城主到一代獨裁者，秀吉雖然還繼續從師於千利休，但傲慢已表露無遺。茶室裡的禮儀舉止，已經質變成一種空洞的符號，一種散漫的遊戲。

1585 年（天正十三年）7 月，豐臣秀吉升任關白。9 月，為了感謝朝廷，秀吉在朝廷（禁中）的小御所裡舉辦茶會，出席的有正親町天皇、皇太子、朝廷的公卿們。秀吉親當亭主，宗易（利休）則跟隨其後，擔當藝術顧問。按日本史料記載：「雖無其例，但此道亦是當時秀吉公御執心之故。」這次禁中茶會，在日本歷史上很重要。它一方面是秀吉作為「天下王」對外的首次亮相，另一方面它又是秀吉執政理念的宣示。

從鎌倉開始的日本幕府，雖然政治的實權被武士奪去，但文化世界的主導權仍在朝廷手中。從和歌、連歌到俳句，公家仍然擁有宮廷文化的發言權。源平時代的武士將領就是被公家文化所迷醉，喪失了政權。作為武人，最初朦朧地感覺到要掌控文化世界的是足利義滿，他保護能樂，對中國宋元文物感興趣，收集了相當可觀的美術品等，以此來對抗朝廷文化。但真正意義上意識到這個問題的重要性的則是秀吉。他感到，要在真正意義上統治日本，武家不但要用武力奪取政權，還要用文化使朝廷屈服，讓其喪失文化的優越感。

這次禁中茶會，秀吉想做的就是要把朝廷公家文化的主導權奪過來。他把文化人宗易推向前台，要他出面向天皇和朝廷的公卿們獻上初花和新田壺裡的茶。這不外是對公家文化的一種挑戰。同時，一介町眾茶人宗易也終於獲得了天皇賜予的居士號：利休，這在當時是相當破格的行為，實際上這也是朝廷喪失文化主導權的開始。

同年，秀吉又在大德寺總見院舉辦規模更大的茶會，以武家、公家為中心，堺、京、坂共有 34 名茶人彙集。武家世界的統治者也要掌控文化世

界，這種文武通吃的執政念頭，秀吉是最為強烈的。利休和秀吉的政治蜜月，也就從這個時候開始，利休超過今井宗久、津田宗及，成了秀吉的第一茶頭。這一年，利休正好 64 歲，到他最後悲劇切腹，只有五年時間。

草庵茶室：美的世界的王者

1582 年（天正十年），秀吉藝術地擊敗「本能寺之變」的元兇明智光秀後，滿心喜悅地在天王山山崎町建城。為助風雅之興，秀吉命令利休在新城建造茶室。利休就在妙喜庵裡造了一個名曰「待庵」的茶室，只有兩張榻榻米大小，草葺人字形屋頂低低地下壓，屋內均為粗雜的土牆。禪僧的墨跡冷冷地掛在土褐色的壁上，榻榻米的一隅，一枝朝顏花孤淒地挺立着。茶碗，用的是朝鮮井戶茶碗和長次郎的黑樂茶碗，帶有枯寂味。整個茶室採光昏暗，靜寂無語。

空間極小，色彩極少，庵門極小。這裡，利休張揚的是思想。沒有一點雲彩遮住的月亮，是沒有趣味的，名馬也可拴在草屋前，名器也可設在陋室中。寂枯和高貴，在利休的眼裡能糅合為一。寂枯是以「無」作前提。即便不自由，但沒有不自由之念；即便不足，但沒有不足之念。雪壓草木，但能生出春的氣息。這種風情在利休看來，就是茶味。

在營造「待庵」期間，秀吉來參觀過，他臉色相當不好，沒好氣地問道：「茶室怎麼這麼狹小？」「這是我所追求的寂茶在這裡的表現。」利休回道。秀吉再沒說什麼。秀吉並不排斥藝術，他圍剿明智光秀的山崎之戰，就是他藝術美學的展現。雖是武將，但他的風雅之趣，在武將中也是有名的。這時，秀吉站在茶室的入口處，矮小的庵門只能彎腰進去，或者說只能爬進去。利休說：「這是待庵的入口處，任何人都必須從這裡進去。」秀吉的眼底閃現出奇妙的神色，他搖着頭說：「今後我決不從這裡進去。」秀吉的話語就像鞭子抽打在乾燥的空間，乒乒有聲，然後他轉身就走。利

休只能目送他遠去，苦惱而無奈地微笑着。

確實，「待庵」作為茶室，也太狹小了。松樹，竹子，蘆葦，茶室小院，砂壁，火爐，榻榻米，小窗戶，黑茶碗。相對於崇拜外國貨的東山流①茶湯，從村田珠光開始的以簡素為風情的草庵茶湯，飄出的是一縷寂味。利休更是除去一切無用的、多餘的、煽情的東西，深掘寂茶的精神底部，使其盡可能的貧寒、寂寞、沉默、簡素，最後剩下的，才是震撼人心的美。

面對來自草庵的美，面對自己的茶頭要做美的世界的王者，秀吉感到了一種盛氣逼人的挑戰，感到了一種從未有過的不安。

黃金茶室：權力世界的王者

秀吉當然佩服利休的美的創意，所以，在人事安排的順序上，利休是第一茶頭，第一宗匠。但是，茶道的精髓只能是寂嗎？茶室只能以待庵為樣本嗎？再明白點說，美的世界王者，只能是利休嗎？權力在握的秀吉心裡實在不服。

1586 年（天正十四年）正月十五日，異想天開的秀吉果然拿出了一個挑戰方案：命利休在聚樂第用黃金打造茶室。秀吉是想試探利休的靈活性：草庵藝術與黃金藝術，能在你的觀念裡通融嗎？如果你能通融，你就不是真正的美的世界王者。如果你不能通融，你就不能做我的茶頭。這是個兩難，利休當然知道，但他還是選擇了走通融之路。這是利休商業智慧的顯現，當然也是利休不幸的開始。

所謂黃金茶室，就是用黃金裝飾所有的地方，從屋頂、牆壁到地面，從茶杓、茶罐、茶碗、茶壺到茶櫥等，室內所有的東西都用黃金打造。秀吉說：不要吝惜黃金，要盡可能地「豪壯絢爛」。這令人想起馬可·波羅

在《東方見聞錄》裡提到，對日本影響最深的就是黃金之説：離中國大陸
2 400公里的東面之海，有個日本。黃金在這個國家鋪天蓋地，宮殿的屋頂，
全部用黃金覆蓋。連宮中的地板，也都是用四厘米厚的黃金板鋪設而成。

　　第二年，即 1587 年（天正十五年）10 月 1 日，結束了九州島戰事的秀
吉為了慶賀聚樂第的完工，又大手筆地在京都北野舉辦空前的大茶會。不
論貴賤、不論國籍，只要喜歡茶湯者均可參加，真是盛況空前。這天，在
寬廣的北野松林，各種趣味迥異的茶屋排列有序。秀吉把聚樂第的黃金茶
室搬遷至北野天滿宮的拜殿。茶室裡，秘藏的名物茶具琳琅滿目。前田利
家、細川幽齋、近衛前久等為首的武將和公卿們前來捧場助興，在一片嘖
嘖的讚歎聲中，秀吉心花怒放，陶醉迷失。北野大茶會的總指揮是利休，
但大大小小所有指示均來自秀吉。對這種暴發戶般的專橫心理和愛好，利
休自然很嫌惡。

　　北野大茶會後，秀吉開始疏遠以利休為中心的堺市商人，轉而厚待九
州島博多的商人。博多豪商神屋宗湛沒能來參加北野大茶會，秀吉特地在
聚樂第營造數寄屋招待他。當然，這裡有秀吉政治的考慮：使堺市沒落，
使博多興隆。

　　北野大茶會在日本歷史上是一個時代的象徵。不同的思路，不同的價
值，不同的心態，兩個大男人之間心理隔閡由此產生。黃金茶室和草庵茶
室，形成了兩極的相互牽制。利休的茶道美學令秀吉寒戰。

均衡終於被打破

　　利休和秀吉的關係最初還是良好的，利休需要秀吉的權力，秀吉需要
利休的美學。秀吉攻打四國、攻打九州島，慢慢成為天下王。利休也從一
介茶頭，慢慢地接近秀吉的權力中心。利休在私密性很高的茶室裡招待各
路大名和武將，談笑縱論間流出的情報不在少數，利休就把這些信息整理

後匯報給秀吉。對秀吉來說，利休已經是個不可缺少的存在；對利休來說，他已經站立在秀吉權力的制高點上。

正如秀吉弟弟秀長對九州島大名大友宗麟說的，內有宗易（利休），外有宰相（秀長）。初期的秀吉政權，正是在這兩個輪子的驅動下，朝前滾動。這位宗麟大名承認，能在關白秀吉面前說上話的，也只有宗易（利休）。在秀吉奪取天下的過程中，利休與他形影不離，軍事上的機密和諸大名的動向，都在狹小的空間裡商議。在利休的面前，他已經沒有任何秘密。

1591 年（天正十九年）新春的一個深夜，秀吉悄悄來到聚樂第內利休的茶屋，想品嚐利休的茶。品完一服，秀吉神秘兮兮地把臉湊過來，問：「你怎麼想？鶴松真的是我的種？」方紙形罩的座燈發出灑落的光，照得秀吉皺老乾癟的臉越發青白。確實，功成名就的天下王晚年最大的苦惱就是後繼者的真偽。秀吉妻妾成群，但沒有一人能受孕。晚年的秀吉，怎麼會突然之間讓淀君懷孕，生出第一個兒子鶴松呢？江戶時期的幕府官方史料《明良洪範》裡說，淀君和大野治長私通生下鶴松。這是幕府的官方史料，或許是德川家康為了貶低秀吉而編撰的，但至少有這樣的風聲。

由此故，在難以入睡的深夜，為了得到些許的安慰，秀吉來到曾經像父親一樣敬慕過的利休身邊。但利休眼前卻浮現出另一個人的面貌，一個不向權力者秀吉獻媚而遭割鼻挖眼、後被殺頭的山上宗二的面貌。「這個，只有您和淀夫人才知道。」利休冷冷地說。從這句話中，昏朽多疑的秀吉隱約感覺到利休或許知道其中的秘密。也就是說，鶴松有可能不是秀吉的種。以「天下王」自居的秀吉心裡湧動着被羞辱的感覺，而這種羞辱竟然被一介茶頭察覺，真是臉面盡失。

就在這次密會後的第三周，秀吉突然下令要利休切腹。世人驚愕，但利休已經有感覺了。

戰國時代是生死一線的時代，死的恐怖始終咬住今天的生。為了忘卻

對死的恐怖，就專注於禪和茶，即便是死，在既存的精神世界裡，也能發現另一個自我。

　　一個用華麗、燦爛、黃金去包裝精神的世界，去感知精神的世界，這是秀吉的世界。然而，利休的世界正好相反，死就在身邊。和，敬，靜，寂，這四個字，不單純是茶道的文字遊戲，而是在茶碗裡跳動的最高水準的生。兩人如水與油般，本不相容。而這一年，水和油的均衡，終於被徹底打破。

秀吉大怒：我也必須通過他的胯下？

　　京都大德寺的山門在應仁之亂中被燒燬。1529 年（享綠二年），連歌師宗長把自己秘藏的《源氏物語》版本高價賣出，籌得資金重建了山門。六十年後，利休也仿照宗長，拿出自己相當多的私財增建山門。終於，在 1589 年（天正十七年）年末，壯觀的多層山門——金毛閣落成。

　　為了表彰利休的功績，臨濟禪主宰在金毛閣的木樑裡，刻下「檀越泉南利休老居士」的字樣。並在金毛閣上安置了一座利休的全身木像，就排列在十六羅漢的中間。顯然，大德寺的山門因此成了大問題，這是秀吉也必須通過的地方。難道從今以後每位參拜者都必須從利休胯下通過？秀吉對此憤怒異常，木像放置問題成了秀吉聲討利休的一個理由。

　　山門事件不能說沒有利休自己的意思。山田宗偏[1]的《茶道要錄》記載：和利休商量木像問題的古溪和尚也遭到非難。面對德川家康、前田利家等人派來的調查人員，古溪和尚激動地辯解說：「作為一山之長，我承擔全部的責任，其他的諸老並不知情。」再據《千利休由緒書》記載，古溪和尚身藏匕首，準備以死為利休申辯。這樣看來，利休也是睜眼閉眼地任其木像放置。作為天正寺問題的延伸，或許是利休和古溪方面有意圖地向秀吉示威。

> [1] 山田宗偏（1627—1708 年）：江戶時代前期的茶人，偏宗流茶道的創始人。

山門事件有兩個要素，即兩個不能容忍：一個是任何人都必須在利休的木像下通過，這對好不容易確立了士農工商身份秩序的秀吉來說是不能容忍的。另一個是豪商勢力滲透到寺院，對政治權力構成挑戰，這也是秀吉不能容忍的。「山門乃達官顯要通行之道，豈可在他們的頭上豎立一個下等人的木像？真是無禮之至，其罪該死。」秀吉親自為山門事件定性，憤怒至極。

秀吉作為政治家有他的心機。他為了完成政治上的中央集權，一方面必須堅決否定以反體制為目的的利休美學，另一方面必須把中世的宗門獨立納入近世政治的權威之中。為此，他對利休的處分，也藝術地分為兩個階段。

第一階段處刑木像，即取下木像，並將其斬首。首級懸在一條回橋河邊的十字架上示眾，其身體則暴曬於橋面，供萬人踏踩。在這一階段，秀吉其實並不想殺死利休，只不過想通過政治恫嚇，讓其理解政治的意義，並期待第二階段利休的屈服。也就是說，秀吉在等待利休的謝罪，然後赦免，淡出權力中心。其證據是，以古溪和尚為首的長老三人也因木像事件也被秀吉處以死刑，但在秀吉母親大政所的調解下，以謝罪而保住了性命。為了保全師匠，其弟子細川忠興、古田織部等人積極地作幕後運作，他們動員了秀吉的心腹前田利家去說服大政所和北政所（秀吉的正妻）幫利休說好話。但利休拒絕了這種做法：「天下之名人，豈可乞求女人活命，這成何體統？」

這裡既有不想借女人之手來乞命的文人精神，又有其政治的考慮。第一，如果屈服敗退的話，以大德寺為中心的禪宗以及佛教，將會受到更為嚴厲的政治統制。第二，在藝術界，好不容易在自我意識中催生的茶道必將受到權力的管理。以自己的生命為其賭注的「數奇茶」也難以存續。覺醒的自我意識被壓抑，萌芽的自由精神被根除，那麼，作為現實的人的存在還有什麼意義？既然生的意義不存在了，那麼選擇死是不

是也是一種意義呢？

　　秀吉以為利休能夠讀懂他的政治力學，利休以為秀吉能夠讀懂他的藝術美學。結果，兩人都讀錯了對方，這是兩人的宿命。秀吉面對至死不道歉的利休，也只能讓他去死了，於是秀吉下了切腹令。從人格層面看，秀吉確實有冷酷殘忍的一面，最終茶道也沒能克服他的冷酷和殘忍。

禪茶一味，並無神聖

　　利休的死因還有另一說。

　　秀吉是朝廷的崇拜者，他說，大日本就是神國，神就是天帝。而利休恰恰犯了對天帝不敬的行為。江戶時代的文獻《山州名跡錄》有一段記載很重要：利休把二條天皇的墓塔（五輪塔）搬到大德寺聚光院，做自己墓地的石台和水缽。這也就是說，利休把原來天皇的墓塔破壞掉，被解體的石材搬回留着自己用，犯了對上「大不敬」的罪。

　　另外，德川時代的史料《武德編年集成》中也有記載：京都仁和寺附近有光孝天皇陵。利休把天皇陵的石材隨意地拿到自己的茶室庭院，並鏤空雕作，製作成石燈籠。利休的這些行為對尊皇的秀吉來說等於是天罪。

　　但從利休的立場，從禪的立場來看，並沒有什麼異常和反意之處。禪的公案中就有著名的「丹霞燒佛」之說。丹霞是中國的禪僧。他把佛像（木佛）當柴燃燒取暖。因為對丹霞、對禪來說，這個世上根本沒有絕對的東西，所有的存在都是相對的。朝露會消失，花草會凋謝，太陽會西沉，星辰會黯然。這是禪的通念，這一思想貫通到底的話，就會導出人間平等的觀念。所以，在利休看來，天皇在這個世界上，也只不過是相對的存在，毫無神聖可言。

　　其實在朱子學尊皇思想還沒有普及之前，日本的天皇陵園基本都處於荒蕪狀態。如神武天皇的陵園，就被歲月荒蕪成亂草地，在陵園拾得葬物，

藏匿起來歸己所有的大有人在。利休可能就受到這個風潮的影響。再說，利休強調禪茶一味，藐視一切權力和權威，也是邏輯的必然。在這樣的氛圍下，原來貧農出身的關白秀吉突然一聲大叫，要尊天皇，下面的人還真是沒有思想準備。可不，第一個起來反抗秀吉的是利休的頭號弟子山上宗二，結果遭秀吉割耳挖鼻的處罰，之後悲慘地處死在小田原。這對利休的刺激很大。

禪茶一味，見佛殺佛，見祖殺祖，有什麼不對呢？政治的秀吉，藝術的利休，就沒有劃一的可能嗎？死到臨頭的利休，確實苦惱異常。

吾這寶劍，祖佛共殺

1591 年（天正十九年）2 月 13 日，隨着秀吉的下令，利休被趕出京都的聚樂第，返回出生地堺市，接受「蟄居謹慎」（禁閉）。但是，十天過去了，利休沒有謝罪之意。

2 月 25 日，首先是有問題的利休木像在聚樂第被判處死刑，這是個信號——利休也必須處刑。就在這一天，秀吉下令讓利休回到京都，準備讓利休死在京都。他或許想讓京都的文化，再添血色的一筆。

2 月 28 日，利休迎來了人生的最後時刻。這天正好大雨，雷鳴電閃，甚至還下了拳頭大的冰雹。在京都的葭屋町不審庵的茶室裡，為了防止利休弟子們暴動救人，秀吉用三千士兵包圍葭屋町。殺雞用了牛刀，屠夫的恐懼甚於被屠者，秀吉真的老了。

介錯人（為切腹人斬首者）是利休的弟子蒔田淡路。利休的辭世詩是2 月 25 日作的：

人世七十，力圖睎咄。

吾這寶劍，祖佛共殺。

提我得具足的一大刀，

今在此時才扔給天公。

切腹前，利休讓前來觀望的小姓①們點

① 小姓：意為侍童。職責是料理大名的日常起居。

茶。喝完茶後，利休自語道：這茶碗今後也

無用了，便扔向庭院。聽着茶壺裡燒沸的水

聲，利休坐在草蓆上，為便於切腹調整了坐姿，並對介錯人說：「還請稍

等一下，沒了力氣，我會舉手的。」說完，便用短刀刺向腹部。第一回沒

有插到深部，便拔出短刀，再次刺向同一部位。這回切開了腹部，取出內

臟，自在地掛在茶壺的鈎子上，再回坐在榻榻米上。這一瞬間，介錯人揮

刀砍下了首級。

利休的首級被帶到聚樂第，供秀吉驗證。但秀吉說：「別讓我看他的

頭。」秀吉是殺了頭還不解恨？還是殺了頭方知恐懼的到來？

最後，利休的首級直接懸掛在了一條回橋上，供萬人觀看。曾經的天

下第一茶人，最後的結局就是祖佛共殺，悲劇性地結束了七十年的生涯。

政治上敗北，藝術上逍遙

秀吉向利休開刀，也是必然。一個統一的王朝，對美的自由化精神，

只能亮出刀劍。

利休死後兩個月，津田宗及死去。又兩年後，今井宗久死去。日本茶

道的全盛期就此終焉。1616 年（元和二年），外國商船和外國商人在近畿

地帶的進出被禁止。四年後，隨着禁教令的公佈，日本貿易港的生命被切

斷，堺市的繁榮也就此結束。利休死去的象徵意義開始顯現。

京都南宗寺院內有利休的墓碑。長年歲月的風化，使得石面上的「利

休宗易」四個字也有了種歷史的模糊。藝術家出身的人擠進權力中心的，

日本歷史上一個也沒有。只有利休，他有很強的權力意志，屬領袖魅力型的人。如果他出生於武士，他也有奪天下的氣概，就像秀吉一樣。但是他偏偏在商市出生，卻又不是豪商，他只能拿起茶道的武器，完成他的人生。

「茶道，就是煮沸水，泡上茶，慢慢喝下它。」政治上敗北的利休，在藝術上逍遙。

「花，是路邊的野花好。」這是「利休七則」的第一句話。當然富有詩意，但也相當危險。

茶室，茶碗，茶器，茶院，字畫，插花，利休確立了日本美的原型。閒寂，枯冷，貧寒，沉默，靜謐，幽玄。從表面的、心情的寂，到本質的、觀念的寂。「利休概念」誕生，日本文化的精華部分完成了。

日本應仁之亂以後，社會基礎崩潰，進入非常混亂的時代。利休孤軍作戰，用自己的價值觀與美學意識和這個社會對峙。從黃金、銀、象牙、宋瓷、青銅的外觀美和世俗美，轉換成以竹木、草庵為主要工具的寂枯、冷瘦之美。不能不說，利休是日本歷史上非常稀有的人物。

在日本藝術史上，為自己的美而切腹殉死的，就屬利休。用這種方法去死，茶道也成了「神道」，茶室也成了教會，利休是唯一的殉教者。

雖然利休在死前確信，自己的死能帶來茶道的完成。但遠遠超出他的想像的是，四百年後的今天，利休還在絕對性地繼續統治這個美的世界。而諷刺的是，秀吉作為天下王的風光，只有短短的八年時間。原來稱為藤原的秀吉，不喜歡藤原的姓氏，取了個有豐饒之意的豐臣之姓，想讓自己的家族永世昌盛，卻想不到豐臣家族在秀吉死後的 17 年間就毀滅殆盡。而利休的子孫三千家，至今還在繁盛。

看來逍遙到最後的，還是藝術。

草庵裡的宗教心聲
——日本人喜歡的良寬和尚

第十二章

無我的我，無心的心

> 孤獨地生，孤獨地死
> 孤獨地行，孤獨地思
> 原本的最初，誰也不知道
> 最後的終結，誰也不知道
> 天長在，水長流
> 澄明又清澈

　　這是日本劇作家早坂曉為一位草庵老人寫下的詩句。就是這位草庵老人，日本的老百姓喜歡他，為他雕刻了一座又一座塑像；日本的文人墨客欣賞他，為他出版了一本又一本研究專著。在今天日本人的精神裡，依然有這位草庵老人的影子：愚愚的，蠢蠢的，總有三分木訥七分天真的感覺。川端康成說，這位老人所傳遞的是一種心聲，一種宗教的心聲。

　　這位草庵老人就是素有「大愚」之稱的良寬。在島崎的隆泉寺境內，

有日本著名雕塑家瀧川美一（毘堂）為他雕塑的塑像：體瘦軀短、背曲，粗布衣裹身，左手托鉢、右手拄杖，腳下放着一頂蓑笠帽，目光溫和，滿臉虔誠。沒有偉人的高大，沒有聖人的光環，但他給你心靈的震撼，給你精神的顫抖，勝過偉人和聖人。

良寬（1758–1831 年）是江戶時代的人。父親山本以南以收藏和漢佛典而著名。母親秀子是商人的女兒，23 歲時在越後（現為新潟縣）三島郡出雲崎生下良寬。他雖出身名門，卻鮮有名門氣質，從小就愚直寡言，只喜歡看父親的藏書。「一思少年時，讀書在空堂。」這使他生出了一種少年老成的氣質：

> 我生何處來，去而何處之。
>
> 獨坐篷窗下，兀兀靜尋思。
>
> 尋思不知始，焉能知其終。

「我從何處來，再往何處去？無思的思在哪裡？無我的我又在哪裡？不知生的開首，豈知死的終結？」良寬寫出這樣的詩句，令他父親大吃一驚，說榮藏（良寬幼時的名字）今後必有異人之舉。果然，18 歲那年良寬毫無預兆地突然出家，去曹洞宗的光照寺修禪，箇中原因至今是個謎。22 歲那年，大忍國仙和尚為他剃髮得度。47 歲住進臨海的國上山山腰的五合庵，在草庵裡度過了 12 個春夏秋冬。近六十歲時又移居國上山腳下乙子神社內的空庵，一住又是十年。22 年的草庵生活，養成了他宗教式求道的天真秉性，練就了他難以言喻的人生三味：比誰都貧寒，又比誰都富有；比誰都孤寂，又比誰都心樂；比誰都靜默，又比誰都悠遊。

良寬的年代正是江戶時代的中後期，幕府政權的末期症狀開始顯現：世風日下，人心不古，整個社會瀰漫着重商主義的氣息。人的誠信用金錢來衡量，人活着的價值也日趨式微。他一個人孤獨地走向荒野深處的草庵，

尋求無我的我、無心的心。生在荒草離離的浮世，而不醉於浮世。

深山裡的五合庵

五合庵，巴掌大的草庵。

這裡，冬天總是被大雪深埋幾個月，就像是茫茫雪海中的一座孤島。風裏雪，雪夾風。每天托缽乞食，翻山道，走雪路。良寬曾夢囈似的發問：「冬夜長兮冬夜長，冬夜悠悠何時明？」靜謐、孤獨、寒冷、飢餓就像死神一樣緊緊地纏住良寬，「獨臥草庵裡，終日無人視」，「日暮煙村路，獨揭空盂歸」。但是，良寬還是這樣勞苦自己，拷問自己，袒露出精神的天真和意志的任性。

幾乎所有的良寬研究者都要引用這首著名的漢詩：

生涯懶立身，騰騰任天真。
囊中三升米，爐邊一束薪。
誰問迷悟跡，何知名利塵。
夜雨草庵裡，雙腳等閒伸。

三升米，一束薪，最低水平的生活。無慾恬淡，獨自榮枯。這被日本人稱之為「鍛寂」。日本著名學者唐木順三說，從這裡似乎看到了「日本人的原型」：既無我也無心，本來無一物。

東洋的天真

在良寬的身上，愚和智、癡和真、蠢和純總是相互矛盾又統一着。正是這種矛盾和統一，鑄成了被日本人稱之為「生靈的異怪」的東西。

龜田鵬齋是江戶後期的著名大儒，也是良寬的文友之一。有一天晚上他到草庵來做客，不巧，酒喝過半就沒有了，良寬提着小酒壺去外面打酒。過了很久，良寬都沒回來，等得心焦的鵬齋便到屋外散步。爬過小山坡，前面是一片樹林，老松的樹枝都披上了清冷的月色。冷不防，他看到樹根下面伸出一雙腳。再仔細一看，良寬正坐在地上，抱着膝蓋，無我地望着圓圓的月亮。聽到有腳步聲，良寬猛然回頭，大聲吟誦道：「月亮當空掛，正是良辰美景時。」鵬齋回應道：「月色雖好，但還是回到屋裡邊喝邊賞月吧。」良寬這才突然想起打酒之事。

　　這令人想起古希臘哲學家泰利斯，為了觀看星象仰頭尋覓，卻不慎跌落井裡。一位美麗溫柔的女郎嘲笑說，他急於知道天上的東西，卻忽略了身旁的美女。這裡的異曲同工之妙在於：一個是觀月，一個是賞星；一個是無我，一個是無心。但都有一種宗教似的情感。

　　有一次，長岡藩主① 牧野忠精到五合庵邀請良寬去長岡，並答應為他建寺院。近鄉之鄰聽說一國的藩主要來，便把村道打掃乾淨，草庵周圍的亂草也被拔除，以示歡迎。

但良寬卻抱怨說：「夜半的蟲鳴聲也聽不到了。」當藩主來到草庵時，良寬不言一語，只是在一枚紙片赫然寫上詩句：

焚燒的落葉，

每天隨風吹拂而來。

便隨手交給了藩主忠精。忠精被尷尬地趕回去了。

　　仔細想來，這是相當失禮的事。一國的藩主特地到五合庵來，慎重地邀請其去長岡，卻被一言不發的良寬比喻為「焚燒的落葉」而被撞走。這裡的風雅之趣在於：如果良寬和藩主忠精搭話交談，良寬就是私慾的失敗

者；反之，用沉默來抵抗私慾的誘惑，用紙片來表達「無心」之心，雖然失禮於藩主，但卻戰勝了自己。這裡有良寬對權力藐視的精神，更有其面對誘惑的大愚之氣。

良寬還經常與孩子們玩捉迷藏。有一次輪到良寬，他機敏地躲進孩子們難以發現的草叢裡。天漸漸黑了，孩子們陸續回家。第二天早上，附近的農民發現良寬蹲在草叢裡，便吃驚地大叫：「啊，良寬和尚，你怎麼在這裡？」良寬急忙制止道：「這麼大聲，會被孩子們發現的。」原來良寬在草叢裡過了一夜。如此的癡和真，就像蘇格拉底常站在大街上連續 24 小時冥思苦想一樣。一個是為孩子的天真，一個是為哲學的天真；一個是東洋的天真，一個是西洋的天真。共同點是一個字：癡。其精神底色是天真的詩意。

良寬在五合庵時，發現便所裡長了一棵竹子，天天見長，一個星期就要到便所的屋頂了。良寬喜上心頭，為了讓竹子能穿屋而出，便異想天開地用蠟燭把屋頂燒個洞。但火是不知其意的，一下子把便所和竹子全都燒了。這是良寬的愚，但又讓人覺得愚得可愛，愚得很純。天性聰明而做出有悖常理的「笨拙」之舉，不也是天真的詩意的一種表現嗎？

有個調皮少年聽說良寬從來不會發怒，便讓良寬載舟。行至河心，渡舟突然開始搖晃，良寬跌入水中。不習水性的良寬不驚不怒，央求少年助上一臂之力。少年儘管調皮，這時也伸出船篙搭救良寬上船。被救上船的良寬多次向少年叩頭致謝。他當然知道是少年惡作劇使自己落水，但少年最終能把他搭救上船，表明少年之心還明純。於是乎良寬不但不發怒，反而再三地表示感謝。從此，這位少年發誓再也不惡作劇了。良寬的想法是：不管是無義、愚癡、醜陋、邪惡或不遇之人，如果對之以傲慢、輕賤之心，那自己無形中就成了與對方一樣的人，這是做人最大的失敗。

有一天晚上，良寬從外面回來，剛好撞上小偷正在光顧他的草堂。本無東西可拿的小偷，看到良寬回來了，驚慌失措。良寬卻和顏地對小偷説：

「找不到可偷的東西嗎？想你這一趟是白跑了，這樣吧！我身上的這件衣服，你就拿去吧！」小偷抓着衣服就跑。良寬赤着身子，在月光下目送遠去的小偷，用天真的詩意哼出了一句有名的俳句：「可惜啊。我沒有送他一輪圓月。」

生之貧寒與富有

五合庵每天的伙食是：早晨稀粥加醬菜，中午白飯加醬湯和醬菜，晚上雜煮。為了把「生」這個外在形式維持在最低限度，良寬十幾年如一日如此用餐。這對今天飽食時代的飽食之人來說，是無法想像的。但就是在維持「生」這個貧寒的過程中，良寬成了精神世界的富有者。他的草庵除了維持最低生計的日用品之外別無他物，但他卻把人類文明的精品都放進了自己的腦中。

良寬一生寫了 251 首五言漢詩，128 首七言漢詩，八十首長和歌，一千餘首短和歌，86 首俳句和三百多條人生格言。他是用雙語寫作的天才，漢詩方面受陶淵明的影響最深。他和夏目漱石（1867–1916 年）在日本有「漢詩雙璧」之稱。

夏目漱石高度評價良寬的詩：「上人之詩品性孤高，古來詩人中，少有與之匹敵的。」這裡，「品性孤高」實際上也是天真的詩意另一種說法。

如：

流年不暫止，人生長若寄。
昨為紅顏子，今變如鬼魅。

這不失為哀歎人生無常的一首好詩。從紅顏到鬼魅，誰也逃不了「昨」與「今」的時間之宿命。

再如：

秋風吹群雁，翩翩日夜飛。

我亦辭我廬，得得下翠微。

時菊發幽香，山川多奇秀。

人生非金石，對境心數移。

誰能守一隅，兀兀鬢為絲。

從秋風裡的群雁到人生的非金石，是誰，又是為了什麼，一定要死守一隅，等到白髮成絲呢？「對境心移」或「心隨物移」才是宇宙的大理。「我性多逸興，拾句自成詩。」這是他自己心境的自畫像。

醒不來的夢

良寬天真的詩意還表現在書法藝術上。據解良榮重《良寬禪師奇話》中記載，良寬最不喜歡「書家的字，歌人的詩和廚師的料理」，因為這裡面只有技巧和作為，缺乏個性和妙味，過於照本宣科。良寬所追求的是詩歌隨意寫，書畫無法定。夏目漱石對其書法評價曰：「具有純粹而又天真的品格。」京都大學名譽教授井島勉在《良寬的書法》中寫道：「良寬的書法有凌駕於空海和小野道風之氣。無技巧之極端，有禪的枯淡之美。」他習得唐代高僧懷素的狂草，按其《千字文》、《自敍帖》來規範自己。

在良寬的遺墨中，「天上大風」四個字得到了很高的評價。這是應頑童放風箏之邀，欣然寫下的，就像是無心的一揮而就。良寬的研究者鈴木文台對此真切地評價說：「可窺視到在點畫之間的率真和忘我。」「良寬上人，道德之外，詩歌高遠，書法絕妙。」

欣賞良寬的書法，會有一種心靈上的震動：看似不講技巧，但又技勝

一籌；看似漫不經心，卻又意味無窮。良寬的書法藝術是他的草庵精神的再修煉和再出發。一點一畫，無不飛揚着天真而超然的靈魂之影。一字一句，無不顯示着高傲入雲的精神天空。良寬有「夢夢夢，醒不來的夢」之歎息，欣賞他的書法，也會有同樣的歎息。

良寬和貞心尼

良寬和貞心尼，一個 70 歲，一個 30 歲；一個是和尚，一個是尼姑。照理說，一切情慾、愛慕、思戀都不應發生。

有人說，良寬在臨終前四年用天真的詩意交了桃花運。有人說，能歌善詩的貞心尼狂醉於梅開二度。

初次見到良寬，貞心尼激動地賦詩曰：「初見如春夢，興奮又驚喜。」

良寬興奮地答曰：「夢中打瞌睡，說夢還是夢。」

原來，在良寬眼裡，人生就是夢，而且是一瞬的夢。

他們談佛道，談文道，談人道，有說不完的情，聊不完的意。良寬望着夜半的圓月，想就此打住話題，可貞心尼卻還想說上一千年，道上一萬年。為了再見良寬，貞心尼翻越鹽之入大山，涉過信濃河，真是一路艱辛一路情。

四年的師徒間的交流，貞心尼留給後人一本物語《蓮之露》，收錄了兩人贈答的五十多首情歌與和歌。良寬留給她的卻是折磨貞心尼靈魂的死別。

貞心是長岡藩主奧村五兵衛的女兒，18 歲嫁醫師，因志趣不和離婚。23 歲出家，削髮為尼。聰慧，美貌，性善，詩文秀麗。她是良寬草庵精神的理解者和天真詩意的辯護者。她為身處晚境的良寬帶來了生命的驚喜和黃昏的夕陽。良寬為貞心尼的純情之心而歌：

伊人遠方來
想見無他思

川端康成説，這首詩流露了良寬偶遇伴侶的喜悦和歡欣。良寬在貞心尼身上發現了共鳴之魂；貞心尼在良寬身上找到了夢幻之鄉。

花無心招蝶，蝶無心尋花。
花開時蝶來，蝶來時花開。
吾亦不知人，人亦不知吾。
不知從帝則。

蝶無心，花也無心。就是因為無心，才會出現不可思議的景象：蝶來時花開，花開蝶就來。良寬為貞心尼，唱出了最高情分的愛戀之歌。

唯有春花夏鳥和秋葉

三條的成田屋的主人，是良寬的知己，他經常向良寬索要一些書法，作為「生涯之寶」。有一次，良寬在一張大紙上書寫大大的平假名「し」（日本語發音為 shi，暗喻死之意）。主人露出疑惑的神情。良寬説：「這是死的意思。人如果忘記死，是莫大的過失。」良寬對死的認識，實際上是對人世間的慾望、對人與人之間無味爭鬥的一種厭棄。

良寬在離開人世的三年前的 71 歲時，寫下的人生總結：

回首七十有餘年，
人間是非飽看破；
往來跡幽深夜雪，

一柱線香古窗下。

這是在島崎的草庵裡所作的雪夜詩。冬雪皚皚，暮色無邊。七十餘年
的人生，還有看不破的世俗與是非？點上青煙裊裊的線香，靜坐在雪花亂
舞的窗前，沉思自己，揭破自己，到達天真的境地。

就在離世的一周前，良寬留下辭世歌：

生前生後無一物
唯有春花夏鳥和秋葉

川端康成說，這首詩不僅表達了日本的傳統精神，同時也傳達出良寬
的宗教心聲。

在良寬 71 歲（1828 年）那年秋天，越後發生了八級大地震，三千多人
死傷。事後，良寬向地震受災的友人山田寄去了慰問信：「得知地震受災，
深感同情。但是，應該遇災的時候遇上災害是最好的，應該死的時候去死
是最好的。這才是逃避災難的最佳妙法。」

良寬給友人的慰問信成了一封勸死信。從表面看，有不近人情之處。
但是良寬天真的詩意在於：人都想逃避災難，但逃避的最好辦法就是要有
非災難時期的災難意識。人都想逃避死亡，但逃避死亡的最好辦法就是在
死還沒有來的時候直面死亡，生死於一體。這就令人想起道元在《正法眼
藏》中對生死下的定義：

活着，僅僅是生。
死亡，而且只有直面死亡，
才能更好地生。

這裡一脈相承的是：在造化中得來的東西，必須歸於造化。人，最終在流轉的四季中，在自然的巨大生命中，歡快愉悅地「歸一」。這就是日本人的「騰騰任天真」，即在平淡無奇中故意地重複、連接、追求和幻想習以為常的事物。這是日本人的天性使然，也正是日本精神的精髓。

1831 年 1 月 6 日，大愚良寬禪師在眾人的圍繞下，倚躺在他的草庵好友遍澄和尚的膝蓋旁，如睡夢中一般安然辭世，享年 74 歲。如櫻花，似紅葉，天真的詩意，就這樣飛落飄零了。

良寬國際研討會

曾經在日本新潟縣召開的「良寬國際研討會」，有來自中國、俄羅斯、美國、新加坡、韓國等國的研究者出席。這是不可思議的。因為研討的對象既不是政治家，也不是思想家；既不是文學家，也不是宗教家。僅僅是一個老和尚，是一個在上無半片瓦、下無半尺床的草庵裡，望月、望星、望花、望雪，一望就是二十年的老和尚。不可思議之處還在於，研討會的主題是「人與生存方式」。

今天的世界應該向兩百多年前的良寬學習什麼？

學習他的天真？這天真和宇宙成一體，是鮮活的自由世界，沒有苦惱、沒有緊張，有的是晴朗和明亮。

學習他的悠閒？良寬在貧寒的草庵生活中流動着一種難以言喻的悠閒情緒，所以，現代人才會被吸引。如果僅僅是貧寒的生活，或生活的貧寒，誰會傾心嚮往之呢？

學習他的愚癡？他真的一無所有，地位、財富、權力，這些為世人所看重的東西，他一樣也沒有。僅僅是一個靠乞食為生的化緣和尚，一個靠他人同情而勉強生存的無為之人，但卻安然於此，因為他內在有豐富的精神世界，是可以聽見無絃琴音調的透徹之人。

學習他的孤獨？良寬生來便是沉默寡言之人，為了自己所選擇的內省式的修行生活，整日靜默無語。所以他的舉止風度才會如此悠閒瀟灑，彷彿從內心深處溢出一般。《良寬禪師寄話》這本書的開頭便道：良寬禪師常靜默無語，動作閒雅有餘。心廣體胖，即此之謂也。孤獨是現代人不可逃脫的命運，問題是怎樣內省自己，像良寬一樣，做到孤而不獨，獨而不孤。

現代文明自以為能化解一切，它用堅硬和明亮橫掃全球。但這種文明同時也為現代人帶來困境，它使人們發現，所謂人的生存法則，或許就是多年前良寬的生存法則：草庵和昏黑。而所謂人的精神法則，或許就是多少年前良寬的精神法則：

> 春日眺望，
> 群鳥嬉游，
> 心最樂。

良寬和一休，日本人更喜歡誰？

良寬和一休，大愚和大智，日本人更喜歡誰？

先看一段軼事。

良寬在草庵裡，經常夜讀道元的《正法眼藏》。這是佛典中的天書，很難讀懂。良寬夜夜苦讀，讀到感動時，全身發熱，眼淚流下。不知不覺把讀的書都浸透了。第二天，鄰家老人進草庵，發現《正法眼藏》被水濕透，便問良寬。一時之間，良寬無言可對，竟說：「昨夜下雨，屋頂漏雨，打濕了書本。」分明是自己感動後的眼淚，卻不說。偏愛道元的良寬有害羞的感覺，這是含羞的淚。良寬含羞的淚，令一代又一代的日本人感動。

再看一段軼事。

京都的商家在元旦過年的三天都會關門休息。一休卻利用這三天的時間，在竹竿上頂着一個髑髏，沿門挨戶叫着：「小心！小心！」商家怒罵：「難得禍年，卻觸了大霉頭。」一休回答說：「不！你看這髑髏，眼睛飛走，成了虛空，這才叫眼出，才是真的恭賀新禧啊。」「眼出」日文叫「目出」。「目出」是恭喜之意。一休本意是人世無常，要人們張大眼睛，超越死生的看世界。但不論怎麼說，這對京都商人來說確實是不吉利，難怪一看到一休就要關起大門。日本有一首假托一休所寫的和歌云：「正月冥途旅程一里塚，可喜復可賀。」這倒霉的髑髏，令一代又一代的日本人心裡不是滋味。

從一般論來看，日本人當然更喜歡良寬。因為良寬的愚，本質是真，在良寬身上有日本人的原型，或者說，日本人的原型定格在良寬身上。而一休的狂，本質是空，實在是日本人的異端。從文化基因來看，日本人其實並不具有狂的因子，即便有，也是在成千上萬中變異出的一兩個因子而已。

不學智慧，謂之愚。偏學智慧，謂之狂。良寬和一休，是日本人的兩極。但日本人明顯地偏向良寬這一極。因為日本人喜歡從愚中顯智。日本弗洛伊德派精神分析家、著名精神科醫生土居健郎有一次被提問：在日本的思想家和宗教家中，最為尊敬的是哪一位？土居健郎回答說是良寬，因為整天研究歐洲的學問，但接觸到良寬這樣的人物，讓人的心有很深的安定感。日本人最看重、最在意的就是安定感。日本人想到良寬，就像看到遠遠的富士山，會感到安心。

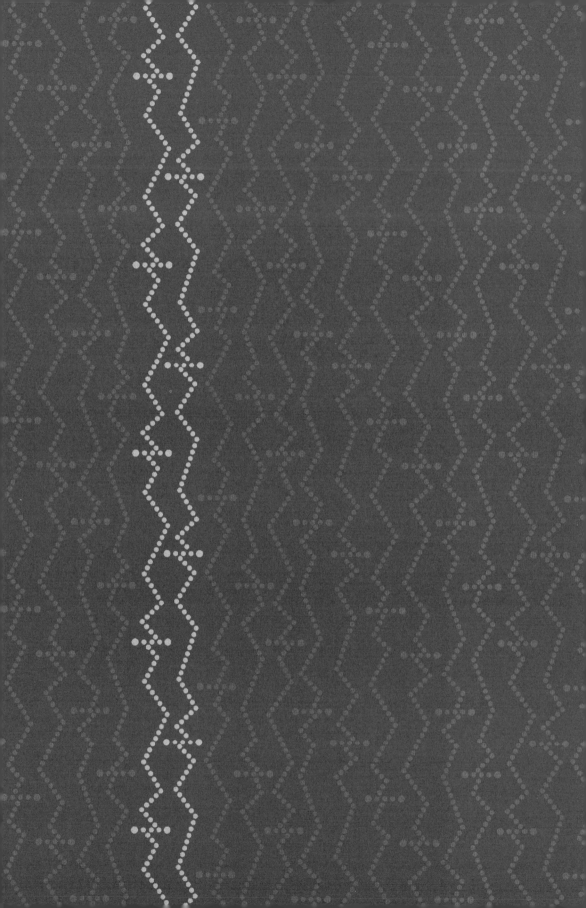

第十三章

「出雲讓國」神話的再現

——江戶無血開城之謎

湯因比和貝塚茂樹的對談

說起日本的歷史，日本人還有一個自鳴得意的大手筆。

推翻政權不死人，打開城門不流血，這無論怎麼說在歷史上都少見。馬克思不無激動地說過：歷史的凱旋門，就是建築在千萬人的白骨堆之上。但日本的明治維新就被日本人視為「無血革命」，江戶開城被日本人視為「無血開城」。儘管也死了幾萬人，但比起 1789 年的法國革命和 1917 年的俄國革命，就近乎無血革命了。

明治維新為何是無血革命？江戶為何能無血開城？最先提起這一話題的是英國歷史學家湯因比（1889–1975 年）和京都大學教授、漢學專家、日本《毛澤東傳》一書的作者貝塚茂樹（1904–1987 年）。他們早在 1956 年的對談裡就觸及到了這個問題。湯因比說，政治變革的無血性與佛教有關，佛教思想中的不殺生起了作用。顯然，這是湯因比對東洋既熟悉又不熟悉的籠統之說。貝塚茂樹則強調儒教思想骨骼裡的易姓革命（依據天命，有德的君主佔據王位。這是從古開始的中國政治思想的正統。這種思想的背後有避開爭鬥的禪讓精神）。顯然，這是貝塚茂樹從個人喜愛出發得出的

半句真理和半句荒謬。

司馬遼太郎的精闢之處

1995 年，日本宗教學者山折哲雄和國民作家司馬遼太郎在《何為日本
——宗教‧歷史‧文明》（NHK 出版，1997 年）的對談集裡談到了朱子學。

中國宋代勃興的宋學作為正統的意識形態，在江戶時代傳入日本，被
稱為朱子學。宋學雖空論頗多，但它提出的「尊王攘夷」的口號，卻在明
治維新中發揮了作用。當時幕府第 15 代將軍德川慶喜（1837–1913 年）是
水戶家出身，而水戶家就是搬弄朱子學的學問屋。當時水戶學者德川家康
的孫子德川光國（1628–1700 年），依據朱子學的正統體系着手編撰《大日
本史》，用朱子學的名分論對天皇作名分分析。如哪位天皇屬正統，哪位
天皇是旁系，誰代表善誰代表惡等。其結果是，刁難旁系北朝天皇的足利
尊氏（1305–1358 年）被認定為惡人，而為南朝後醍醐天皇殉身的楠木正成
（？–1336 年）被尊為善人的典範。這種「尊王斥霸」的價值觀，深深影
響和左右了德川慶喜，他不想成為足利尊氏第二。

這是否就是無血開城的最大原因呢？司馬說，如果這不歸屬「宗教問
題」，那也一定和「宗教世界」有關聯。這是司馬的精闢之處。當時的維
新人物，都活在司馬所說的「宗教世界」裡。

「讓江戶全城成為灰燼。」這是西鄉隆盛的原初想法。但在當時任陸
軍總裁的勝海舟的說服下，他一夜之間改變想法，接受無血開城的七項和
平協議。協議包括德川慶喜隱退，幕府家臣全部遷出江戶城，軍艦武器全
數交給新政府軍等。

1868 年 5 月 3 日，德川末代將軍慶喜退出江戶城，交出了德川家掌控
了長達 260 年的政權。150 萬市民在巷戰中生靈塗炭的悲劇，就這樣避免了。

在世界範圍內，新政權殺害舊政權的王首是常識，但明治維新不同。

明治政權非但不殺德川慶喜，也沒有殺德川家的任何人，慶喜反而還得到明治政府的厚遇。明治三十一年 3 月 2 日，明治天皇和昭憲皇太后在江戶城設宴，慶祝慶喜62歲生日，天皇還給他斟酒，並說：「慶喜，不容易啊。」四年後，慶喜被授予公爵地位，德川家的養子家達升任貴族院議長。當時的新聞媒體都稱他為「德川十六代」。

「出雲讓國」的神話底蘊

官軍的西鄉隆盛和幕府軍的勝海舟，在最後的關頭，一個放棄攻打，一個放棄死守。令人想起日本《古事記》裡「出雲讓國」的神話：

天照大神在高天原，三次派建御雷神去出雲國。建御雷神到達出雲，對大國主神說：「奉天照大神和高木神之命：『汝所統治葦原中國者，當為我御子所治之國！』故，汝心奈何？」

大國主神回答：「我不能作答，我的兒子八重言代主神可以回答，他打魚去了，隨即回來。」於是派遣天鳥船神召八重言代主神回來。八重言代主神聽了建御雷神的要求後，答曰：「惶恐，立刻將此國交與天照大神。」之後八重言代主神便將船傾覆，隱於其中。

建御雷神再問大國主神：「還有誰能替你作答嗎？」

大國主神言道：「我還有次子，叫建御名方神。」建御名方神舉大石頭來到，與建御雷神角力，不敵。即表示願意轉讓出雲國於天照大神。大國主神遂退隱，將出雲國拱手讓給了天照大神。

這個「出雲讓國」的主題神話，在世界神話中也是相當罕見的。因為「血腥和征服」不就是希臘神話和北歐神話中不可缺少的精華部分嗎？前者如宙斯和克勞諾斯之間的殘殺，後者如歐傑姆和巨人尤米魯相鬥。倫理的善惡之鬥，必然是正義的善戰勝非正義的惡。

但在出雲讓國的神話中，高天原代表善？出雲代表惡？天照大神代表

善？大國主神代表惡？這樣的倫理前提似乎並不存在，兩者都屬對等的關係。但為了強調天皇家的正統性，必須決定誰是中心。不用殘殺和相鬥，坐下相談即可。日本神話研究家河合隼雄在其《神話和日本人的心》（岩波書店，2003 年）一書中，找出了「出雲讓國」神話的兩大精神內涵：均衡的理論和莫大的妥協。他說，這種精神內涵「並不依據武力衝突，而是用經常性的和諧精神去做萬事，所以萬事成功了。」

出雲讓國和無血開城，其一脈相承之處，就在其精神內涵。

一個大家都同意的寓言

1868 年 4 月 6 日，勝海舟和西鄉隆盛在品川舉行了決定性的談判。

勝海舟口氣輕鬆地說：「開城之事，拜託了。」西鄉隆盛客氣地回敬道：「我對江戶不熟，開城之事，拜託你了。」

聞不到即將到來的征服的血腥味，也看不到對入侵者的滿腔怒火。不能說勝海舟代表善，西鄉隆盛代表惡，也不能說西鄉是善的化身，勝是惡魔。歷史就在這客客氣氣的「拜託」之中，翻開了新的一頁。

對此，日本著名的宗教哲學家梅原猛在和前首相中曾根康弘對談時這樣說：「日本神話中有一個不可思議的神話，即大國主神轉讓國家，對新的入侵者轉讓權力。這個神話，在世界上任何地方都沒有。在遙遠的過去，繩文人住的地方被彌生人侵佔，繩文人就把國土讓給彌生人。神話是這個記憶的復甦。明治維新是這個記憶的再現。」

長期在日本生活的猶太作家伊扎亞・本達薩姆，在 1971 年寫成《日本人和猶太人》一書，書中也說無血開城的原因在於西鄉依據「日本教的根本理念」來運作事務，而海舟則能理解西鄉的這種「日本教的根本理念」。這裡的日本教，實際上就是指日本的神道。所以，西鄉是宗教人，是聖者。

江戶開城談判的成立是在 1868 年（慶應四年）。過了 23 年，也就是

在 1892 年（明治二十五年），勝海舟作詩感懷：

皇國一大府，此中無棄民。
如何為焦土，思之獨傷神。
八萬幕府士，罵我為大奸。
知否奉天策，今見全土安。

悼亡友西鄉隆盛，勝海舟則説：

唯有精靈在，
千歲存知己。

從這一意義上説，歷史是什麼呢？恐怕還是拿破侖説的對，歷史「不過是大家都同意的一個寓言」。

現在，在東京都港區，還塑有西鄉隆盛和勝海舟歷史性談判的地碑。他們兩人還在談什麼呢？談一個大家都同意的寓言？

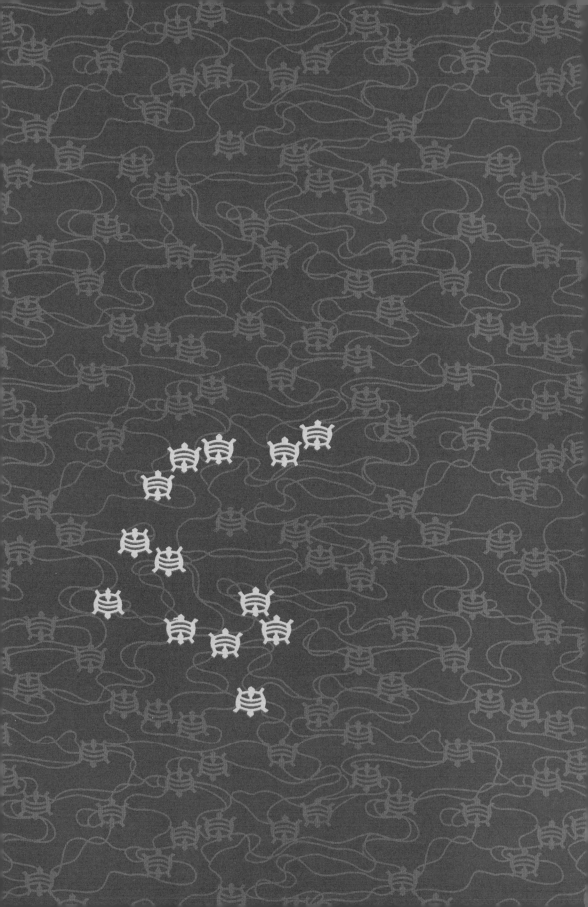

第十四章

大坂城的烈火

——德川家康為何斬殺豐臣全家？

用心很深的男人

德川家康在父親松平廣忠虛歲 17 歲、母親阿大虛歲 15 歲的時候出生。家康少年時期有咬指甲的習慣，從精神病理學來看，這是精神和肉體高度緊張的無意識表露。一直到成人，家康都不改這個習慣。這一方面是由於少年時代 12 年的人質生活所導致的死亡陰影始終纏繞着他；另一方面，家康的祖父和父親都是被家臣殺害的，這種血的詛咒使家康終生緊張。祖父松平清康在 25 歲時，被家臣阿部彌七郎從背後刺殺，兇手被「譜代眾」（親衛隊）斬殺成肉醬，扔進肥料桶。家康的父親廣忠在 24 歲時，被家臣岩松八彌殺害（其原因是廣忠搶了八彌的堂妹，堂妹發狂，八彌先殺堂妹，再殺廣忠，最後自殺）。

德川家康謹慎處事的作風，也是從這個時候養成的。睡覺的床榻下面用木條封死，怕有刺客潛伏。食物都要用火烤一下，怕有人下毒。不玩妓女，怕有梅毒。性交的時候忍精不射是他的專長，即使是晚年時叫少女與他同床，也並不是為了發生肉體關係，而是想吸取少女身上充滿青春氣息的能量，以恢復自己的精氣。為此家康精力絕倫，61 歲生賴宣，66 歲生市姬。

豐臣秀吉和正室北政所終生不育，只和側室淀君生有兩子。秀吉好色，他的不育與當時正好有梅毒進入日本有關。但家康正好相反，他很少玩妓女，要玩的話都從熟悉的身邊人下手，如家臣的女兒，死了丈夫的寡婦，或者擁有領土的大名的女兒等。因此，他染上性病的概率一直很低。從上面幾點來說，家康小心、保守、律儀、主張萬無一失。

　　這也是他摧毀豐臣家的心理機制。

兩個強人的首度較量

　　1586 年（天正十四年）5 月 14 日，45 歲的家康與 44 歲的旭姬再婚，旭姬是豐臣秀吉的妹妹。家康在正妻築山殿死去後，曾發誓再不娶正妻，那為什麼快近五十歲時要破例娶旭姬為正妻呢？

　　1584 年，在長久手（現愛知縣愛知郡長久手町），秀吉和家康對決。這是兩位強人交手的唯一一戰。秀吉八萬人馬，家康和信雄聯手，共三萬五千人馬，但結果是家康取勝。秀吉方戰死兩千五百多人，家康方戰死近六百人。老練的秀吉頓然感到，眼前的家康是他一生的對手，他的威脅要遠遠勝過柴田勝家、明智光秀等武將。

　　一個（秀吉）為了奪取天下想暫時媾和，一個（家康）為了長遠計議想避開這顆硬釘子，兩位政治強人都在各打各的算盤。

　　先是家康把自己的次子於義丸（結城秀康）送給秀吉作養子，養子在戰國時代其實就是人質。但即便有了人質，秀吉還是不放心，他知道這位對手並不會簡單地服從和聽話。於是，秀吉硬生生地拆散了自己妹妹旭姬的婚姻，要她遠嫁家康，非讓家康成為他的妹夫以及聽話的臣下不可。

　　一說旭姬是有夫之婦，丈夫是秀吉的家臣佐治日向守，夫婦和睦，但秀吉為了政治需要讓其夫婦分離。日向守因失了武士的面子，切腹自殺。而 44 歲的女人，在當時已經很大了，對於家康來說簡直無福消受。德川家

臣們為此也明確表示反對。可是深明局勢的家康力排眾議，異常樂意地接受了秀吉的妹妹，並娶她為正室。家康知道以他目前的實力，是無法與秀吉抗衡的。即使勉強戰和，亦於事無補，反而搞亂大局，大傷元氣。而如果和秀吉聯手，日本就有走向統一的可能，自己也可以休養生息，等待機會坐大。

隨後，家康與秀吉約法三章：第一，旭姬即便生子，也不能算嫡子；第二，家康之子長丸（秀忠）不作為人質；第三，如果旭姬死去，不歸還到手的五國領地，由長丸（秀忠）繼承。

盛大的婚儀在濱松城舉行。秀吉本想通過結婚，讓家康作為臣下上大坂拜見他，但結婚五個月後，家康還是不上大坂見秀吉。無法，着急的秀吉再壓上最後一塊法寶，把自己的母親大政所作為人質送給家康。面對這樣的懷柔政策，家康不得不彎腰，終於出發去大坂城面會秀吉。一個給足了面子，一個做足了面子，皆大歡喜。這是 1586 年（天正十四年）10 月的事情。

但這次會見，秀吉贏的是戰術，輸的是戰略；家康輸的是戰術，贏的是戰略。秀吉做夢也不會想到，家康就是在這個時候萌生消滅豐臣家的野心的。是秀吉給了家康韜光養晦的政治智慧。

當然，旭姬作為政治的犧牲品最為不幸，她做家康的正室只有三年半時間，1590 年 1 月，她在鬱鬱寡歡中病死。而這其中有一年半是陪伴母親在聚樂第度過的，和家康在一起的時間實際上只有兩年。

秀吉知道自己愧對妹妹，於是在京都的東福寺內建造南明院，祭祀旭姬。

顛倒了主從關係的會見

1603 年（慶長八年）2 月 12 日，62 歲的家康在伏見城被後陽成天皇封

為征夷大將軍，意味着德川幕府的成立和武家政權的開始。1600 年關原之戰後，勝利者家康把豐臣家的 220 石領地削減到了 65 石，家康已是事實上的天下王。

1611 年（慶長十六年）3 月 18 日，在京都的二條城，德川家康和豐臣秀賴進行了歷史性的會面。

秀賴這年 19 歲，和父親秀吉完全不同，他身高體胖。在母親淀君的調教下，雖然剛氣不足，但優雅的王家之氣倒也不缺。

秀賴的正室是比他小四歲的千姬，是家康三子秀忠的長女。

秀賴對喜愛的千姬說：「要和你祖父見面了。」

「很高興豐臣家和德川家走向和好。這也是我千姬的願望。」千姬不無喜悅地說。

「我也是這樣想的，但是……」秀賴止住了下文。

家康住在二條城，秀賴在加藤清正和淺野幸長的嚴密保護下去見家康。

家康也想知道成長中的秀賴有什麼變化，自從上次一別已過了八年。那年家康去大坂城，特地見了 11 歲的秀賴。當時家康的身份還是豐臣家「大老」，說白了就是秀賴的家臣，而那時的秀賴只是個乳臭未乾的小男孩。

八年，對豐臣秀吉的貴子來說意味着什麼呢？這是家康所感興趣的。當然，家康更要擺弄一下自己天下獨大的身份，以彌補上次小小的遺憾。

家康在中庭裡迎接秀賴。

「啊，像個成人樣子了，我家康也很高興。」家康不陰不陽地讚許道。

這邊，加藤清正和淺野幸長正目不轉睛地注視着家康家臣們的動靜，如有風吹草動，就準備先殺死家康。

「大佛殿的修復，真是太感謝了。這個厚誼，我一天也忘不了。」家康繼續說。

「您這樣說，那就太客氣了。」秀賴穩穩地回敬道。

「秀賴，你還記得父親殿下的英姿嗎？」

「因為太小，難以記清了。」秀賴不起波瀾地答道。

雖然完全是沒有內涵的談話，但家康在觀察着秀賴的一舉一動，眼前的這位年輕人，並沒有在心裡敬畏自己。家康敏銳地捕捉到了這點，他感到不是滋味。

70 歲對 19 歲，可怕的年輪。他想起了中國的一句老話：後生可畏。

就在第二天，家康向他的私人政治顧問金地院崇傳發出了指令：「看來，一場戰爭不可避免。請考慮一下戰爭的大義名分。」這是讓顧問伺機尋找發動戰爭的借口。

家康最終下決心放棄多年來的融合政策。

本來面對豐臣家的後繼者，作為臣下的家康應該在大坂拜見秀賴才是，就像八年前一樣。但家康把兩者的立場轉了過來，表明家康並不把豐臣家的勢力放在眼裡。秀賴從豐臣家的立場考慮，本不想去京都見家康，母親淀君也反對兒子上京，說有失豐臣家身份，但在重臣們以及秀賴的保護人片桐且元等人的勸說下，秀賴決定成行。

結果，二條城的會見等於向世人宣告：秀賴認可了自己在德川體制的統治下存活，主從關係和力量對比被顛倒了。在家康的眼裡，秀賴只不過是孫女婿，他以外祖父的身份在二條城見秀賴，已經相當給面子了。奇怪的是，這次會面後不久淺野幸長的父親淺野長政病死，加藤清正在返回熊本的船裡也重病在身，6 月下旬便死去。對於他們的死，最高興的當然是家康。因為他們都是對秀吉忠心耿耿的武將，如果家康和秀賴正面作戰的話，他們都是相當大的麻煩。

老到的還是家康

一代怪物秀吉留給秀賴的遺產，據說相當龐大。

金子九萬枚，銀子十六萬枚，還有很多金塊等，相當於現在的幾百億日元。怎樣消耗秀吉的遺產，削弱豐臣家的經濟實力，也是家康考慮的問題，其中一個辦法就是借用豐臣家的手再建在戰亂中燒燬的社寺。愚蠢的是秀賴和他的母親淀君，不僅沒有看出家康的用心，還認為這是和德川和解的好機會。

原來的方廣寺是秀吉親手建造的，這是 1586 年的事情。但是 1597 年的大地震對方廣寺破壞很大，秀吉來不及再建便在第二年死去。家康政權建立後，通過秀吉的正室北政所向秀賴母子傳話再建之事。為繼父志，秀賴一口答應。1602 年 11 月，工事已大部竣工。但就在年底，一場大火把鑄造中的大佛和堂宇燒為灰燼，再建計劃一度中斷。直到 1608 年，秀賴母子再度興建方廣寺。1612 年 4 月，方廣寺大佛殿完成。兩年後的 4 月，大鑄鐘的工事也宣告完畢。這口大鑄鐘高三米，直徑三米，重量超過 64 噸，據說抬動它要動用三千人。

方廣寺大佛殿裡的鑄鐘，成了日本最大的梵鐘。梵鐘上的銘文請當時著名的南禪寺長老文英清韓用漢文撰寫。開頭是：

「國家安康四海施化萬歲傳芳君臣豐樂子孫繁昌」。

問題是「國家安康」這四個字，家康的名被拆開填進，有詛咒之意。而「君臣豐樂」反而使豐臣為君，子孫繁昌。家康的御用文人林羅山也附和家康的心思，說這是向家康公「射冷箭」。

1614 年（慶長十九年）8 月 18 日，秀吉第十七次忌祭將在豐國神社舉行。家康乘機挑起話題發難，說方廣寺大佛殿鑄鐘上的部分銘文有問題，於是對大坂城的秀賴發話道：要麼把母親淀君作為人質交出來，要麼交出大坂城，兩者必擇其一。

忍耐了十五年的家康，終於以方廣寺鐘銘為借口，準備大開殺戒。

被激怒的豐臣一方，特別是秀賴的母親淀君驚怒不已。他們在大坂招兵買馬，囤積兵糧，決心與家康決一死戰。短時間內，就有十萬人糾集於

大坂，站在了豐臣家的旗幟下。

這邊，家康聯軍共有二十萬人包圍了大坂城。

家康爲什麼要血洗大坂城

家康對於秀賴，不能採取直接殺死的辦法，但最終要他死，這是家康的一貫信念——將一個巨大的大坂城握在手中的人，其能量不可低估。再說自己也已經七十多歲，時間不多了，為了德川家，家康也不得不動手。

如果家康很聰明地給予豐臣家十萬石左右的大名，用一種特別待遇安置在江戶體制中，那麼後世對家康的評價就會有很大的不同。但大坂城的巨大存在，在家康的心裡一直是個可怕的陰影，除了擊破它打碎它，別無他法。他的智慧以及積累的政治經驗告訴他，摧毀這個當時亞洲最大的城，對德川家來說就是最大的正義。

這座城，象徵了秀吉在日本的位置，是秀吉日本意識和世界意識具象化的一個表徵。這座城不摧毀，秀吉的陰影就永遠存在。

1614 年 11 月戰爭爆發，這就是日本歷史上的「大坂冬之陣」，豐臣家走向死亡之役。

秀吉建造的大坂城，是當時天下無雙的名城。儘管德川一方發動了幾次總攻擊，其武將松平忠直、井伊直孝等人英勇善戰，但大坂城依舊固若金湯。久攻不下，就得退陣，這是家康一貫的戰略。冬之陣，豐臣一方獲得了勝利。

12 月家康再次來到大坂，當然他是帶着滅殺豐臣家的決心而來的。而秀賴母子這時犯的致命錯誤是趁機放出議和的消息，當然家康給予了拒絕。但大坂城又久攻不下，怎麼辦？家康想到了用恐嚇手段嚇唬淀君，便用大炮轟擊淀君的居住地。當時的大炮沒有裝進火藥，不會爆炸，但如果命中目標，也能造成建築物的破壞。這一招也真有效，三發炮彈穿過房頂

落地，砸碎茶几杯具，嚇得淀君慌忙再次提出議和。

只要一方求和心切，一方就可以開條件了。家康以填平大坂城二丸和三丸的護城河、撤掉大部分城牆為條件，在 12 月 21 日締結了媾和條約。護城河一填，天下名城成了一座無險可守的裸城，被攻陷只是時間問題。

歷史的有趣之處在於：如果秀賴母子不提媾和而是堅守大坂城，只要再堅持一年，家康就會病死。家康一病死，三子秀忠攻打大坂城的可能性不大，因為秀忠的女兒就是秀賴的正妻。而只要大坂城不被攻陷，豐臣家還會以一種形式繼續存在，日本的歷史也就沒有德川三百年之說了。

但是問題在於，秀賴母子加起來的智商不及家康一半。而秀賴的身邊唯一有點智慧的片桐且元卻遭到了流放，其實這也是家康暗地施放的離間策起了效果。

更為有趣的是，教家康如何攻陷大坂城方法的，恰恰是修築人豐臣秀吉本人。當時，面對臣下的家康，秀吉在新建的大坂城裡為家康講解城內的機密，並誇耀地說，要攻陷這座城只有一個方法，就是填平城的外壕。他萬萬沒想到，二十年後家康就用他的方法摧毀了大坂城。

1615 年 4 月，家康撕毀和約，再次向秀賴提出最後通牒：要麼離開大坂城到別處去，要麼趕走城裡所有的浪人（流浪的窮困武士）。面對無法接受的要求，豐臣家決定徹底抗戰。5 月，戰火再燃，是為「大坂夏之陣」。

5 月 5 日，家康的十六萬大軍分兩路向大坂城南面進攻。這次家康輕鬆得連盔甲都不佩戴，實在沒有把秀吉的遺孤放在眼裡。

大坂一方只有五萬五千名在城外的兵，面對家康的十五萬人馬，知道難以取勝，所以打得十分頑強，每個人都有死的決心。特別是秀賴最信賴的武將——有「日本第一勇士」之稱的真田幸村率領的一萬名勇士，身着紅色裝束，更像一團團火，在陣地上翻滾流動。因為填平了護城河，戰鬥由原來的攻城戰變成了野戰。原先苦於攻城的家康，現在自然打得很順手。但既然是野戰，自己被殺的危險也不能說沒有。當時真田幸村率兵奇襲了

家康的大本營，直取家康首級而來，在極度混亂和驚慌中，一度絕望的家康大叫：「大勢已去。準備切腹。」

但幸運的還是家康，其援兵趕到，在交戰中殺死了貢田幸村。更幸運的是，秀賴好不容易親自出陣，卻被母親淀君強硬勸阻。當時如果秀賴帶領兵士順着真田幸村殺開的血路繼續追殺家康，或許會有奇跡發生。但是，毫無頭腦的女人非但沒有保住秀賴的性命，反倒把豐臣家完整地送進了墳墓。

秀賴母子看到大勢已去，便在天守閣的一個米倉裡自刃，秀賴死前緊緊抱着母親淀君。

日本歷史學者森田恭二在其《悲劇英雄——豐臣秀賴》（和泉書院，2005 年）中說：作為歷史的必然，從秀吉晚年不該生子的氣運來看，秀賴是不得不死的。秀賴是在德川幕府體制下不允許生存的生命。

「大坂夏之陣」結束後，家康為深查豐臣殘黨，每天抓一百多人，大開殺戒。在熱鬧的街市，臨時搭建 18 排木棚，一排有一千個以上被砍下的首級被示眾暴曬。此外，家康還派人爬上京都的阿彌陀山，搗毀秀吉的墓碑。

歷史固然是勝利者的歷史，但家康對秀吉如此的憎恨，還是出乎了人們的意料之外。從 59 歲到 74 歲，15 年的等待，不露聲色的等待，不厭其煩的等待。

這裡的一個「忍」字，既有忍耐之意，也有殘忍之意。二者兼得，構成了家康的政治哲學。

像家康這樣的偽善者，史上沒有第二個

司馬遼太郎說過，如果說這個世界上有偽善者，那麼像家康一樣的偽善者，世界上基本沒有第二個。西洋史上有偽善者，但他們基本用一種顏

色在演戲，但家康則用兩種顏色在演戲。

1603 年的 7 月，家康的三子秀忠，把當時才七歲的女兒千姬嫁給了十一歲的秀賴。將「人質」交給豐臣家，從某種角度來說，是麻痹秀賴的一步棋。

12 年後，當大坂城即將陷落之際，千姬（當時 19 歲）的安全引起了家康的關注。家康開出條件，誰能把千姬從大坂城裡平安地救出，作為恩賞，給予一萬石的知行①，再把千姬嫁給他。

① 知行：江戶時代，知行用以表示領主對領地的支配權。

德川家的武士對家康開出的條件很感興趣。其中有一位叫坂崎直盛的，通過秀賴的重臣大野治長的幫忙，在燃燒的天守閣裡救出了千姬，並送至秀忠的陣地。得知千姬平安無事的家康又驚又喜，立即送與坂崎直盛一萬石，但千姬嫁人的事隻字不提。坂崎直盛按照事前的約定，再三向家康提出要人，家康為自己輕率地約定後悔不已。一年後，家康病死。不屈不撓的坂崎直盛又向德川二代將軍秀忠提出要人，但都沒有被認可。理由就是一個，口頭約定不算數。不久，千姬和伊勢桑名城主本多忠政的長子本多忠刻定了婚約。坂崎直盛氣憤地要去搶人，被幕府的人抓住監禁。最終，未達目的的坂崎直盛只得以死來抗爭。

而當時被救出的千姬見到祖父家康時，就哀求道：「請留秀賴和淀君夫人一命。」

家康露出了不愉快的表情，沉默不語。

「還請留他們一命。求您了。」千姬真情流露。

家康還是沉默。

這表明，千姬的懇求被拒絕了。

「那麼，秀賴之子我來撫養。」千姬萬般無奈地說道。她想起了在最後時刻，丈夫秀賴對他的母親下令道：「千姬不是人質，是我的妻子，放她逃生。」千姬想還這個情。

家康一聽秀賴還有後代，大吃一驚。

其實，秀賴沒有和正室千姬生子，和側室倒生有一子一女。

「帶有豐臣血統的男人，一個也不能存活。殺！」家康又冷又狠地說。

在家康的發話下，秀賴之子成了搜捕的對象。原來在大坂城被攻陷之前，秀賴將其子送至伏見城躲避，而家康的捕手恰恰在伏見城抓到了他。當時只有八歲的叫國松丸的可憐小男孩，在京都的六條河原被淒慘地斬首。

豐臣家的後代終於被斬草除根，家康這才鬆了一口氣。

家康為什麼要殺妻殺子？

家康 15 歲的時候，經今川義元的介紹，娶了 25 歲的妻子，是今川一族的關口親永的女兒，後叫築山殿。當初 25 歲不嫁人是罕見的，《德川家康》的作者山岡莊八的解釋是，她一定是今川一族裡某個男人的情人。她與家康結婚後，生下長子信康和長女龜姬。

因為築山殿的父親關口親永死於織田信長的切腹令，所以她非常不滿自己的丈夫和信長聯手，想殺了家康。

那時在岡崎有一位叫減敬的中國醫生，漢方和針灸技術很好，48 歲的築山殿常去接受針灸治療。不知是減敬的唆使還是築山殿的主意，一個險惡的陰謀誕生了：築山殿要殺家康，而且說服兒子信康，要他成為武田家的一員。

這個提案通過減敬透露給了武田勝賴，勝賴當然說好。

但這個陰謀給織田信長知道了。

信康的妻子是信長的女兒德姬。德姬看婆婆築山殿的樣子奇怪，就派侍女刺探，發現了築山殿和武田勝賴的密通信件。而大吃一驚的德姬，又因為妒忌，把這個情報給了父親信長。原來，由於德姬和信康之間沒有生

育，築山殿以此為借口，給兒子物色了更為漂亮的女人。信康起初有所擔心，怕為此斷了與織田家的緣分，但經不起母親的勸説——武家的大將必須得子，便開始亂搞美女，遭到了妻子德姬的妒忌和憤恨。

所以德姬把謀反的書信給了父親，要父親判斷丈夫是否有罪。信長表現老到，並不當場表態。正好這時家康派四天王之一的酒井忠次去信長處商量事宜。信長便在茶室裡招待他，把女兒的書狀給他看，並問他：「你聽説過這十二條罪狀嗎？」

這位酒井忠次正好和信康不合，便臉不變色地説：「我記得確有其事。這十二條條條都是事實。」

這樣，不僅築山殿有罪，信康也成了共犯。信長不由地大歎一聲，説：「德川家的重臣都承認這是事實，那就無可懷疑了。向德川殿傳達我的指令，築山殿和信康必須死。」

酒井忠次急忙回到家康處，傳達了信長的命令。家康茫然自失，陷入了服從還是不服從的兩難選擇。如果不服從，意味着和織田家斷交，今後就有被攻打的可能。自己到目前為止的努力將前功盡棄。如果服從，妻子和兒子就必須死。

最後，家康還是選擇了服從。

妻子算什麼，可以再娶；兒子算什麼，可以再生。而歷史的機遇，則沒有再生的機制。這就是日本戰國最大的學問家——臨濟寺和尚太原崇孚雪齋教給家康的最大政治智慧。

所以，司馬遼太郎説家康的功罪很大。他為了維繫家族，日本人三百年來都成了侏儒。

這是什麼意思呢？

日本人都學家康的樣子，屈辱地生，無原則地活。

妻子築山殿被帶到城外秘密殺害。臨死前因極力反抗，被亂斬數刀，斷氣前大罵家康不是人。

兒子信康被命令切腹。切腹前信康大叫冤枉：「謀反之事，想都沒有想過。」他想死得清白。

二人的首級被送至安土城，供信兵驗證。

家康的本事還在於對待讒言的酒井忠次。家康在日後非但沒有報復他，更是在他 62 歲退職後，封他的長子家次繼四天王之位。後來，這位比家康年長 15 歲的家臣患眼疾瞎了雙眼，坊間傳言說這是築山殿和信康母子倆的怨靈所致。

秀吉犯了不懂歷史的大錯

「本能寺之變」之後，家康奪得了甲斐國和信濃國，加上駿河、遠江和三河，成了共有五國在手的大名。但問題是這些領地和關東八國的北條氏政接壤，於是家康把次女督姬嫁給北條氏的兒子氏直。但後來家康和秀吉對決於小牧、長久手時，北條氏政沒有派援軍給家康。這是北條對局勢的鈍感，從而引發了秀吉和家康一起攻打小田原城。北條氏政切腹，北條家佔據關東一百年的歷史就此結束。家康的女婿氏直以出家換保命，次女則回到家康的身邊。

戰事結束後，秀吉收回家康的五國，代替以北條氏的領地，即關東八國給家康（常陸、武藏、相模、伊豆、上總、下總、上野和下野）。德川家祖輩都出生於三河，在東海地方扎根，而秀吉突然要求家康接管關東，就等於切斷了家康的血緣。而如果接管失敗，家康的政治生命也就完結了。這是秀吉故意下的難題，但家康不能說不，他還沒有力量挑戰秀吉。

開發江戶城，消耗家康的實力，這是秀吉的另一個想法。因為江戶的土地凹凸不平，必須削山築台。如現在的神田台、駿河台等，以前就是神田山、駿河山。必須填海填河，如現在的澀谷、日比谷等，以前都是海河地帶。秀吉出兵朝鮮，不讓家康的軍隊參加，就是不想分杯羹給家康。

但智者千慮必有一失。切斷血緣也好，消耗實力也好，秀吉用「關八州」移封家康，就等於認可了家康的獨立王國。秀吉犯了不懂歷史的大錯。

　　939 年（天慶二年）平將門向關東的桓武平氏一族開戰。結果平將門控制了關八州，自己任命各領地的國司等官位，封自己為「新皇」，一種實質上的獨立王國首次在關東確立。這就是日本歷史上的「平將門之亂」。雖然這場動亂第二年就被鎮壓下去，關東獨立國也是曇花一現，但它能誕生，意義就相當重大。

　　之後，源賴朝在關東首開日本歷史上的鎌倉幕府，源家三代實際上就是獨立國的「國王」。再之後，在室町時代的中期，又發生了「享德之亂」。

　　日本室町時代的幕府設置在京都，而關東設置了室町幕府的派出機關鎌倉府。頭面官位叫鎌倉公方，負責管理關東事務。1454 年（享德三年）12 月，有着鎌倉公方官位的足利成氏，殺了關東領管上杉憲忠。對此京都幕府命令近郊的守護討伐足利成氏。足利成氏就從鎌倉逃往古河（今茨城縣古河市），自稱古河公方。他自立年號，實際上建立起了關東獨立王國，在關東武士中很有影響力。這在日本歷史上被稱為「享德之亂」。

　　從「平將門之亂」到鎌倉幕府再到「享德之亂」，關東獨立之風勁吹。如果秀吉知道這些歷史，就不會讓家康接管關東八州了。而家康恰恰在這片土地上建立了幕府將軍政權，與大坂的秀吉關白政權以及京都天皇的朝廷政權對峙了 15 年。最後，家康通吃這兩個政權，全日本盡飄德川家大旗。秀吉歷史感的缺失，給了德川家 260 年的稱霸時間。

家康為什麼要等上十五年？

　　和織田信長、豐臣秀吉相比，德川家康顯得人氣不足。今天的大阪人還在討厭家康，歷史劇中，家康也都是不太好的角色。

　　其最大的原因在於家康對豐臣家的處分。太閣秀吉臨死之前拉着家康

的手，再三拜託關照年幼的秀賴，但家康還是背棄約定殺了秀賴。當然，反過來說，秀吉同樣也是沒有守住同織田信長的誓約，沒有把天下交給三法師秀信。但不同的是秀吉沒有殺死秀信，相反還祿給他一國一城（美濃國和岐阜城）。

家康關原之戰取勝是 1600 年。從此開始着手收拾豐臣家，整整等了十五年，這是為什麼？

一般的理解是，豐臣家還有健在的武將，如加藤清正、福島正則等；大坂城還有巨大的財富；豐臣家的力量還很強，輕易不能下手等。但是，家康在關原之戰取勝後，從天皇那裡得到征夷大將軍職位，反家康的力量就基本被壓制，從這點上說毀滅豐臣家並不困難。

但家康沒有這樣做，或許他本意上並不想殺秀賴，但有絕對的條件，就是豐臣家必須做德川家的家臣。

成為將軍的第二年，即 1604 年，家康授意在豐國社舉行盛大的祭祀秀吉的活動。但是該活動沒有一個大名參加，就連秀賴派的加藤清正和福島正則也沒有參加。家康把這次祭祀活動看成是一種表露立場的「踏繪」①，各大名的忠誠心盡收家康的眼底，家康的心裡有譜了。

> ① 踏繪：日本人在德川幕府時期發明的儀式，目的是為了探明外人是否為基督徒。這裡喻指家康試探各大名的立場。

成為將軍的第三年，即 1605 年，家康把職位讓給了三子秀忠。這一舉動的象徵意義在於：德川家的天下之座，再也不會返還給豐臣家了。隨即，家康派六子松平忠輝作為使者，向在大坂城的淀君和秀賴傳言：趕快上京，去二條城拜見新將軍。但是被淀君強行拒絕，她留下話語：如果硬要我去，我就自殺。淀君的眼裡根本沒有家康。

從這點上來說，家康或許在等待秀賴母親的自然死亡，只要她一死，溫室裡的花朵秀賴就一定會稱臣。但到了 70 歲後，就屬於古來稀了。對手淀君不但健在，而且還擁有了更多的話語權。家康有些發急了，因為再不動手，自己可能會死在她的前面。

這個時候，家康的最大敵人是時間。所以家康策劃了冬之陣和夏之陣兩大戰役，摧毀了整個大坂城。從歷史上看，留下原先政權的後裔，往往是持久和平的障礙。家康熟知歷史，當然也熟知歷史本身的殘酷。殺豐臣二世，換來王朝的穩定和長久。

此時識時務的，倒是秀吉的正妻北政所。

「從今以後的天下就是家康的天下。豐臣家能當個五萬石左右的小大名，也就不錯了。」這是她的歷史敏感度。為此家康也相當厚待北政所，在河內給了她一萬三千石的化妝費用。她在京都東山的高台寺度過晚年，77 歲死去。

北政所和淀君之所以不同，在於前者沒有生育，而後者的肚子曾經陣痛過。

什麼是家康原理？

為了德川家的江山長久持續，家康時常考慮運營機制的問題。

依據合議，行政上的所有位子都是複數制。如江戶町奉行都是兩人就是典型例子。老中①、若年寄②、各町奉行③ 都是複數。一個人獨佔中樞的要職、權力過於集中的做法，家康是反對的，他不給子孫專制權。他嘗試了日本歷史上的各種政權，作了多種實驗，然後才着手運營他的政權。

① 老中：江戶幕府的官職名，負責統領全國政務。

② 若年寄：江戶幕府的官職名，管理老中職權範圍以外的諸如旗本、御家人等官員。

③ 町奉行：江戶幕府的官職名，掌管領地內都市的行政和司法。

④ 黑船艦隊：即 1853 年美國以武力威脅幕府開國的「黑船來航」事件中的美國艦隊。艦隊中的黑色近代鐵甲軍艦，為日本人生平第一次見到，令日本人震驚。

如果説家康有了不起的地方，就體現在這裡。馬背上得天下的人，就屬家康在這方面的意識最強。如果要問：整個江戶時代政治運營的法則是什麼？那就是執政者將軍即便是個傻瓜，也問題不大，政治的操作都由下

部機關合議而成。所以在黑船艦隊④打開日本門戶的國難當頭，還是中學生年齡的德川慶福（即十四代家茂）也能在決定第十四代將軍人選的時候得到推舉。

脫離家康原理的獨裁性很強的政治家，在德川政權期間不能說沒有，但他們都垮台了，這其中最典型的就是大老井伊直弼。因為他太專制。他改變幕府的機構，把所有的權力都集中於自己，內部、外部均不允許批判。他還為此斷罪了 75 個反對派，史稱「安政大獄」。

所以批判勢力不得不像明智光秀對待織田信長一樣，或者不得不像北條氏對待源賴家一樣，拿起武器進行反對。於是，水戶浪士 18 人在江戶城櫻田門外斬殺了井伊直弼。這是距今一百五十多年前的事情，從時間上說並不十分遙遠。

對於這場「血祭」，司馬遼太郎說得深刻：日本史上有過無數的暗殺事件，但是基本上都是無意義的。作為唯一的批判手段的暗殺，在近世就是襲擊井伊直弼的「櫻田門外之變」。

如果肯定明治維新，就應該肯定作為其開端的這次暗殺。被殺的幕府大老井伊直弼就因為被殺才結束了他最重要的歷史使命。

與此相似的，在日本歷史上還有 1877 年（明治十一年）大久保利通的暗殺事件。他也是專制性格濃厚之人，喜歡從霸佔權力出發做他喜歡的事。討厭專制的日本人認為他也不是一個合適的政治家，於是幹掉了他。

可見「家康原理」，在日本還是深入人心的。

家康的遺言究竟想說什麼？

日光東照宮是祭祀德川家康的神宮，也就是說，家康死後以神的身份被祭祀。1616 年 1 月 21 日，家康在打獵的途中，突然腹痛難忍，四個月後死去。

其間，4 月 2 日，感悟死期的家康，把宗教顧問南光坊天海和金地院崇傳、以及政治顧問本多正純叫到枕邊，用盡最後的力氣，說了這番話：「我死後，遺骸在久能山收納，葬禮在增上寺舉行，牌位立在三河的大樹寺。過一周後，在日光山建寺堂迎接神之靈，鎮守關東八州。」

這就是有名的家康遺言，相當奇妙的家康遺言。

一般而言，遺言總是與財產分割和家訓有關。但家康的遺言卻散亂地涉及靜岡的久能山、江戶的增上寺、愛知的大樹寺和栃木的日光山。這些看似不得要領、無內在聯繫的遺言，究竟想要說什麼？

本來在日本社會，作為祖先的天照大神是日本皇族的中心，但家康卻想挑戰這一王權，這集中表現在 1615 年發佈的「禁中並公家諸法度」。該法度規定天皇和公家必須與政治脫鈎，轉向追求學問和藝術。在實施了凍結皇族權力的對策後，最後剩下的問題就是怎樣對抗天皇形式上的權威。

這也就是說，德川家康現在最需要的是能與天皇匹敵的權威，即王權必須在身。

1616 年 4 月 17 日，家康死去。

遵照遺言，其遺骸葬在久能山的山頂，作為神來祭祀。1617 年年初，舉行東照大權現①的鎮座祭，在久能山建東照宮。1617 年 3 月，從久能山運出家康的靈柩。4 月 8 日在日光改葬。4 月 17 日，舉行家康一周忌、遷宮式等。最後，家康在日光東照宮鎮座。現在，每年的 5 月 18 日日光都要舉行「千人武者行列」，這是模仿家康的遺體從久能山移至日光時的「渡御行列」而來的。

① 東照大權現：德川家康在位後以武力統一全日本，死後被尊為江戶幕府的守護神東照大權現。供奉之神社稱為東照宮。

而要解讀家康遺言的關鍵，即遺言裡說的，在久能山要面向西面安置。所以現在的久能山奧社寶塔就是朝西建造的。為什麼要朝西呢？僅僅是為了「西國鎮護」嗎？

其實，裡面隱含了更為重要的目的。

如果以久能山的方位為東，直線朝西的話，就是家康的母親於大為自己的兒子祈願過的愛知縣風來寺。風來寺再直線朝西，就是家康的誕生地愛知縣岡崎市的大樹寺。大樹寺再直線朝西，就是日吉大社。風來寺在 1651 年建造了東照宮。大樹寺也遵照「立牌位」的遺言，建造了東照宮。日吉大社則早在 1636 年就移建了日光東照宮的雛形。

　　這樣，久能山（埋葬地）─風來寺（出生祈願地）─大樹寺（誕生地）─日吉大社（祭祀最高神之地），全在東西一條直線上。如果從這條東西線再往西延伸，就是京都。遺言「西國鎮護」之說也能與此一致。

　　日本學者尾關章對此解釋說：「就像在死和再生的模式中反覆無常的太陽總是從東方升起一樣，家康自喻神，為了再生，就必須在東面的世界裡被埋葬。」（參見《濃飛古代史之謎──水，狗，鐵》，三一書房，1988 年）

　　所以這條東西線，又叫「太陽之路」。從東（久能山）的埋葬地到西（大樹寺）的誕生地，死者復活的意圖相當明顯。神的再生即家康的再生，家康的再生即神的再生。這就是東西線結構的意義所在。

　　這裡最有意思的是，家康遺言中為什麼要特地指定祭祀的最後之地是日光山？要揭破這個謎，還必須回到向王權挑戰的東西線的結構上：久能山東照宮─岡崎城風來山東照宮─大樹寺瀑布山東照宮─日吉大社日吉東照宮。

　　久能山東照宮，從地理上看，越過日本的神山──富士山，指向北面的日光山，其引申之意在於無限接近了北極星。

　　日本的天皇都把自己比喻為北極星，這是受中國道教的影響。因為「天皇」在中國道教中表示北極星，而北極星在古代中國則代表整個宇宙的中心。日本第 40 代天武天皇，因喜歡道教而使用天皇作為君主的尊號。這是天皇被神化的出處所在。

　　家康意圖很明確，盡可能地接近北面，在觀念上就是無限地接近天皇，

接近神。在無限的接近中，最後自己就成了神，成了被萬眾祭祀的神。所以，現在的日光東照宮，就像祭祀天照大神的伊勢神宮和日吉大社一樣，祭祀家康的神號——東照大權現。

祭祀天照大神的伊勢神宮，每二十年遷宮一次。

與此對應，日光東照宮也是在鎮座二十年後大改築一次。

在日本歷史上，把自己當天照大神來祭祀的，只有一人，這人就是「神君家康公」。

由此故，在江戶初期，批判家康的言論被嚴格控制，就像明治以後天皇制下的「不敬罪」一樣。

家康為日本人留下了什麼？

山岡莊八寫《德川家康》，洋洋灑灑，堪稱長篇巨著。他想要說的太多，但他到最後也沒有說清楚，家康究竟為日本人留下了什麼。

是黃金 470 箱、銀子 4 953 箱，相當於現在兩千億日元的家財，還是 1 372 件刀劍、5 494 件衣服類的遺品？是「如果夜鶯不啼，我會等它啼」的堪忍精神，還是不在王位上坐死，華麗轉身的歷史感？

其實，依筆者看，家康為日本人留下的還是政治運營的模式。

原來，家康喜歡中國的儒學，用儒學（朱子學）來作為德川幕府正統性的依據。

從歷史看，德川幕府雖然統治了日本，但名義君主仍是天皇，名義上不是君主的將軍卻以君主的面目統治日本，這是不是篡奪統治權？其正統性何在？

家康對此給出的答案是「湯武放伐」。

中國傳說中的最古王朝夏的末代之王是桀王，以殘暴非道著稱，溺愛美女末喜而荒政。湯討伐桀王並殺了他，建立殷王朝，自己成湯王。殷持

續了六百多年，最後的王是紂王。他也是個殘暴非道的暴君，溺愛美女妲己而亂政。武討伐紂王並殺害了他，建立周王朝，自己成為武王。因此，湯武放伐，其理念而言就是臣下殺害惡王並奪取權力。從善政的操作層面來看，這沒有錯。

但是，湯武放伐，對儒教提出了難題。因為孔子說過，臣下殺死君王就是「亂臣」。亂臣，就是觸犯了儒教的根本規範。

儒學要成為日本當時的意識形態，就必須對湯武放伐這一理念表態。

1612 年（慶長十七年）3 月，德川家康在駿府和他的政治顧問——日本的儒學大家林羅山，就湯武放伐進行了討論。

家康問：「湯武放伐究竟想說什麼？」

林羅山回答道：「殷的湯王放伐夏的桀王，周的武王放伐殷的紂王，這是天命使然，是民心所向。應該說湯武放伐，從一開始並不是利己心的驅動，其本意是為了除暴救民，太平天下。所以，它一點都不壞。」

家康感到這個說法「純正」且「明晰」，亦對其持肯定態度。但問題是：如果放伐（臣下殺主君）被肯定的話，那麼大名放伐幕府，是否屬正當化？家康的思路就此打住，不往深探，家康應該是知道深化這一思路的後果的。

家康和幕府的本意是：幕府不是日本的君主，天皇才是日本的君主，但天皇時有失政，即喪失政治能力，所以在不得已的情況下，幕府暫時接管政治權力，作為天皇的代理，運營天下的政治。這就是幕府意識形態正統性的出處。

其實早在 1606 年（慶長十一年）家康上京的時候，就向後陽成天皇奏請：武家官位應該由幕府推舉和授予。該奏請被許可了。

這裡暗含了兩個重大意義：一個是征夷大將軍由天皇任命的同時，大將軍以下的武家官位，應該由幕府推舉，天皇追認。這就把武家官位的任命權，從天皇轉移到了幕府。另一個是將軍和大名的從屬關係得到強化，而天皇和大名的關係則被切斷。

這就是家康式的「湯武放伐」：不殺君主，但架空你的權力，叫你無所事事。

家康在臨死的前一年，即 1615 年（元和元年）7 月，召集在京都二條城的公家們，頒佈了含有十七條的「禁中並公家諸法度」。這是規定天皇、親王、攝政和關白家等所有公家行動的法令。法度的第一條就規定天皇應該做什麼和不應該做什麼。第四條規定，即便是最高位的公家，如果不適合就不能擔任。而適任與否的判斷，由幕府來決定。

用法令規定天皇和他的朝廷，日本歷史上沒有人做，也沒有人敢做。但是家康做了。他為日本人留下了日本式的湯武放伐的模式。日本人對家康的智慧當然是領情的，但在領情的同時，又感到這位老人因智慧太過近乎狡猾，近乎奸雄。於是，司馬遼太郎代表日本人說了一句經典名言：如果你對日本人說，你像德川家康，兩人一定會吵架。

殉死、切腹、死狂

第十五章

——日本人的行為解析

殉死是為了什麼？

1. 殉死要苦苦哀求

這是日本著名作家森鷗外的小說《阿部一族》裡的一段情節：

1641 年（寬永十八年）3 月 17 日，熊本藩主細川忠利死去。當時的風俗是，所有受過主君生前恩寵的人必須自覺地擇日殉死。

阿部彌一右衛門是忠利最好的家臣，誰都認為他肯定會殉死。當時殉死者必須要有亡主的許可。細川忠利死前被允許殉死的家臣有十八人之多，這十八人幾乎都是經過了在忠利病榻前的苦苦哀求才得到殉死許可。由於細川忠利和阿部彌一右衛門之間有感情上的糾葛，所以無論阿部如何懇求，忠利卻始終說：「本想如你所願，然而與此相比，你侍奉新主光尚更好。」阿部感覺到了來自忠利的惡意，但他只能繼續活着奉公，也就斷了殉死之念。

但周圍的同僚們則說阿部彌一右衛門是膽小鬼，想借主君的口實逃避殉死。連阿部的孩子們都感受到了這種不能忍受的刺激。有一天，阿部彌一右衛門聽人譏諷說：阿部的肚皮就是和別人不一樣，如果實在怕死，就

233

在肚皮上抹點油切開它也是個不錯的辦法。

被激怒得毫無臉面的阿部終於忍不住了，在未經許可的情況下，他自作主張毅然地切腹殉死了。

新藩主光尚繼位以後，對殉死的家臣遺族們都給予了優厚的待遇，卻唯獨對阿部一族進行了特殊處置，將阿部彌一右衛門本來的 1 500 石俸祿分別封給了他的幾個兒子，說是對他未經許可就殉死的懲罰。這樣阿部一族就由一個千石俸祿的大家變成了只有幾百石俸祿的小家。

阿部的長子權十郎感到恥辱難當，便在細川忠利一周年忌日時發起挑釁，將自己的頭髮剪斷放在主人的祭壇上，表示要放棄武士的稱號。這惹惱了光尚，要抓權十郎斬首問罪。權十郎的兄弟們便躲藏在屋子裡，準備對前來捉拿的藩士①們進行反抗。光尚就派有實力的竹內數馬等官兵前去捉拿。阿部一族終於被全員誅殺，但指揮官竹內數馬也為此丟了性命。

① 藩士：指江戶初期從屬、侍奉各藩武士的稱呼。到了江戶中後期，更多的是指官員。

這個故事情節涉及主從關係和獻身的道德問題。因為是主從關係，你就必須獻身。但隨着從戰國時代到幕藩體制的變化，戰爭少了，獻身的場合和機會也就少了，武士們只得為主君去殉死，這就成了一種觀念上的「自覺」。因為只有這樣，武士們才能被視為一種存在和一種榮譽。

2. 偽善者是誰？

問題是，殉死必須要有主君的許可，而主君更多的是依據一種主觀意志，即喜歡和不喜歡。細川忠利之所以在臨死前不向阿部彌一右衛門下許可，就在於一種說不出的理由，即不喜歡。因為不喜歡，我就不給你榮譽，我就在眾人面前羞辱你，使你生不如死。這裡肯定有一個偽善者的存在。偽善者是誰呢？是故意不下許可的主君，還是未接到許可的家臣？

問題的深層是：周圍的其他家臣都獲得了殉死的許可，他們都披上了

榮譽的光環為主君獻身，而應該獲得許可的卻沒有獲得許可。日本人在猜測，在尋找偽善者。他們嘴裡不說，心裡卻認定：偽善者就是那位未獲許可的家臣。

什麼？我是偽善者？

被激怒的對象受到了恥辱性的打擊。對日本人來說，恥辱是所有打擊中最難以承受的。恥辱感迫使被羞辱者採取極端的行動——為了洗刷恥辱，我也要切腹給你們看。

一把不見血的「觀念之刀」殺死了一個本不該死的生命，其悲劇在於：作為一個有血有肉的個體生命，他最終只能選擇按照他人的反應和喜好來決定自己的行為。不容否定，這是我們難以理解的日本人的道德標準，這是一個偽善、偏執和殘忍的道德標準。從這個道德標準出發，決定了日本人民族性格不可避免地帶有偽善、偏執和殘忍的一面。森鷗外的《阿部一族》，揭示的正是殉死所帶來的荒誕和殘酷，它的力度在於擊碎了日本武士道所標榜的美德精神。而恰恰是這種美德精神，才是日本人人格精神悲劇的原點。

日本的殉死是從 1392 年（明德三年）三島外記入道為追隨主君細川賴之而切腹開始的。趨於流行是在 1607 年（慶長十二年），德川家康的四子松平忠吉病死，身邊的石川主馬等近臣三人隨後殉死，他們也和松平忠吉一樣，享受到了厚葬的待遇。忠義的行動便成了一種美德，殉死開始流行。一代將軍家康死後，沒有出現殉死者。但二代將軍秀忠死後，殉死者有一人。三代家光死後，殉死者有五人。殉死紀錄保持者是 1657 年（明曆三年）的藩主鍋島勝茂，共有 26 人為他而去。

3. 殉死與男色性愛

日本人的殉死和當時盛行的男色性愛有關聯。日本學者松田修在《刺青‧性‧死》的一書中說：日本的殉死者與男色性愛混合在一起，這是傳

統。如為德川家康的四子松平忠吉而殉死的石川主馬與小笠原監物，就和松平忠吉有男色關係。再如，松平秀康的殉死者土屋左馬助和永見右衛門，與主君也有男色曖昧。為此，日本國學家山鹿素行也說，到近代為止，由於受到男色的寵愛，為了報恩以殉死作為報答的現象相當常見。由於殉死成風，構成了嚴重的社會問題，幕府終於在 1663 年 5 月，由四代將軍德川家綱發佈了殉死禁止令。

在禁止令頒佈後的第五年，下野宇都宮藩主奧平忠昌死去，家臣杉浦某為之殉死。由於無視幕府禁令，幕府採取了嚴厲的懲罰：奧平忠昌兒子的領地被削減，杉浦某的兒子被斬首。在這樣嚴厲的懲罰中，日本的殉死之風開始有所收斂。

殉死為什麼被禁止？按照松田修的說法，被禁止並不是因為殉死是「無條理的封建行為」和「非人道行為」，而是因為殉死是主從之間的情愛體現，現在只是想要壓制這種體現而已。

切腹是為了什麼？

只有武士才有資格切腹，庶民只能被砍頭。死作為一種資格獎賞於人，作為一種榮譽贈送於人，這是日本人的發明，其中自有一套內在的邏輯。

1. 切腹與責任

1808 年（文化五年），英國船隻停靠在長崎灣內，兩名荷蘭船員遭到日本人綁架，這在當時是很轟動的事件。交涉的結果，兩名船員最後被釋放，英國船隻借口日本治安不好回國了。

當時長崎奉行叫松平康英，他向江戶幕府報告了事件的經過。第二天松平康英在奉行所[①]的庭院裡切腹，六名家臣也隨主君

> ① 奉行所：地方政府機關。相當於現在日本的區役所。

一起切腹。松平康英為什麼要切腹？原來外國船員被綁架事件反映了長崎警備體制上的問題，作為最高責任者，在還沒有接到處罰的命令之前，自己先行選擇切腹，表示對事件的負責。從這個意義上說，切腹不是處罰，而是自主的贖罪。

2. 切腹與減罪

會津藩長長井九八郎因為提言財政再建的政策，於 1698 年（元祿十一年）被提拔為特任財務大臣。他上台的第一件事是發行新鈔，即「藩札」。但「藩札」發行後，物價反倒居高不下，庶民和武士的生活越發艱難，市面上也出現了大量的偽造「藩札」。本來寄希望於長井九八郎的財政政策能改善生活的民眾開始憎恨他。當局也不能熟視無睹，就把長井九八郎抓了起來。

最後，藩主松平正容在判決書上這樣寫道：長井九八郎的罪行是事關經濟成敗的大罪，但這裡減他一罪，令其切腹。

減罪了還令其切腹，如果不減罪又會如何？當然也是死，那就不是切腹而死了，而是被處死。賜予切腹的死，是相當體面地死了。於是在切腹前長井九八郎還發表感言：對於藩主的賜死表示感激。

日本江戶時代的社會是「減點主義」的社會，即幹得好是正常的，沒有人會說好；如幹得不好，或失敗了，就要接受譴責擔負責任。

3. 切腹與自責

1864 年（元治元年）6 月 10 日，在京都高台寺巡視的會津藩士柴司發現有形跡可疑的人。可疑之人剛想逃走，被柴司的長矛刺中腹部後逮捕。一看，可疑之人原來是土佐藩士麻田時太郎，即另一領地的官員。慌了神的會津藩的官員們，忙把麻田時太郎送往京都的土佐藩的藩邸，並對其表達謝罪之意。土佐藩對這件事似乎並不介意，事情也就應該結束了。

但是，會津藩當局還是擔憂土佐藩是否會為此懷恨在心，從而前來報復。猶豫再三後，打算讓柴司切腹，以此討好土佐藩讓其消氣。

問題是柴司並沒有過錯，他遵照藩命作警衛巡邏，看到可疑之人抓捕，一切都屬正常的運作。難道讓一個什麼也沒有過錯的人去死？會津藩當局為此深感困惑。

會津藩當局的這種不得已的困惑，被柴司本人知道了。他感到事態很嚴重，認為只有自己的死才能收拾局面，於是在沒有指令的情況下，他就切腹了。

就在會津藩向土佐藩通告柴司已經切腹時，土佐藩也向會津藩告知麻田亦已切腹而死。麻田時太郎為什麼要死呢？原來麻田的邏輯很簡單：只要柴司死，我就沒有活的理由，況且柴司的切腹是來自藩主的命令。麻田的切腹既有被問責的意思，也有迴避紛爭的意思。

現在雙方當事人都死了，兩藩的對立也就消解了。總之，從表面上看，隨着雙方當事人自主的切腹，萬事也就大吉了。

4. 切腹與情殺

由山田洋次導演、木村拓哉主演的《武士的一分》故事情節並不複雜。主人公三村新之丞是三十石的下級武士，做藩主的「毒味役」，即嘗毒的工作。有一天，他由於嘗了有毒的紅海螺貝殼而中毒失明，再也難以養家餬口，就想到了切腹，一死了之。但妻子加世拚命相勸。這時候，好色的武士總管島田藤彌看中了加世的姿色，為了能與加世保持肉體關係，這位總管主動提出照發加世丈夫新之丞的俸祿。新之丞憤怒於妻子的背叛，攆她出門。同時，他知道總管島田也在欺騙妻子加世，就想與島田拚命。自己瞎了眼，劍術又不及島田，但他有至少砍上對方一刀也可出口惡氣的決心。

但當三村新之丞以盲目之身刺傷私通愛妻的總管之後，並未再上前給予致命一擊。這也算是一種化仇恨為寬容的覺悟。這種寬容，並非針對仇

人，實際是針對之前因誤解被自己趕走的妻子。妻子最後偽裝成女僕回到了三村的身邊。不過，左臂被砍斷的島田藤彌還是在當晚自殺了。

總管為何自殺？原來是三村新之丞的「寬容」之故。

因為無為的寬容，有時恰恰是刺向尊嚴的利劍。武士視尊嚴為最高生命，三村新之丞沒有再砍上一刀，這是他的尊嚴。同樣，失敗的總管如果不切腹，也失去了做武士的尊嚴。

不過在江戶時代，妻子背信私通一旦被發現，丈夫不但要殺對方，還要殺妻子。不然的話，武士自己就必須切腹。但如果不想殺妻子，就裝着不知情，或與妻子離緣，這是江戶時代武士們的智慧。

5. 幫助藩主而切腹

① 家老：藩邦家臣之長。

1864 年（元治元年）7 月 19 日，發生了「禁門之變」後的長州藩三家老①的切腹事件。

所謂「禁門之變」是為了恢復在京都的主導權、長州藩兵攻打御所禁門的事件。在此前一年政變中喪失京都地盤的長州藩為了恢復勢力，曾要求昭雪藩主父子的冤罪和赦免七名尊攘派公卿，但未獲准。翌年 6 月發生池田屋事件，長州藩士被殺。於是，向京都進軍的氣勢驟然興起，福原越後、國司信濃、益田右衛門介三名家老終於率兵進京。

事件驚動了幕府，下令懲罰事變的責任人。從整個事變來看，當然是得到了長州藩主毛利慶親的許可，其子毛利定廣還專程去京都佈局兵陣，最高責任人應該是毛利慶親。但長州藩為了保住藩主的命，只處理了率兵進京的三家老。幕府在看到三家老的首級後，也就赦免了長州藩政變之罪。

為了保護藩主，家老出頭承擔責任。因為只要有人出面切腹，上面對此事也就睜一隻眼閉一隻眼。這也可看出江戶時代的主從關係是絕對的，武士是為了君主而生存的。

死狂是為了什麼？

1.「無我的忠誠邀請」

　　山本常朝（1659–1719 年）在《葉隱》說，武士道就是死之道。這是武士社會的實情。

　　以下是發生在江戶的一件事。

　　五名下級武士正在挑燈夜戰下圍棋，其中一人去了廁所。之後，在座的人不知為何開始爭吵，其中一人用刀砍殺了另一人，並滅了屋內的方形座燈，引起一陣騷動。去廁所方便的那位武士急忙返回，說：「我來仲裁。」便重新點亮座燈，同時把剛才被砍倒的那位武士的頭割了下來。他又說：「我沒有武運，沒能出現在爭吵的現場，本應快快切腹，不這樣的話就會被人說膽小而逃進了廁所。但我又想，與其一個人受恥辱而死，還不如先殺死對手而死。」這件事後來傳入將軍的耳中，這位武士得到了誇獎。

　　按常理，因爭吵而引起的結果與這位武士無關，他不必負任何責任。但在武士社會講的不是常理，當時正好不在現場就造成了膽小鬼的形象。即便是免除了來自上面的處罰，但世間的評判也只能是切腹。反過來，就像這位武士一樣，能意識到自己的處境，並用行動表示自己不是膽小鬼，不但能免於一死，還能獲得誇獎。這就是武士世界的「理」。

　　武士的日常生活，就是與死為伴，因為即便是在大街上走路，行人與刀鞘的摩擦，或許就會捲入某個糾紛，片刻失去身份、地位以及生命。在這樣的社會，為了保全自己的生命，心裡就必須要有「常住死身」的意念。也就是說，武士為了生，就必須選擇死的方法，為了尊嚴地活下去，就必須朝夕思考，時刻把死的意識放在心上。這也是武士自我防衛的最佳方法，即「無我的忠誠邀請」。

　　山本常朝是小姓出身的武士，是二代藩主鍋島光茂的家臣和警衛。藩主光茂死後，常朝剃髮上山，在佐賀郊外隱棲。贊成殉死論的他之所以沒

有殉死，是因為德川幕府已經頒佈了殉死禁止令。

戰後日本最著名的思想家丸山真男在《忠誠與反逆》一書中對《葉隱》的評價是：「這裡雖然強調的是對主君的純粹無雜的忠誠和獻身，但這絕不是對權威的消極的恭順，其中貫穿了非合理的主體性的精神氣質。」確實，從《葉隱》的整體論理構造來看，為了昇華武士內在的志向，就必須對「無我的忠誠」作某種修辭。丸山真男說：「忠，在中國絕不是臣下對君主單方面的忠誠之意。但在日本，確實是臣下一方的獻身。」「君即使不作為，臣也必須作為」，這是日本式的要求。

2. 死狂和美學配對

《葉隱》裡流淌着武士道的死狂。死狂和美學配對，這是常朝的發明。武士一邊抹着紅粉頰，一邊仰首闊步，狂和美在這第一次被賦予哲學性格。

日本武士道研究權威奈良本辰也用現代日語翻譯過山本常朝的《葉隱》，並寫了《美和狂的思想》的解說文章。他引用常朝的話說：「猛獸有猛獸的美，但猛獸的美也很精純。」在常朝的眼裡，猛獸的美就是吃人，就是撕咬，就是血噴，就是狂吠。這一連串動作的狂，背後的延長線是美。

山本常朝的基本思路是：揮刀的武士的「武」必須要用「文」來裝飾。只是揮刀舞劍，僅僅是行為的「狂」，這種「狂」和「文」無緣。武士的死和一般人的死不同，武士的死是狂和文結合起來的美。強調「死的時候的壯絕姿態」，強調「武士道就是發現死，就是尋找死」的「常朝原理」，就是從這裡誕生的。武士的武器──刀，武士的理想──文，武士的文武兩道就在二者結合之下達成了。這就是常朝原理的死狂之意。

但是，狂再怎樣激烈和血腥，如果用美來收斂，用美來結局，最後就是一幅幅空泛抽象的畫卷，雖然美麗，但現實什麼也沒有改變。這是《葉隱》中隱含的一個邏輯上的矛盾。

《葉隱》中有一段講「中野木之助良純在隅田川斬首俠客」。

武士中野為避暑乘涼，泛小舟而出。同舟有一名無賴，動作粗野，毫無顧忌，竟然在舟邊解手，正好被中野看到，便一刀下去，首級落入河心。因怕被他人發現屍體，便趕快收拾。中野再三囑咐船夫說：「絕對不能對外說，快向隅田川上流划，找個地方把屍體埋掉，我會給你很多錢。」船夫遵囑幹完了一切之後，中野又把船夫斬殺了，並立即調舟回去，心想世上誰也不會知道發生了什麼。這時，中野又對身邊另一位年輕武士說：「趁年輕的時候，體驗一些殺人的經驗也是好的。」年輕武士就對船夫的屍體揮刀亂斬。

　　因為要表現「狂」，無賴被砍頭了，船夫被殺了，年輕的武士亂斬屍體。這裡難道能讀出「美」？難道「美」就是亂殺人的同義詞？

　　無疑，這就是「死狂」不能圓說的致命之處。因為武士的絕對倫理是，拔刀就是罪惡。武士一旦拔出刀，一切也就完了；但是你不拔刀，又完不成美的壯舉。所以，武士道的死狂，最終的走向必然是瘋狂的屠殺。這是武士道不可克服的硬傷。

　　歷史，已經證明了這點。

第十六章

跳過生殖也能
謀利的性

——日本人好色之謎

日本人留下的情色遺產

　　人類先哲柏拉圖在《饗宴》裡，講了這樣一個神話故事：

　　人類當初有三種性別，即陰陽體、男性、女性。男性來自太陽，女性來自地球，而陰陽體則來自月亮。當時每一個「人」的體態都是一個完整的球體，有四條腿和四隻手。當初這些人類傲慢且有力，對神祇們構成威脅。於是，諸神共議其策。神之王宙斯決定把人一分為二，且經過處置，使他們必須通過合歡才能繁殖。人被一分為二後，每一半都不得不尋找一個配偶，以恢復原來的完整狀態。男性找另一個男性，女性找另一個女性，陰陽體則找一個性別相反的配偶。

　　這是柏拉圖好色的精神構造，對後世的影響是巨大的。

　　江戶的吉原是日本女色中心，精通吉原之道甚至娶吉原妓女為妻的江戶文人——浮世繪畫家山東京傳，在他 1787 年（天明七年）刊行的灑落本《古契三唱》中有詩云：

　　　　　　　新拓江都地，青樓美人多。

珊瑚翡翠枕，錦繡鴛鴦褥。

　　武藏鐙懸思，常陸紳繡情。

　　朝朝雲雨契，夜夜郎君新。

　　這首詩淋漓盡致地道出了吉原歡場「朝朝雲雨」和「夜夜郎君」的情色的一面。

　　必須注意的是，日本早在 1617 年就着手管理賣淫行為。德川幕府對吉原紅燈區的規定有六條：第一，在這個特許區域之外，不允許再有其他妓女活動。不管是什麼人提出要求，高級妓女不能在這個區域的圍牆之外接客。第二，任何妓院客人逗留的時間不能超過一天一夜。第三，高級妓女不能穿繡花或嵌金銀的華麗服裝。不管在什麼地方，她們只能穿簡單的青色棉服。第四，這個逍遙區域的房屋不能奢華，必須吻合江戶的建築風格。第五，任何不知來歷或行為奇怪者，如果在這一區域逗留，不管是什麼等級，無論是武士或者是商人，必須報出自己的住址。如果還令人懷疑的話，必須馬上報告地區治安當局。第六，除醫生之外，不允許任何人在吉原大門之內騎馬或坐轎。同樣，矛和長劍也不允許帶入大門內。

　　這是日本人好色的實踐構造。即便從現代眼光來看，這一管理也相當專業和具操作性。吉原游廓歷經江戶、明治、大正、昭和四個時代，直至 1958 年日本政府制定賣春禁令才從歷史上消失。雖然吉原游廓已滅跡，但它確是日本好色文化不折不扣的母體，更是色道的始祖。

「乙女」是少女，但不是處女

　　日本女性對處女的貞操一點也不重視。她們即便不是處女，只要不失名譽，照樣可以結婚。

　　日本平安時期的《萬葉集》裡「乙女」一詞即少女之意，但不是處女

的意思。如有情人的狹野弟上娘子，也被稱為「乙女」。

進入平安朝中期，妻子的貞操問題開始被提出，但依然看不見對處女重視的跡象。如待賢門院璋子是白河上皇的情人，但也是其他人的情人，她名分上的丈夫是鳥羽天皇。到了中世，非處女不能結婚的說法也不見有記載。江戶時代的法律，女兒不經過父母的許可和對方發生關係，被視為「密通」，但也不能說全社會開始重視處女的問題。必須指出的是，正是在江戶時代，表示處女和貞操喪失的日語詞開始出現，如「新缽」就表示處女的性器未曾使用，處女喪失則用「破新缽」來表示。

奈良朝前夜由藤原不比等制定了大寶律令，由此日本從母系社會轉向了父系社會。官吏和良民、良民和奴婢的差別開始出現。女性地位從此一落千丈，日本有了最初的專業賣春女，《萬葉集》裡「遊行女婦」的字眼其實就指高級娼婦。

賣春是地球上最古老的職業之一。一般認為，賣春女由巫女演變過來。所謂巫女就是與神接觸，接受並轉達神旨的一種職業女性。這種職業幹久了，巫女自身就成了神的化身。男人與巫女接觸，就是和神在接觸，就是和神在交流。這是女人賣春的宗教原點。但是日本在大寶律令頒佈後，形式上的巫女淪為奴婢，奴婢為生活所迫開始賣春。在伊勢的古市和奈良的木機，在社寺門前常有她們的身影晃動遊蕩。而完全成為賣春婦的則是平安時代的所謂「白拍子」，就是穿上年輕貴族的白色禮服，戴上金色的立烏帽，一邊從事歌舞，一邊提供肉體，以獲得金銀、織物和食米等物品。平安時代有名的白拍子有被平清盛鍾愛的祇王、祇女和佛御前等。鎌倉時代源義經的白拍子靜御前和常盤御前也非常有名。所謂「御前」的叫法，其實還留有巫女在神面前服務的痕跡。

日本開始出現強姦也在這個時期，而且是輪姦，歷史著作《水鏡》裡記載，奈良朝的權臣惠美押勝（藤原仲麻呂）在一次戰役中被打敗，他的女兒遭千人強姦。另一部歷史著作《將門記》裡，平貞盛的妾在戰

亂中也遭輪姦。

《古事記》是女性私人物語

　　《古事記》裡有很多性的語言，其篇幅大約是四百字的文稿紙 140 張左右，其中 35 張是性的語言，而且多是表示女性器的語言，如伊邪那美女神把自己的性器叫做「芽」（Mei），有用植物的芽表示新生命場所之意。所以在古代日本，裸體或者性器露出的行為是一種用隱藏於體內秘所裡的神聖之力來驅趕邪氣的做法，這對古代人而言絲毫沒有猥褻和粗俗的意思。

　　但與《古事記》幾乎同時期的《日本書紀》則基本沒有這方面的語言。《古事記》寫伊邪那岐的兒子須佐之男命惡作劇，在高天原把屋頂打出一個大洞，並將馬的屍體丟到織女們織布的地方，織女們驚恐得四處逃命，其中有一位織女被梭子「刺穿了陰部而死」。而《日本書紀》在表現同樣的情節時，則含混地寫道：織女被「梭子刺傷了身體而死」。

　　《古事記》寫到為了引誘天照大神從天岩屋出來，女神們便在天岩屋前跳舞，「當眾露出乳房和陰部。引來了男神們貪婪的目光，並爆發出陣陣狂笑」。這是日本最早的脫衣舞記載。而《日本書紀》則把這一情節簡略成：「女神們在天岩屋前，盡情地歡跳。」

　　這是因為《日本書紀》是官方史料，是出自男人之手的漢文行政文書，而《古事記》是私人物語，是面向女性的「性的開悟」之書。

　　《古事記》裡，還有一段相當有趣的插曲。神武天皇的皇后五十鈴媛是三輪山（現奈良縣櫻井市）的大物主神的女兒，五十鈴媛的母親勢夜陀多良姬非常漂亮，大物主神動了凡心，於是變身為一支塗成紅色的箭，夜裡來到勢夜陀多良姬的住處，乘她上廁所的時候從下面射出丹箭，正好命中其性器。大吃一驚的勢夜陀多良姬就把這支丹箭帶回家放在床上，這支

丹箭又變身為美男子，兩人結婚後生下女兒五十鈴媛。

《古事記》裡把五十鈴媛原來的名字記載為「富登多多良伊須須岐姬命」就是射中陰部、大吃一驚地生下媧的意思。在古代日本，女性器就是生命力的源泉。

《古事記》產生前後的大和、奈良時代，是日本從推古開始到持統的女帝時代，有女性傳承的土壤。進入平安時代，以藤原道綱母的《蜻蜓日記》為開端，清少納言的《枕草子》、紫式部的《源氏物語》、菅原孝標女兒的《更級日記》等，都是用大和語言（假名）創作的「女房文學」。

《葉隱》是男色戀的經典

「戀的極致是忍戀。彼此見面後，戀的價值便開始低落。忍而不宣到死為止，才是戀的本意。」

「不要跟發情野貓一樣，碰到稍微順眼的就急着想趴到對方背上去，至少要觀察五年，才能向對方吐露愛戀之意。一旦兩情相悅，便必須如烈女一樣誓死不更二兄。」

如果這是在談論男女私愛，那就成不了經典了。因為比這精彩的話語，已經有很多了。問題是這裡談論的是男色戀，這就不可多得了。

集戰國亂世武士道精神大成的《葉隱》，為出家和尚山本常朝所著。

所謂「葉隱」，緣自西行上人的詩句：

隱於葉下，花兒苟延不敗。

終遇知音，欣然花落有期。

這裡暗含了在眾人看不見之處為主君捨身奉公之意，「葉隱」因此成為日本武士的代名詞。武士向主君捨身奉公，這個身不僅是生命的身，而

且還包含了戀的身，連同命和戀一起獻給主君。

《葉隱》說：男性之間的戀更高尚，更富有精神性。這種愛的極致就是暗戀。若能忍住一生不表白，在意淫中從一而終，那將是最崇高而且是最永恆的愛。如果這種戀以死作為歸宿，那麼死的本身就使這種戀的張力和純度提到了從未有過的高度。

所以，室町幕府初代將軍足利尊氏任命身邊的寵童饗庭氏直為親信，指揮幕府主力軍；織田信長任命寵童森蘭丸為其一生的侍官；石田三成①和大谷刑部少輔之間生出「男色的艷契」；三代將軍德川家光上有比他大 17 歲的忠臣酒井忠勝，下有比他小三歲的寵臣酒井重澄；少年藤吉郎（後來的豐臣秀吉）把冰冷的拖鞋放在胸口溫暖後給織田信長穿，引來日本人對肌膚感應論和少年戀的爭論。

> ① 石田三成（1560—1600 年）：日本戰國時代的著名武將，豐臣秀吉的得力幹將，日本最高權力機構（五奉行）首席元老，以忠誠、仁義、足智多謀著稱。

《葉隱》中還有一句話：「崇拜美少男的最終意義是崇拜死亡。」唯有死亡才是保證青春完美無瑕的唯一純潔而恰當的最好結局。

山本常朝九歲時做了藩主光茂的侍童。這位藩主說，召你來是為我解悶。九歲正當屬於「美少年」的範疇。

常朝與藩主這期間摩擦出的戀，是他日後男色戀的經典言論的原點。藩主光茂在 65 歲時病死，常朝本想追隨其後，可是他的感恩之心已經為當時的法律所禁止。無奈的常朝便以 42 歲之身，告別妻兒上山出家。因為他如果不出家，就會有新的主君出現。有新的主君出現，就會有新的男色戀出現。但是，他不想出現這樣的結果，他想專情專用。這就應了他的經典說法：「一旦兩情相悅，便必須如烈女一樣，誓死不更二兄。」

常朝的經典，表明在日本人的精神構造中，男色之間只有戀沒有愛，戀和愛是分離的。因為只有戀才會有殉死的力量。日本人講「心中」（殉

情之意），就在於斷不開的是戀，藏於「心中」的是戀。只有戀心已死的人，才生出不得已的愛。因為一生為之焦慮的是戀，所以人活着這件事，本身就是夢中夢。

並且，日本人並不像西方人，分出「肉慾的愛」與「精神的愛」，而是把兩者都連接在同一直線之上。

關於男色戀，德川家康的政治顧問、御用文人林羅山在 36 歲的時候，也就是家康死去的兩年後，寫過一首七言絕句的漢詩：

> 酒力茶煙茛蕩風，少年座上是仙童。
> 遠公不破邪淫戒，男色今看三關中。

曾經發誓遠離邪淫的我，也在不知不覺中有被男色嬉戲的感覺。曾經被誰嬉戲過呢？難道是身邊的將軍家康？當然，如果家康還在世，林羅山是絕對不敢這樣表白的。

《徒然草》是好色宗教論

王朝美學的醉心者兼好法師《徒然草》第 93 段，是非常日本化的好色宗教論。

有一天，買牛者對賣牛者說：「我明天付錢買下這頭牛。」但是在夜裡，這頭牛死了。有人說，這是買者得利而賣者失利。聽到這話，站在一邊的人說：「這頭牛的主人毫無疑問蒙受了損失，但同時也獲得了大利。為什麼這樣說呢？因為生者必死。從不知死為何物這點來說，人和牛沒有什麼不同。現在牛死了，主人倒反得助了。因為主人通過牛的死，知道了生的至高無上。從牛死能領悟到生命大於、重於萬金的人生道理，絕對是不虧的。」

眾人聽後，不以為然地說：「這番大道理誰不懂？」

於是，那人繼續說：「所以人如果討厭死的話，就必須重生。對生的這麼一種喜悅，必須每天愉快地加以品味。如果忘記這種快樂，而勞苦於其他之樂，如果忘記這種喜悅，而貪婪於其他之財，則人心總是難以滿足的。生時不樂生，死時畏懼死，樂則難以體味。」

兼好有意味的邏輯在於：「忘死貪生」的生被視為是虛無的生，只有「知死樂生」的生才是真正的生。當賣者的牛在前夜死去時，一般的見解必言賣者損，因為死牛賣不出好價錢。但伴隨着牛的死而感受到人的死，從而珍視現在的生，不也是一種收穫嗎？

兼好想要說的是，人如果連死的逼近都不知道，只知道一味地向「外」尋求金錢和地位，這是徒然的人生。人必須捨棄外在的追求，轉向內在的追求。這個內在照兼好的說法就是「修行」和「好色」。

兼好自身是個佛教徒，不會不知道佛教五戒中的「不邪淫戒」，但是兼好還是在看到美女洗衣時露出雪白的粉頸後，說出了「即便是久米仙人，這時也會失去神通力」的驚人之語。兼好為美女飄逸的長髮而迷惑過，為美女隆聳的酥胸而失神過。他說，男人不好色，就像精美的杯子沒有底座，好看不中用。在兼好看來，修行和好色同屬於人的內在之物。人要追求內在的東西，人要得到快樂的生，就是要解決修行和好色的問題。每個人都有個死期，或許是明天，或許在百年以後。但怎樣使今天活得更快樂，這令人頭疼的人生難題，在兼好那裡有了峰迴路轉的解決之道。原來日本人好色的由來，是與「知死明生」這一宗教修行連接在一起的。

在日本歷史上，最能體現好色宗教論的人是日本平安時期的在原業平（825–880年），《伊勢物語》就是他的好色物語。他俊美風流，桃花運無數，相傳曾與 3 733 個女子交往過，更因為與二條皇后有染而成好色之典型。好色伴隨了在原業平的一生。

在原業平曾受一個男人之托，和這個男人的母親——一個白髮老太發生了關係。這位老太並不是和他有戀情，她僅僅是有性衝動、想要男人的肉體而已。其震撼的意義在於，故事情節所要強調的並不是這個老太的慾望，並不是在近代看來毫無意義的舉動，而是這個男人（即在原業平）是代替受托男人在行孝心。因為通常的做法是，男人只是和所愛之女發生關係，和有姿色之女發生關係，而這位在原業平卻對誰都有發生關係的心情。

面對這樣一種好色的心情，後世的日本人則用具有「新文明教養」加以讚賞。因為這是新的性道德——「好色」道德的開始。那麼，這個好色道德的根源又在哪裡呢？請看 55 歲的在原業平留下的辭世歌：

生死如朝露，此語早樂聞。
命在今明日，想來令人驚。

原來如此。生命就在今天和明天，何不把握今天及時行樂呢？

修行者必好色，好色者必修行，這是日本人精神層面的一個很重要的關聯點。

鴨長明著有《方丈記》。他在文中寫道：「即使隱居山中，也會不時地挑逗門前的美少年」，這位美少年的美貌「足以使月亮暗淡無光」。

《方丈記》中還有一段記載鴨長明和山中小童的交往：「山麓有間柴庵，為守山人的住所。那裡有位小童時常來訪。如果沒有特別事由的話，就同他為友漫遊。他 10 歲，我 60 歲，年齡相差如此懸殊，但以徜徉在自然中安慰靈性來看卻是相同的。」

一個 10 歲，一個 60 歲。什麼相同呢？

好色相同？

性、生殖、情趣

日本人對性和生殖的思考，和遊牧民族全然不同。

日本聖經學者渡邊善太說：「舊約聖經視生殖為善，視性為惡。」日本人是不理解這一說法的。日本沒有沙漠和草原，日本人也就沒有畜牧經驗，所以生殖和謀利的觀念也就無從談起。

對畜牧民來說生殖就能謀利。家畜生子是一種製造業，是唯一的生活手段和經商手段。在人口能販賣的年代，讓女人懷孕就是最大的謀利，生出的小孩就是財富，這和日本人有很大的不同。日本人講「親子心中」，從表面看是把子女看成「私物」，但恰恰相反，子女作為財產的「私物」的意識在日本絲毫沒有生根。

把生殖作為生活手段的民族，性和生殖對他們而言就不可能是情趣的對象，也成不了情趣的對象。日本作家吉行淳之介的名言「只有性交，沒有情交」就是對畜牧民的性的概述。

而對日本人來說，從神話時代開始，性基本上就是情趣的對象。《古事記》裡有這麼一段故事：伊邪那岐男神和伊邪那美女神站在「天之浮橋」上開始造人，他們拿著從高木神那裡得到的帶玉的矛，在海和雲的周圍回轉，先生下了奧饒果嶕島，就是現在的淡路島。在這個島上，伊邪那岐男神和伊邪那美女神豎起「天柱」，在柱前回轉。男的從左轉，女的從右轉。二人性交的時候還說情話，女神先開口說：「你真英俊瀟灑。」男神回敬道：「你才是可愛的姑娘。」於是生出了最初的小孩。但這個小孩是個殘疾人，樣子就像水蛭，沒有腳，只能伏地而行，眼睛和鼻子都癟癟的。這嚇壞了男女二神，便向天神請教造人為何會失敗。天神說，原因在於女神先開口求愛。於是，伊邪那岐和伊邪那美重新再來一回，這次是男神先求愛，女神再言語回敬，性交的結果是生出了日本「八大島」。

這段神話表明，無論女神還是男神，只有把性作為情趣來對待，性交才能成功與和諧。這是個很重要的精神框架，對日後的日本人產生了很大

的影響。

如在《源氏物語》裡，光源氏對空蟬、夕顏、末摘花等對象所施與的性，就不帶任何生殖的意味，再談不上有謀利的考慮，完全是平安王朝的一種風雅和情趣的表徵。

在日本，唯一從生殖意義上考慮性行為的，是在武士登場的時候。因為武士生存的手段是土地，土地需要勞動力，所以武士大都願意生子，而且生得越多越好。但正妻只有一個，無論怎樣努力，造人都是有限的。於是，有了側室，有了妾。而在側室和妾中，又分誰是第一夫人，誰是第二夫人。這樣做的目的是鼓勵她們多造人。

問題是，當武士把這些正室、側室、妾帶回家的同時，不倫也就發生了。武士外出打仗，女人們悶在家裡就開始紅杏出牆。於是，在 1232 年由執權北條泰時制定的武家第一號法令就規定：妻子與其他男人相通將受到懲罰。而到了江戶時代，則變得更加嚴厲。武家如有妻子與他人通姦被發現，二人重合一起，斬成四段。這也就是說，妻子只能與自己的丈夫性交，若與其他男人性交就是不倫。

該文化的有趣性在於，非生殖的性被視為不倫，將受到法律的處罰；而情趣化的性，則與生殖沒有關係。

所以，從傳統上說，日本人只有情交，沒有性交。但這個國家的色情業又是全球最發達的，儘管日本的色情業與生殖沒有任何關係，與謀利更沒有關聯，但這個國家把性產業化，反倒為色情業者和政府帶來謀利。性—生殖—謀利的西方模式，在日本人的手中轉變成了性—色情—謀利的東洋模式。

因此，京都的島原、大坂的新町、江戶的吉原，就是歷史上的日本人留下的歡場遺產。今天的日本人，正在漫不經心地消化這個巨大的遺產。

性跳過生殖也能謀利，這不能不說是日本人的一大發明。

《源氏物語》為好色定下範型

日本人對《源氏物語》已經說了千言萬語，看來還有萬語千言要說。

其實並不張揚的紫式部，這位宮廷的弱女子，一方面只是想消費一下宮廷的筆墨紙硯，一方面是因為她喜歡藤原道長這位權勢者。

一千年前，《源氏物語》問世後本無太大的名聲，也坐不上日本文學總代表的寶座。有一個人救了這部小說，這個人就是江戶時期的國學家本居宣長。

日本人在傳統的認知上，都視主人公光源氏（也稱源氏）是色情狂，《源氏物語》是淫書的代名詞。

但本居宣長則對此翻案道：《源氏物語》所要表現的主題是「物哀」①，並非色情。淫穢之書是儒教道德的牽強附會，「物哀」才是「和心」②的自然表露。日本人從來就有的「心之美質」就是好色。所以平安朝人的好色，是日本人本性使然。

> ① 物哀：是本居宣長的一個根本理念，指兩者互相吻合一致時產生的和諧的美感，如優美、細膩、沉靜、直觀等。
> ② 和心：大和之心。

好色是一個人有無美德和教養的體現，是一個社會有無文明價值的體現，這是從本居宣長開始對好色的重新定位和確認。你可以說他是道德自然主義，也可以說他是歷史自然主義。但無論從哪個角度說，本居宣長所宣揚的好色論就是日本人的自然色。

所以，在平安朝一個男人如果只守住一個妻子，就被非難成「怪人」，無教養的人。這裡舉日本歷史上一個典型的例子。

平安時期最高權力者藤原道長的嫡子權大納言賴通，他的妻子是村上天皇的孫女，二人非常相愛。但由於政治的需要，獨裁者父親道長要把三條天皇的女兒二宮嫁給兒子賴通。賴通沒有力量拒絕，只能流着眼淚表示認可。父親道長看到兒子傷心的樣子，大聲訓斥道：「男人只能有一個妻子嗎？」

從此賴通的正妻總是鬱鬱寡歡。賴通非常心疼她，便發病了。在當時，

守住一個妻子的行為就是反時代道德的行為。反抗天皇和父親的賴通，成了對君不忠、對親不孝之人，他失去了生的希望。最後，還是父親道長放棄了這一計劃，賴通的病也就隨之好轉。

這對近代家庭的妻子來說，應該是相當高興的事情。但就在這個事件發生的過程中，賴通身邊的一個妾，在生育時難產死去了。這也就是說，賴通身邊的女人，並不是正妻一個人。為什麼妾可以有多個，妻子只能有一個？原來這和貞操觀及是否好色沒有關係，它主要與貴族的恥辱感和生活權力被威脅有關。丈夫身邊的妾再多，只要不構成對正妻權力和權威的威脅，正妻一般也就能認可。

好色這種行為，能不能更高尚些、更優雅些、更遊戲些、更風情些？這就是《源氏物語》所釋放出的好色的文化意義。所以日本文藝評論家、作家中村真一郎說，令我們現代人吃驚的是《源氏物語》裡女性戀色年齡的廣泛性。藤原時代的女性，花甲之年還和孫子輩們一起並肩戰鬥摩擦生情，表現出一種高級文明，現代人反倒回到了野蠻時代。

今天的日本人，用平安時代的感覺調和近代的感覺，調和現代倫理觀。所以，《源氏物語》在今天的日本，更是被捧上了天。

《竹取物語》才是好色的開山祖

其實，《源氏物語》還不是好色的源頭，《竹取物語》的求婚者才是好色的開山祖。

由五個高級官僚——兩個皇子、右大臣、大納言、中納言組成的求婚隊，在那個時代佔據了文明頂端的位置，是具備了最高美德的人物。但就是這樣的一流人物，只要聽到哪裡有美女，就直接上門求婚。當時最能吸引眼球的美少女是輝夜姬。一到傍晚，他們就在美少女家的附近集合，用吹笛、唱歌、拍扇子等行動表明自己的戀心。這種好色，帶着

優雅性和遊戲性。

結果，五個人求婚都失敗，最後天皇出場。

但最後連天皇都在叫：「不能再會輝夜姬，不死靈藥有何用。」

《竹取物語》裡，主人公輝夜姬最後還能飛昇天國，這種思想在後世之人是無法想像的。說明那時的女人雖然並不駕臨於男人之上，至少也是跟男人一樣自由自在。男性對女性的態度，則是萬般慇懃，千般體貼。

好色在當時貴族社會最高層的宮廷也有相當浸透，如嵯峨天皇的後宮裡寵妃就有三十多人。嵯峨天皇的皇子仁明天皇的後宮也是美女成群，其中包括了仕女和奶媽。按照當時的好色習慣，奶媽也是被獵取的對象。清和天皇從 15 歲元服到 27 歲退位 13 年間，愛上 26 位女性，是宮廷好色的典型。這位皇帝的一個妾叫高子（即之後的二條皇后），她在少女時代是在原業平的情人，但在死了丈夫成為「未亡人」後，與五十多歲的老和尚有染，被廢去妃位。在六十多歲，又和另外一個和尚交上手。這不能不說與當時好色的普遍價值有關。

好色，必須要有資質。其中之一就是構思好的戀文和戀歌，寫在紙上，掛在象徵季節的花木上。這就需要一定的文學修養和藝術遊戲的才能。《源氏物語》中，連出身貧寒、詩文素養相當有限的末摘花，還要寫信作詩給源氏：

> 情薄是否冶遊人，
> 錦繡春衣袖招香。

而貴族男子常趁着無月的黑夜暗中挖牆洞或透過籬笆縫隙，偷看美女的容貌，以滿足好色之心。此外，貴族男子的好色還表現在依據不同的對象，實施不同的好色之術。如在《源氏物語》裡，喜歡六條御息所的源氏是偉大的貴公子；喜歡夕顏的源氏是着了魔的貴公子；喜歡明石君的時候

是溫柔的貴公子。不可忽視的是，這也是當時貴族男子必須要掌握的技巧。技巧掌握得越是嫻熟，其美德的程度也就越高。

日本女人的好色模式

日本女人也好色。只要看看日本中世人物藤原璋子，就知道是如何好色了。

藤原璋子，從名義上說是鳥羽天皇的中宮，其實也是鳥羽天皇祖父白河法皇的寵姬。同時被兩個皇室男人所愛，這樣的女性一定是迷人的，青春的，嬌柔的，有時甚至是放蕩的。

與白河法皇所生的私生子，就是後來的崇德天皇。與鳥羽天皇所生的長子，就是後來的後白河天皇。一個為日本人生下兩名天皇的女性，她的性愛體質也一定是超群的。

璋子的父親是權大納言藤原公實，屬九條家的名門。母親藤原光子，是崛河天皇與鳥羽天皇共享的奶媽。1101 年（康和三年）璋子出生，排行裡屬最小。這年白河法皇已經 49 歲，兩人相差半個世紀的年齡。白河的孫子鳥羽天皇生在 1103 年，比璋子小兩歲。童女璋子，白天就睡在白河的床上，小腳丫頑皮地伸在白河爺爺的懷裡。癢癢的，軟軟的，令年過半百的白河法皇舒爽。淫樂，或許就是從這裡開始的。

璋子入宮成為鳥羽天皇的新寵，是 18 歲的時候。從童女到入宮，璋子一直是白河法皇的掌心之物，玩轉翻弄，無所不及。而璋子所能做的就是夜夜守候，日日順從。但她絕不是鐵板一塊只守候一個人，她不安分的性格和超強的性慾，被史學家稱為「不可思議的人」。但性慾的發端，是從白河法皇那裡開始的。是爺爺啟開了她的性慾之門，一個天然童女的身影，留下了爺爺強制作樂的痕跡。

璋子前後為白河法皇和鳥羽天皇生育了皇子皇女共七人，沒有流產，

沒有早產，產後也沒有留下婦科病。這表明作為女人，璋子不但美麗，而且還非常健康。

璋子與白河法皇夜夜房事的同時，還與藤原季通和寺院的童子私通。季通是巧玩和歌的貴公子，琵琶和古箏都很上手。璋子拜他為音樂老師的同時，也共享性愛之歡。後被白河法皇發覺，氣得他下令驅趕這位貴公子。照理說，這是對法皇不忠和背叛，但璋子絲毫沒有內疚之感，她的性的放縱可想而知。

楚楚動人的璋子對白河法皇來說，最初是可愛的孫女，再後來演變成是一位性感的姬妃，是異性愛發洩的對象。

反過來，老朽昏庸的白河法皇對璋子來說，最初是可敬的爺爺，後來是師長或兄長，最後是奉送自己青春性愛的戀人。與此同時，白河（法皇）、鳥羽（天皇）和璋子（中宮）的三角關係，也慢慢開始變化。

首先是鳥羽天皇的讓位。1123 年（保安四年）正月，崇德天皇即位。他是白河法皇和璋子所生的第一皇子。這時鳥羽天皇只有 21 歲，這麼年輕就成了上皇。鳥羽從土御門的內裡搬移到三條西殿，內裡的新主人當然是崇德天皇。而三條西殿，就成了法皇、璋子和上皇共住的地方。他們東西對立而寢，打的是時間差。第二年即 1124 年 11 月，24 歲的中宮璋子，獲得了「待賢門院」的院號，身份和經濟總算有了恆久的保障。

這樣，本院（白河）、新院（鳥羽）、女院（璋子），三院並列的格局誕生了。72 歲的法皇、22 歲的上皇和 24 歲的女院，他們在三條西殿的舞台中央上演着沒有破綻沒有紛爭的情色大戲。法皇和上皇之間相當和睦，沒有吃醋之說。上皇和女院之間也很親和，沒有妒忌之嫌。令人叫絕的是，在這期間，璋子和法皇的肉體關係仍然得以保持，沒有斷絕。而且璋子也非常樂意與法皇共享春夜，非常需要法皇柔情的施捨。

這個格局維持了近四年半。直到白河法皇在 1129 年 7 月（大治四年）突發疾病死去，終年 77 歲，當時的記錄是染霍亂而死。法皇死後，璋子表

現出很深的失落感。璋子開始去很遠的熊野參拜寺院，洗滌心情，這是非常艱難的遠行。很多時候和鳥羽上皇一起去，但也有單身進發的時候。從25歲到42歲的18年間，她去了13回熊野。最後一次的行程是1145年，就在這一年迎來了她的死期，終年45歲。她是為尋找當年的愛？還是為尋找最後的愛？據說，她又與日本的和歌大師西行上人擦出愛的火花。西行用他美麗的詩句，謳歌這位生出兩位天皇的日本之母。

作為女人，就注定要為愛受傷，這是女人的宿命。愛情是女人的天敵。所以，寫《源氏物語》的紫式部，為女子，特別是為皇宮深院裡的女子，說了一句心裡話：歇斯底里的總是女人。

官能美：黑暗中的女人

谷崎潤一郎這位唯美主義文學大師在 1910 年發表小說《文身》，描繪文身師清吉「得到了艷麗的美女的肌膚，刺入了自己的靈魂」的故事。好色進入了靈魂，就成了唯美。二十年後，他又在雜誌《婦人公論》上發表連載長文《戀情與色情》。谷崎寫道，女人總是與夜晚相連，可現代人在夜晚用超過太陽光的炫目亮度，將女人的裸體一覽無遺；而古代的夜晚，則總是以一種神秘的黑暗的帷幕，將門戶不出的女人的肉體，嚴嚴實實地包裹其中。

> 春宵苦短意綿綿，
> 枕邊拾得淨是夢。

這是和泉式部[①]的名句。

在谷崎看來，女人其實就是隱身於那幽暗無明的夜的深處。她如月華一般清蒼，如跫音

---

① 和泉式部（987—1048 年）：平安中期的女詩人。詩作具有優雅而艷麗的風格。

一般幽微，如草露一般脆弱。她是昏暗的自然界誕生出來的淒艷姣麗的鬼魅之一。

其實，日本男人所好的並非女人的個性，而是其「官能美」，即感官，肉體之美。他們在黑暗之中細聆低微的款語，飽聞衣袂的清香，撫摸着如緞的秀髮，觸摸那如花似水的滑嫩肌膚，但所有這一切隨着夜晚轉明便會消失殆盡，這就是日本男子心目中的女人。

例如《源氏物語》裡的「末摘花卷」，光源氏就在農曆八月二十剛過的秋夜，趁着月牙初上之際，與末摘花幽會。由於中間有一扇紙相隔，看不見容貌，但感到這個女子「溫雅柔順，衣香襲人，自有悠閒之氣」，便推開紙隔扇與末摘花雲雨一番。因為室內幽暗，對方的容貌始終沒有看清。直到過了好長時間，在一個大雪天的早晨，末摘花才露廬山真面目：鼻子又高又長，帶有紅色，臉骨寬得可怕，臉形長得可氣，總之是個醜女。

谷崎說，女人的字面含義就是「深閨的佳人」，隱隱約約、朦朦朧朧是女人的本真。日本男人由於在燈光下一覽無遺地欣賞女人全身裸姿的機會極少，他們總是在昏黃的燈影下，在深閨香閣中，用手去觸摸愛撫其中的部分而自然發展到這一結果——對日本女人的肌膚極為敏感。日本女人的肌膚顏色雖然不如西方人那般白皙，在某種場合還帶有黃色，卻反而平添其內涵。這是《源氏物語》以來的習慣。

日本女人的容顏哪怕再衰老凋零，往日的香美依然殘存。但是谷崎潤一郎又說，日本女人一旦放蕩奢靡，就會失去女人的健康與端莊，血色和姿色衰微，淪落為青樓都不齒的下賤的娼婦。皮膚鬆弛，臉上是變色的石斑粉與污垢，眼角浮現出疲憊憔悴之色，那是房事過多所帶來的痕跡。谷崎潤一郎晚年發表《鑰匙》，描寫性無能的主人公故意讓自己的妻子與第三者接近，引起自己的嫉妒感情來刺激自己對妻子的性慾。其另一部傑作《瘋癲老人日記》則記述老年主人公雖然接近死亡，但仍然企圖從種種生活的制約中實現其追求感官快樂的心態。不可否認，谷崎潤一郎所從事的

全部工作，就是把日本人的好色塗上唯美的哲學色彩。他讚美黑暗中的女人具有「率真」與「風情」，是最能挑逗人的情慾的。

從情愛到浮世到官能

　　1998 年，有一位已年過 75 歲的身材嬌小的日本老太太瀨戶內寂聽，把《源氏物語》翻譯成了現代白話文小說出版，一下子狂銷 250 萬冊，成了日本第一暢銷書。這部千年前的舊作，翻譯成白話何以能暢銷呢？試看小說中的一段描述：「光源氏風流倜儻，貪歡好色，還在青春萌動之時，就誘姦繼母，27 歲時，又企圖染指養女。」

　　有這樣煽情的意猶未盡的描寫，以好色出名的日本人怎不一讀為快呢？翻譯者瀨戶內寂聽也毫不隱諱地說：《源氏物語》雖有其歷史文學意義，但今天要訴諸讀者的卻是紫式部着墨最多的光源氏情史和一般男女關係。她說，這本書已寫了一千年了，但是書中的兩性關係在今天並沒有什麼改變。對女人來說，這本書是瞭解男人好惡的最佳範本；在男人看來，它是向女人求歡的最佳指南。真可謂深入淺出譯源氏，亦色亦空寫物語。

　　從情愛文學到浮世文學，從紫式部到井原西鶴[①]，那是 18 世紀的事了。井原的第一部長篇小說《好色一代男》描寫一個叫世之介的男子經歷，他從 7 歲到 55 歲遍歷女色和男色，

① 井原西鶴（1642—1693 年）：江戶時代小說家，41 歲寫日本第一部艷情小說《好色一代男》，被認為是日本文學史上「浮世草子」（社會小說）的起點。

與 3 724 位女性發生性關係，和 725 位男性也有性關係，以顯示其性能量之超絕。之後，井原又寫了《好色一代女》與之對應。井原寫性寫娼妓寫嫖客，寫出了「知分」與「識情」：前者是指能夠理解與同情他人的本分與心情；後者則是指能把全部的感情獻給「知分」之人。為了「知分」和「識情」，可以身殉。井原小說中的這一性愛觀念，應該說深深影響了日本人的性愛模式。

如果說以井原為代表的浮世文學還能多少表現出純清與激越、悲情與蒼涼，那麼戰後出現的官能小說則又在性的告白方面大大前進了一步。日本官能小說的熱門養成了一批官能作家。如 2008 年 4 月去世的人氣官能作家北澤拓也，一生寫了四百部以上的官能小說，最後一部遺作《充滿慾望的人妻》為他 68 歲的人生畫上了句號。毫不誇張地說，戰後一代的日本男人就是看他的小說完成了性的發育，然後走向夜色茫茫、光怪陸離的大街小巷，投進妖艷但缺乏溫存、性感但少有耐心的女人的懷中。

　　關注日本人的性，有時會發現，他們在享受性愛之樂的同時，又用性愛去激勵鬥志。這種鬥志在武士時期就表現為視死如歸，在平時就表現為忘我地拼命工作。這正如某些日本學者所言，性愛是日本男人的必修課。關注日本人的性，你又不得不感歎他們仍然保持着原始時代對性這種生命本能所懷有的質樸的感覺和坦然從容的態度，並將這種感覺藝術化，創造出世界上獨一無二的靈與肉高度融合的「藝伎」。

好色的精神底色是無常

　　撥開好色的層層包裹，揭開情事的重重帷幔，露出的是無常的精神底色。

　　無常，發祥於印度，受容於中國，定根於日本。無常宣稱：一切存在於時間中的萬物，必至老境，走向滅亡。人的生命也要如此結束。

　　與中國的《詩經》說「窈窕淑女，君子好逑」不一樣，日本的萬葉詩人說「色香俱散，人世無常」。前者懷着春心，後者瀰漫秋愁；前者像發育剛熟的少年，後者如看破萬事的老年。

　　《枕草子》裡淡淡的一筆，卻生動地勾畫了無常的形象：「飛鳥川，一日為深淵與一日為淺灘沒有一定，讓人感到人生變化無常，使人很感

動。」京都大德寺的澤庵禪師在其最後的《澤庵和尚絕筆》中，用毛筆使勁地寫了個大大的「夢」字，來表達現實的人生就像夢幻一樣的無常。他還專門編了《夢百首》的歌隼，對後世產生很大影響。

日本中世的《閒吟集》卷頭第一首的小歌為：

> 花叢下寬衣解帶，
> 說不出的一種緣由。
> 心如柳絲般的迷亂，
> 何時忘卻都不奇怪，
> 留下睡枕後亂髮的面影。

發生了肉體關係，應該是喜悅，至少是滿足。但卻生出一種說不出的感覺。迷亂，彷徨，躊躇。留下一個頭髮凌亂的無常面影。

這是個怎樣的面影呢？請看《閒吟集》的另一首：

> 人就像牽牛花上的露，
> 人的夢之夢之夢。
> 昨天是今天的古，
> 今天是明日的昔。

鴨長明這位日本中世無常文學的代表，在其1212年完成的哲學性思考隨筆《方丈記》的第一句就言：「河水滔滔不絕，但已經不是原來的河水。」

這與古希臘哲學家德莫克里特說的「人不能踏進同一條河」有異曲同工之妙。同樣是萬物皆流，所不同的是，西方人強調流水中不斷有新的生命注入，日本人強調流去的水是消失，是寂滅。這點也與中國人「長江後浪推前浪，一代新人勝舊人」不同，中國人更接近西方人的注入新元素的

思維。接着鴨長明寫道：「在積水處浮起的水泡，消失了又再浮起，浮起了又再消失，無法長久停留。在世間的居處也是如此。在冠蓋雲集的首都，不管是雕鏤玉砌或是底屋矮舍，有的是去年燒燬、今年重建的，有的是大房子消失之後變成小房子的。其實，住在裡面的人也如此。」整本書，充滿了無常感，讀來令人神傷。

再來看看成書於 1371 年的《平家物語》。這部書的唯一主題就是：世上所有的人都是無常，或從屬於無常，誰也逃脫不了這一鐵定的事實。在其第一卷的「祇園精舍」中就有流傳後世的「無常」的精彩語錄：

祇園精舍之鐘聲，即是諸行無常的聲響。
沙羅雙葉的花色，顯現盛者必衰的道理。
驕縱蠻橫者來日無多，正如春夜之夢幻。
勇猛強悍者終必滅亡，宛如風前之塵埃。

戰國武將上杉謙信的辭世歌是：

四十九年如一醉之夢
過眼榮華似一杯清酒
柳綠花紅

身經百戰，五十歲不到就死。人生就如「一醉之夢」，「一杯清酒」。

那位「天下布武」、自己就是神的織田信長，置身本能寺的熊熊大火之中，留下辭世歌：

人生五十年，
與天地長久相較，

如夢又似幻；

　一度得生者，

豈有不滅者乎？

　　他在死之際，終於明白「一度得生者」，真是「如夢又似幻」。

　　1584 年 4 月（天正十一年），日本戰國時代的第一美女阿市，與夫君柴田勝家在北莊城引火自焚，留下名傳千古的辭世歌：

　　　　夏夜短暫縹緲夢，杜鵑聲聲催別離。

　　　　夏夢無常一世名，杜鵑凄鳴上雲霄。

　　一朵嬌艷的玫瑰在熊熊之火中凋謝，向世人述説着人世的悲情和無常。

　　天下王豐臣秀吉在伏見城內結束一生時，留下辭世歌：

　　　　朝露消逝如我身，

　　　　世事已成夢中夢。

　　秀吉死後，一把大火，大坂城也隨他而去，他的家族，也一同隨他而去。從一庶民之子到一代英豪，他真正體會到了「朝露」和「夢中夢」的無常感。

　　而平家大將平知盛在跳海自盡之前，則用了另一系統的辭世語言：該看的都看了，可以自殺了。這裡，沒有夢，沒有幻，沒有朝露等常用語言。但「該看的都看了」是不是就是對此岸世界的終結，就是對彼岸世界的嚮往呢？是不是就是另一種看破紅塵的表示呢？

　　到了德川時代，無常觀已經用一種通俗的説法，進入了民眾的人生觀。如當時有名的白隱禪師有歌言：即便是腰纏萬貫的長者，死時也什麼都帶

不走；生命的脆弱就像露珠一般；草一秋，
人一生，短暫的一命；等等。

作家井上靖①《北國》中的詩歌：

物理學家從地熱推算地球的歷史：

2 000 萬年到 4 000 萬年之間。

數年後。

地質學家從海水的鹽分推算地球的歷史：

8 700 萬年。

再數年後。

數學家從水成岩的原理推算地球的歷史：

3 億 3 000 萬年。

到了晚近。

科學家從放射能推算出地球的歷史：

14 億和 16 億之間。

但是，人類的生活歷史只有 5 000 年。

日本民族的歷史不足 3 000 年。

人生只有 50 年。

從這個角度說，人的愛情再是從未有過的純粹，再是從未有過的青澀，
又有何用？這就像明治維新思想家福澤諭吉的感歎：

宇宙無邊，

日月星辰也僅是塵微，

何況人乎。

所以，色即是空，空即是色。而日本淨土真宗的僧侶金子大榮這樣解讀這句話：

花瓣飄落。

花不飄零。

所以，太宰治[1]在《新郎》的一文中這樣說：

一日一日。今天的一日。喜悦。努力。温馨待人。

這時的青空也會出奇地美麗。像小舟唱晚似的美麗。

山茶花，櫻花，飄落有聲。

這樣美麗的花瓣，在今年還是令我吃驚。

真久違了。

應該説，正是這種「飛花落葉」的無常感，在很大程度上決定了日本人的日常行為方式和心理傾向所在。比起邏輯，他們更相信感覺；比起真理，他們更相信變化；比起抽象，他們更相信直觀；比起恆定，他們更相信流動。這正如日本學者梅原猛説：「佛教在日本，從苦的教義變成了無常的教義，在日本人感情的形成方面發揮了重大作用。」

再回到《源氏物語》，再回到末摘花。雖然和源氏是很短暫的一段情，但卻深深地留在了她的記憶之中。當多少年後，兩人再次偶爾相見時，末摘花仍含情脈脈地引用《古今和歌集》的詩句：

百鳥爭鳴萬物春。

源氏含笑對答道：

依稀恍惚還疑夢。

正是這個「還疑夢」，使日本人總是在追逐「萬物春」。

和服─繩索與皮革─馬鞭

19 世紀美國詩人惠特曼在《致一名普通的妓女》的詩中這樣寫着：

鎮靜些，在我面前放自在些。
我是惠特曼，像大自然那樣自由而強壯。
只要太陽不排斥你，
我也不排斥你。

但日本人不這樣説。

兼好在《徒然草》裡這樣寫道：

任何事情都是始與終最值得品味，男女間的情色也一樣，它的美好並非只在於終日卿卿我我，朝雲暮雨。懷着無法實現的愛的期待，春夜苦短的歡息，一個人在漫漫的長夜裡寄情於遠方的戀人，住在長滿淺茅的寒舍，追憶着往昔的情色，這些更意味着懂得色情。

這兩段話，誰更好色呢？當然是日本人。美國人是色在外面，日本人是色在裡面。

這就使人想起日本的 SM（性虐待）。日本 SM 的基本概念是「蛇」，「蛇」即是「繩」。用繩作為道具，是日本人的一大發明，這個繩的概念來自於

和服的綢帶。而在歐洲的SM裡，他們使用皮革道具，這是從馬而來的概念。控制馬的道具是馬鞭，所以歐洲人用鞭子做道具，完成SM的整個過程。馬與人這種絕對的隸屬關係，是歐洲SM的基本，和服—綢帶是內在的色；皮革—馬鞭，是外在的色。

人類遮羞布的極品是內褲，而內褲的歷史則幾如美國史一樣短。路易十四時代的巴黎，上流社會的婦女都尚未時興內褲。有一次俄皇訪問法國，騎兵經過街道，一位美婦人在其馬前滑倒，裙裾大開。俄皇驚恐，說：「我看見了天堂之門。」

如果說當年的俄皇為無意之中「看見了天堂之門」還驚恐萬狀的話，那麼如今從和服裡掙脫出來的野蠻女友正和染着黃髮的男孩，揮着拳頭打情罵俏，在色情法則的運轉下，享受着肉慾的快樂。

李白為何寫詩哭阿倍

　　日本和中國大陸之間，有二百公里的朝鮮海峽和九百公里的黃海。在航海工具還不發達的古代，要跨越這個「大海原」也真不容易。古代日本遣唐使二十回的渡航，船隻平安到達的只有八回。從 607 年第一回遣隋使小野妹子去中國大陸到菅原道真向宇多天皇提出中止出使的 894 年，287 年間共有 22 回左右，平均每十三年一回。

　　唐玄宗時期，日本的阿倍仲麻呂作為遣唐使的隨員，在 717 年（養老元年）從奈良（平安京）出發經福岡，取道南路西航，從中國揚州登陸後抵達長安，一住就是 53 年。文化人阿倍仲麻呂在長安的文化界和政界十分活躍，和當時的李白、王維、儲光羲等人親密交往，他在中國起名為晁衡。753 年，仲麻呂想回國一次，但從揚州出發的船隻在東中國海遭遇海難，漂流至安南（今越南）海岸，一年後終於又回到了長安。但是限於當時的通信條件，長安的文化界都以為仲麻呂遇難了，一片憂傷。友人李白寫《哭晁卿衡》哀悼：

日本晁卿辭帝都，征帆一片繞蓬壺。

明月不歸沉碧海，白雲愁色滿蒼梧。

　　把載着仲麻呂的船比作去仙山的行舟，惋惜品格高潔如月的好友竟葬身碧海，海中的蒼梧山也籠罩着愁雲。這也可以算中日友好的第一聲吧。

　　770 年，73 歲的仲麻呂客死長安。他曾寫有望鄉的和歌，説：

仰首望長天，神馳奈良邊。

三笠山頂上，想又皎月圓。

清盛與曹操

　　1159 年，源義朝舉兵，但被平清盛擊敗。源氏一族殺的殺，抓的抓，平家開始稱霸天下，史稱「平治之亂」。源義朝的三子源賴朝也被抓，監禁於六波羅平清盛的官邸。斬草除根，這是誰都會想到的事情，何況武家出身的平清盛。

　　但平清盛在義母池禪尼一把眼淚一把鼻涕的懇求下，只得讓步，將 14 歲的源賴朝流放至伊豆島。

　　之後，源義朝的愛妾常盤所生的三個兒子也被平清盛無罪釋放。清盛説：「源家的賴朝在我的繼母池禪尼的懇請下，留下一命，年長之人都能活命，年幼之人反倒被殺，於理不通。」但這三個兒子中，就有牛若丸（日後的源義經）在內，日後平家一聽到他的名字就聞風喪膽。

　　平清盛用他的情，把自己最大政敵的四個兒子都放虎歸山了。而恰恰這四人中，有三人是平家的掘墓人，他們是源賴朝、源義經和源範賴。平清盛的這種情，被後來的日本歷史學家稱之為「武士之情」。

　　以下是古典劇《捉放曹》裡的一個著名情節。

三國時代的曹操襲擊董卓失敗後，逃離洛陽一路向南。不久和友人陳宮到達現在的安徽省附近，在與曹操父親有八拜之交的呂伯奢家過夜。呂伯奢高興地迎接客人，到村子裡去打酒。多少日的逃亡生活使得曹操生性多疑，在多少有些誤會的緣由下殺死了呂伯奢的家人，曹操和陳宮也一溜煙逃走了。在路上遇到了打酒回來的呂伯奢，曹操假仁假義地解釋一番，並佯裝跟隨呂伯奢回去時，一刀砍殺了呂伯奢。

這時陳宮在一旁大叫道：「你把呂伯奢的家人都殺了，是出於誤會，還情有可原。怎麼現在又把這位善良的老伯也殺了，這豈不是太沒道理了吧？」

「我把他殺了，是為了除去後患，這就叫斬草除根。」曹操理直氣壯地說着。

「你這樣濫殺無辜，難道就不怕天下人都來咒罵你嗎？」陳宮越說越有氣。

「公台，你大概還不大瞭解我吧，我曹操一生一世有個準則，那就是：寧可我負天下人，不叫天下人負我。」曹操邊說邊上馬趕路了。

殘酷無情是歷史學家對曹操的一個評價。

在戰亂時代，為了達到目的不擇手段，清盛與曹操應該說是具有代表性的。但在對待「情」上，武家出身的平清盛表現出武士的情，亂世奸雄曹操則把無情貫徹到底。

但臨死前的清盛對他的武士之情作了徹底的清算。他說：「在我的墓前，必須供上賴朝的首級。」看來，情並不能生情，清盛想學曹操了。

後來的德川家康就比平清盛老到多了，他沒有重犯武士之情的愚，殺了豐臣秀吉的唯一後代秀賴，還把秀賴只有八歲的兒子國松丸也斬草除根。豐臣家就此斷子絕孫。

看來，情與無情，在殘酷的歷史中也真的不好說。

關於槍炮的中日歷史細節

1543 年（天文十二年）8 月，一艘遇上暴風雨的中國商船漂至九州島南端的種子島。船長是中國人王道，船上有三名葡萄牙人。

當地島民看到葡萄牙人在玩弄長長的像鐵棍一樣的東西，發出聲響後能射落遠距離的飛鳥，非常震驚。島主時堯以一支二千兩銀子的高價當場買下兩支，命令有冶煉素養的家臣八板金兵衛對其進行解析研究。

鐵槍的槍筒製造並不難，困難的是能抵擋火藥衝力的底部閉塞無法製造，並且葡萄牙人就是不肯傳授其中的核心技術。不得已，八板金兵衛就把自己的妹妹嫁給了葡萄牙人以交換技術。不久，八板金兵衛製作出被日本人稱為「國產第一號」的火槍，其口徑為 18.7 毫米，槍身長一米，射程距離二百米，對人體最有效的殺傷距離是一百米，從裝填到發射時間為 25 秒。

27 年後，1570 年，在與朝倉、淺井對決的姊川之戰中，織田信長首次使用這種新式武器，這在日本戰爭史上具有劃時代意義。五年之後，即 1575 年，織田信長的聯合軍在長篠擺開戰場，用首次組建的三千人鐵炮兵團，擊破了當時號稱最強大的日本騎兵軍團武田勝賴。從此以後，鐵炮就成了戰爭中不可缺少的新式武器。

其實，葡萄牙人在到達種子島的 29 年前，即 1514 年，火繩槍已經在中國普及。但八十年後豐臣秀吉侵略朝鮮的時候，明朝的軍隊還沒有組建鐵炮軍團。直到 1662 年明朝滅亡，也沒有發現鐵炮在戰場上使用的記載。

這就令人想起另一個小小的甚至不為歷史學家們注意的細節。

1844 年中美《望廈條約》簽訂後，中國代表以仁義之師不需利器為由，拒絕了對方贈送的火炮模型和軍事書籍。而據目睹日本開國的羅森在日記中記載，1854 年《日美和親條約》簽訂後，江戶幕府代表愉快地接受了美方贈與的電話、照相機等各種「奇技淫巧」，後來日本對這些「奇技淫巧」加以研究，不久就用在了軍事上。

同樣是兵臨城下的開國，中日兩國對待形而下的「器」和「技」以及對待異國文化，表現了完全不同的心態和思維。這些細節是很小的，但對後世的影響卻是很大的。

日本人喜歡「拙速」

成書於兩千五百多年前的《孫子兵法》，在「作戰篇」裡有一句警言：「故兵聞拙速，未睹巧之久也。」這是說在用兵上，即便是笨拙的指揮官，也要速戰速決，沒有見過講究指揮精巧而追求曠日持久的現象。

據《續日本紀》①記載，中國的《孫子兵法》由留學唐朝的吉備真備在734年學成完畢後帶回日本，他成了日本研究註釋《孫子兵法》的第一人。以後，《孫子兵法》作為「虎之卷」為歷代武將所重視。特別是在戰國時代，它成了武士階級的基本教科書。在江戶時代《孫子兵法》應用更廣泛，小幡景憲、山鹿素行、北條氏長、林羅山、新井白石、荻生徂徠、松宮觀山等日本儒學代表者以及當時一流的兵法學者，都對《孫子兵法》作出了獨特的解釋。明治維新後，日本武士開始退出歷史舞台，但《孫子兵法》又成了當時陸海軍高級將領的教科書。戰後，《孫子兵法》又成了日本企業經營學的參考書，日本先後出版了數百種有關《孫子兵法》的著作和論述。

其實中國的兵法經典書有很多，但只有《孫子兵法》在日本有壓倒一切的人氣，這和日本人性格相吻合大概是一個原因。

用兵在於「拙速」，就是直截了當、速戰速決的意思。這恰恰為日本人所喜歡。

源義經是日本的戰神，更是一個狂人，他宣稱：「我不知道自古以來的作戰兵法，我義經要用自己的兵法來作戰，永遠都如此。」但他的經典

戰役「一之谷之戰」和「屋島之戰」中所運用的奇襲戰法，恰恰就是對孫子「拙速」的註解和發揮，源義經因而被日本兵學界公認為奇襲戰法的始祖。幾百年過後，即 1560 年 5 月的桶狹間之戰，織田信長又把奇襲戰法發揮到了極致。再過幾百年，即 1941 年 12 月奇襲珍珠港，山本五十六再次創造奇跡。這些以「拙速」作戰而大獲全勝的例子，突出地表現了日本人奇襲的軍事才能。

其實，日本人的柔道、相撲、劍道、棒球，其精髓就是「瞬間一擊」。那柔道突然的「一本」（大背包）、相撲突然的撞擊、擊劍手突然的速刺、棒球手對飛來之球的擊打，都是「拙速」戰術在起作用。

奇襲的生命在於迅速果斷，如果被敵人知道意圖，奇襲部隊就是飛蛾撲火、自取滅亡。所以奇襲從某種角度說，也是命運的最後一搏，是生是死，就在這「奇」字上。正是在這個意義上，日本歷史學家會田雄次說，奇襲才是通向勝利的最短距離，但也是通向失敗的最短距離。

東西兩個日本的歷史律動

日本的地理大致為三千公里的南北走向，但是在傳統文化上，日本人喜歡「說東道西」，即關東（首都圈）和關西（近畿圈），古時也稱作東國與西國，現代日本人更喜歡叫東日本和西日本。新潟縣絲魚川市與靜岡縣靜岡市之間的連線「絲魚川—靜岡構造線」，則是地質學上東日本與西日本的分界。

在地理上，東日本是山的日本，群山在日本海和太平洋上露出各種形狀。一面大海，是對外的天然防壁；一面山脈，又成了交通上的障壁。西日本是海的日本。瀨戶內海以「大運河」的身份，貫穿整個中央。內海西端的入口附近，是日本唯一的對外開放的窗口，這裡自古舟運發達，堪稱一大經濟圈。

在軍事上，東日本得意騎馬和弓術，西日本擅長海戰和刀槍。這裡舉個有名的歷史故事——《平家物語》裡的那須與一射扇。面對東軍源氏炫耀弓術如何精良，西軍的平家挑戰說：船上掛有一面扇子，你們誰能射中在波濤中晃動的扇子，我們就認輸。面對挑戰，東軍挑選箭無虛發的那須與一出場。為了保住東軍的騎射絕技不丟臉，那須與一騎上跑動中的馬，射出的一矢正好擊中扇子的正中央。

在經濟上，東日本是用貫高制①的金來結算，西日本是用石高制②的銀來結算；東日本是水田佔優勢的社會，西日本是麥田佔優勢的社會。

在官位上，東日本是將軍，西日本是天皇；東日本是執權，西日本是關白。

在文化上，東日本是「喧鬧的日本」，如歌舞伎、日光東照宮的輝煌、華麗的祭山車等；西日本是「寂靜的日本」，如和歌、俳句、能、日本舞蹈、禪庭、數寄屋等。

① 貫高制：以貨幣為標準計算年貢額度的一種方式。一貫即一千文錢。後來，「貫」這個概念轉化為重量單位。

② 石高制：以糧食為標準計算年貢額度的一種方式。石本是重量單位，一石為一百二十來斤。積單位，一石也即一斛。

③ 渡來人：由東亞遷徙至古倭國（日本舊稱）的高度文明的移民。

在政權上，東日本的政權是農民型的，指導理念也是農民主義的、保守的，較為穩定少有動亂；西日本的政權是商人型的，指導理念也是商人主義的、開放的，較為動亂少有穩定。

再從日本歷史的基本律動來看：

遠古的繩文時代是東日本為中心的世界，這被近年的考古發現證實。

而彌生時代則是以西日本為中心的世界，渡來人③大都生活在西日本地帶，他們帶來水稻和技術，以大和為中心的強力統一政權形成，一直到平安時代為止。這是個西方型的開放性政權。

隨着平安貴族的弱化，武士登上歷史舞台。鎌倉幕府的成立標誌着政權回到了東日本，這是個超保守的、閉鎖的、剛健有為的政權。

足利尊氏在京都建立足利幕府，室町時代開始。這標誌着政權又回到

了西日本，這是個對外通商，南蠻人遷徙而來和基督教弘佈的時代。日本迎來了兩大國際化浪潮。

作為歷史的反動，德川政權又回到東日本的江戶，鎖國和士農工商的身份制是它的特點，這是個閉鎖的農本主義政權，不可思議的是，它延續了 260 年。

打破鎖國、脫亞入歐的明治政權把江戶改為東京。從表面看是延續了東日本的政權，但是它以大阪為經濟中心，有強烈的西型政權的性格。所以，日本人又把明治政權叫做「薩長政權」。

進入到昭和時代，再進入到今天的平成時代，日本的政權都由東日本來控制。

西日本已經有所不平。難道歷史的律動就此停步？看來這並不符合日本歷史的性格。

因為正如司馬遼太郎所說，日本人的生活文化、審美源自室町幕府，而倫理觀、現實主義源自鎌倉幕府；政權及制度的差異顯現在社會形態上；宗教也不同，西國信奉天照大神，東國祭祀鶴岡八幡宮。這種不同，就是日本歷史的一個特點。

問題是：什麼時候日本的政權再回歸西日本？

宮本武藏為什麼不輸？

日本從戰國時代到明治維新，最強的劍客是誰？人們都會說是宮本武藏。

宮本武藏生於 1584 年（天正十二年）。這一年，48 歲的豐臣秀吉在尾張長久手首次與德川家康交手，結果吃了敗仗。

人如何避免失敗？這是少年武藏經常思考的一個問題。宮本武藏有體格、技術和勇氣，他的攻擊性和決鬥能力確實屬於天賦。

伊藤一刀齋①與對手 33 回對決，沒有輸過一回，已經夠厲害了。但宮本一生中決戰 63 回，沒有負過一回，所以説古今無雙。從戰國後期到幕府時代的日本劍術，在學理上進步很快，千葉周作、桃井春藏、齋藤彌九郎等劍客，在技術上可能超過了武藏，但在心機上卻遠遠不及武藏。

1612 年 4 月，宮本武藏與佐佐木小次郎在巖流島決鬥。一個 29 歲，一個 19 歲。武藏以二刀流對敵聞名，小次郎以一柄長刀威震北九州島。約定早上 8 時對決，出於對對手的尊重，小次郎早早到了現場，這是個講道德的小次郎。而武藏卻偏偏遲到，到 9 點 30 分才突然出現。原來武藏是故意遲到，想使對方急躁焦慮，亂其心緒，這是個無賴的武藏。果然小次郎對破壞約定的武藏感到憤怒，更對小看自己感到羞恥，便拔刀出鞘，順手把刀鞘投入海中，衝向武藏。

「小次郎，你輸定了！如果是勝者，又怎會把刀鞘扔掉呢？」武藏想擊潰他的心理，便故意揶揄他。

「什麼？你説什麼不吉利的話？」小次郎怒叫道。

「把刀鞘投進大海的決鬥，還能贏？」武藏再次攻心。

19 歲的小次郎這回真亂了思緒，他的劍怎麼也刺不到武藏。而狡猾的武藏靈機一動，把船槳劈成兩段，急製一把長木刀，狠狠地擊打小次郎的頭部，小次郎應聲倒下。旁觀者皆群情激憤，不齒武藏之戰術，蜂擁而上欲為小次郎報仇，武藏只得駕小舟逃離現場。

武藏用故意遲到打亂對方陣腳的手法，這已不是第一次使用。

早在 1604 年，武藏與京流宗家的吉岡清十郎在蓮台野決鬥，也遲到幾個小時，用來消耗對方的氣力，疲勞對方的神經。與清十郎的弟弟傳七郎在京都三十三間堂的決鬥中，武藏也是長時間地讓對方等待，然後突然搶奪對方攜帶的五尺餘長的木太刀，一陣毆打致其死亡。為了給父親吉岡報

仇，嫡子又七郎召集數十人向武藏宣戰。他們以為武藏會重蹈覆轍，再次遲到。但這回武藏提前到了約定的現場，在黑暗中觀察對方的動靜。在決鬥中，為了擺脫眾人的包圍，武藏的刀劍突然砍向毛頭少年又七郎。就在吉岡一門震驚之餘，武藏乘機溜之大吉。

武藏的做法，實在不能説是爽心悦目，實在不能説有劍聖之氣。因為勝負關聯着名譽和生命，所以就必須動用所有的手段？包括卑劣、膽怯又無情的下三濫的手段？如是這樣，就是宮本武藏和日本劍道的悲哀了。武藏在晚年所著的《五輪書》「空之卷」最後寫道：

空，有善無惡
有智慧
有原則
有道
心是空

這是什麼意思？是不是就是人在江湖，身不由己？是不是陰謀、卑鄙、無情地殺人就是武藏的「直指人心」？是不是就是日本劍道的精髓？

武藏或許想書寫行動美學上的血色黃昏，但不幸扮演了一個道德小人。這或許就是他為什麼不輸的一個原因。

武藏喜歡白居易《長恨歌》裡的詩句：

春風桃李花開日，
秋露梧桐葉落時。

一個人企盼着人生的春的「花開時」，就必須毫無顧忌地隨時殺死敵人，造就秋的「葉落時」？

真是枯澀的劍味，隱晦的劍道。

日本生育史上的最高紀錄

平安時代的日本有一千萬人左右，進入戰國時代更是成倍地增長。

那時世界最大的國家是中國，國土是日本的 27 倍，人口有六千多萬。日本從米的生產量來推算，人口大約是在一千八百萬到兩千萬人左右。日本歷史學家有三千萬人之說，認為日本屬於當時世界第二人口大國。與之相比，大航海時代稱霸的英國是 350 萬人口，西班牙是 670 萬人口，葡萄牙是 150 萬人口。從軍隊的規模來看，織田信長大體有十五萬人馬可以調動，豐臣秀吉有四十萬人馬可以動員。而當時的法國路易十三（1610–1643 年在位）最大的動員能力也只有兩萬人左右。

日本能有這樣的人口規模，是不是與戰國武將生子多有關係呢？織田信長生子二十人以上，德川家康是十七人，水戶藩主德川齊昭是 37 人，11 代將軍德川家齊是 55 人。也有更多的，岡山藩二代池田綱政生了七十人，這是日本生育史上的最高紀錄。

森鷗外的驚人結論

明治文豪森鷗外的長女茉莉和次子患上百日咳，這在當時是必死之病。次子先死，茉莉也陷病危，醫生宣告只能活 24 小時。

看着長女的痛苦狀，醫生建議安樂死。森鷗外自己也是醫生，他理解這種作法，妻子也贊同。就在這時茉莉的祖父趕到，得知事由後，大聲訓斥森鷗外夫婦：「人有天命。在沒有盡到最後的努力之前，再怎樣的痛苦，人都必須活着抗爭。」

在祖父的反對下，醫生停止了安樂死注射。最後奇跡出現，女兒茉莉

得救了。

幾年後，森鷗外寫《高瀨舟》小說，就是基於這段經歷。

押送犯人至遠島必須搭乘「高瀨舟」。犯人名叫喜助，罪名是殺害弟弟。但他不憎恨命運，相當樂天和從容，還吹起了口哨。這種面對死亡的態度，讓官差莊兵衛感到疑惑，於是他從喜助那裡瞭解到：弟弟因患重病想以剃刀自盡，一刀沒有成功，喜助就在弟弟的喉嚨處下了一刀，為弟弟圓了安樂死的願望。

莊兵衛聽完後，不禁疑惑更深：喜助是不忍看其弟弟的痛苦狀而殺了他，這顯然和惡意殺人罪不同，但救助痛苦只有殺人之道嗎？

森鷗外的祖父是信佛的，從佛教的立場出發，人再怎樣的痛苦不堪也要活下去，所以他制止了醫生的「罪惡」。

人痛苦也好，掙扎也好，佛只在旁邊微笑地看着。這就是佛最大的慈悲。如果佛出手相助，慈悲就不復存在。這是森鷗外得出的驚人結論。

《高瀨舟》發表於 1916 年。在那個年代，森鷗外就用佛教理論拋出了反對安樂死的主題。

「守住織田家的血脈」的女人

二代將軍德川秀忠是德川家康的側室阿愛所生，幼名叫長丸，是家康的三子，秀忠是秀吉給起的名。秀忠 16 歲的時候，秀吉讓信長妹妹阿市的女兒——兩度離婚的 22 歲的江與嫁給秀忠。

豐臣秀吉還在身份低下的時候，就看中阿市，但是心氣頗高的阿市怎麼可能看中像猴子一樣的小男人。1583 年 6 月賤岳合戰，柴田勝家敗於豐臣秀吉。阿市隨丈夫勝家一起殉死之後，秀吉就把阿市長女茶茶、次女阿初和三女江與納入手下。

江與是個妒忌心很強的女人，婚後的秀忠很難接近女色，大奧（將軍

夫人的府上）的女僕如果懷孕了，就要嚴厲追究，讓其墮胎。秀忠當然就成了歷代將軍中有名的妻管嚴。江與為秀忠生下三個女兒後，傳出秀忠與不知名的側室生下長子。秀忠非常高興，取了與他同名的長丸，但不幸小孩兩歲就死去，有傳說是江與參與了謀殺。

不久，一個叫阿靜的側室懷上了秀忠的種，江與強行要其墮胎。迫於江與的威脅，阿靜逃出大奧並生下了這個男孩，取名為幸松丸。可是妻管嚴秀忠迫於江與的壓力，在江與死之前沒見過幸松丸一面。

江與和秀忠共生下二男五女。次子家光成了三代將軍，衰退的織田家的血脈在德川將軍家得到了復甦。「守住織田家的血脈」——母親阿市臨死前的話得到了實現，這也是江與強勢的一個理由。在所生的五女中，有一個叫和子，後來通過政治婚姻入宮，硬塞給了當時第 108 代後水尾天皇。和子從女御升為女宮（皇后），生下的女兒一宮，成了日本第 109 代明正女帝（天皇）。織田家的血也終於流進了天皇家。

三代人的心路歷程

日本唯美文學大師谷崎潤一郎寫《陰翳禮讚》一文，說日本陰翳的文化是為了隱藏東洋人的黃色肌膚。

谷崎近乎病態地讚美西洋人的白色肌膚，醜化東洋人的黃色肌膚。論述日本文化的這篇近代名作，竟是在從心裡讚美西洋、侮蔑東洋的基礎上成立的。對此谷崎宣稱，就像木頭能接上竹子一樣，東洋文明必須接上西洋文明。

谷崎煩惱於和式和洋式之間。西洋的水洗便器便利、衛生，但白色陶器泛着冰冷和堅硬的寒氣，這樣的觸感日本人是不習慣的。更為可怕的是自己的排泄物在光亮中能一覽無遺，令人惡心。而日本傳統的和式廁所則用土壁和木板間隔，在黑暗中構建了一個靜謐的冥想空間，如廁的人會有

一種心靈的安逸感。但現在這種東洋式的黑暗讓位給了西洋式的明亮，令谷崎擔憂。

一邊愛用白色陶器的水洗便器，一邊不能抑制對和式廁所的懷念；一邊讚美西洋女子的白色肌膚，一邊以黃色肌膚的松子夫人為最愛。對西洋的憧憬和對日本的鄉愁，着實困擾着谷崎潤一郎。

這就令人想起日本近代化的三代人物。

日本近代化第一代人物中，西鄉隆盛 1827 年（文政十年）生，大久保利通 1830 年（文政十三年）生，福澤諭吉 1834 年（天保五年）生，大隈重信 1838 年（天保九年）生。當歷史的時鐘指向明治元年的時候，西鄉 42 歲，大久保 39 歲，福澤 35 歲，大隈 31 歲。第一代人對西洋文明全盤接受，對東洋小島的土著文化沒有太大的感覺，因此七十年後谷崎潤一郎式的憧憬與鄉愁，對他們來說近乎天方夜譚。

日本近代化的第二代人物，坪內逍遙 1859 年（安政六年）生，森鷗外 1862 年（文久二年）生。當歷史的時鐘指向明治元年的時候，坪內是十歲，森是七歲。夏目漱石、尾崎紅葉、幸田露伴和正岡子規，他們都是 1867 年（慶應三年）生，第二年的明治元年剛滿周歲。第二代知識份子迎來了明治的青春時代。這代人懂外語，留過學，面對日本西洋化的浪潮，他們有自己的思考，有自己的疑問。

日本近代化的第三代人都是明治時代出生的人。永井荷風 1879 年（明治十二年）生，谷崎潤一郎 1886 年（明治十九年）生。荷風的父親是文部省和內務省的官僚，日本郵船會社的大官。也就是說，他的父親是日本現代化推進人之一。但荷風激烈地反抗父親，在東京躲進文學的世界裡，封閉在江戶的色慾殘香裡。谷崎雖然沒有像荷風那樣反叛，但他在快樂地享用西洋文明的同時，對日本抱有鄉愁卻是不爭的事實。

惡的元祖是誰？

在日本，惡的元祖是誰？原來就是《古事記》裡伊邪那岐的兒子須佐之男命這位惡神。

須佐之男命的姐姐天照大神，懷疑弟弟到她屋裡來有不良動機，企圖把他趕出去。於是他撒起野來了，姐姐耕作的田地被他破壞，祭神的新稻米被他摻上糞。他抓了一匹馬駒，剝了皮之後，爬到神殿的頂上，把屋頂打出一個大洞，將馬屍丟到織女們織布的地方，嚇得織女們四處逃散，其中一個織女還被梭子刺破性器而死。

面對這樣的惡神，眾神最後審判的結果僅僅是剪掉其鬍子及手腳的指甲，永遠放逐高天原。但他就在離開之前還殺害了食物女神。

神話往往是一個民族的精神原點。這在西方神話裡絕對是個大惡魔的須佐之男命，在日本的神話裡卻成了受人崇拜的神。為什麼會這樣？就在於最終的懲罰實在太輕了。由於懲罰太輕，惡神的一些舉動在日本人的眼裡反倒是一種可愛，一種嬉戲。這就在觀念上說明了原本的或本質上的惡人在日本並不存在。

於是生出了日本人自古有之的一種心理傾向：善神惡神，共生共存。他們相信這樣的邏輯：人有兩個靈魂，但不是善的靈魂與惡的靈魂，而是柔和的魂和兇猛的魂。這兩個靈魂不存在誰下地獄誰上天堂的問題，因為它們都是善的。

由此故，日本神道也講「罪」，但這個「罪」字的語源含義是從外部而來的罪惡，是後天帶來的污穢。這和基督教講的「罪」有本質的不同。基督教的「罪」是先天的原罪，是不能被神救助的，要消除原罪唯一的方法就是終身贖罪。而日本人認為，要消除外來之罪，唯一的方法就是被禊，只要被禊就能洗淨罪惡。

但由於日本人是非不分，善惡不論，又被國際社會定性為是個無節操無原則的民族。以至研究日本歷史的西方史學家也認為，通觀日本的歷史，

日本人似乎在某種程度上缺乏辨別惡的能力，或者說他們不想解決這個惡的問題。就連日本學者也寫書，痛批自己的民族是個「無節操的民族」。

背負這樣的輿論與當今的國際社會打交道，當然令日本人十分困惑，有時甚至很狼狽。然而，這一困惑和狼狽的原點恰恰在於他們自己沒有、當然也不想對自己的精神遺產進行徹底的清算。相反，他們還為此精神體系沾沾自喜，還得意地宣稱他們不需要因為人的本性低劣而誕生的道德戒律。

所以戰後日本的實際統治者麥克阿瑟將軍驚呼，日本人的智性年齡只有 12 歲。也就是說，人類共通的二元判斷在日本人那裡變得模糊不清了。就像一個 12 歲的小孩天真地對他的媽媽說：「我也要去殺人。」

這也導致在當今的日本社會中，犯罪者和被害者之間，更能博得日本人同情的是前者而不是後者。所以，奧姆真理教的教祖麻原彰晃，雖然在幾年前就被判了死刑，但就是不執行死刑，而被害者十多年來已經被人們遺忘乾淨。

日本人為什麼對水有特殊的感覺？

人內心的不淨和不潔，日本人說用水來淨化。這種對水的靈威的信仰，在日本人心中是根深蒂固的。死意味着最大的不淨不潔，這種不淨不潔必須用流水來祓禊和洗淨。

有趣的是，日本有記載的最早的死者，就是《古事記》裡生養出日本國的母親伊邪那美。

伊邪那美在生下火神之際，陰部被燒傷死去。深愛妻子的丈夫伊邪那岐急於想見伊邪那美，便追至黃泉國。

「可愛的妻子，你和我共建的國家還沒有完成，快和我一起回去吧。」伊邪那岐大聲說道。

「我已經吃了黃泉國裡的食物，恐怕難以返回。你既然來了，那我就去問問黃泉之神，看是否可能。不過你在等我的時候，千萬千萬不能進來看我，這點請務必記住。」伊邪那美關照道。

伊邪那岐等了老半天，就是不見妻子返回，不耐煩的他終於偷偷溜進了黃泉國的宮殿，見到了妻子的身姿容貌。

這令伊邪那岐嚇了一大跳。妻子伊邪那美全身爬滿蛆蟲，身體高度腐爛，驚恐萬分的伊邪那岐轉身便逃。

自己的醜態被丈夫看到，令伊邪那美羞憤交集，她立即派黃泉國醜女們在後面追殺。伊邪那岐擊退追殺者，拚命再逃。最後，伊邪那美親自追趕。伊邪那岐便用巨石堵在現世和黃泉國的出入口。隔着巨石，他們面對面地站着，發出夫妻決裂的誓言。

擺脫了妻子追趕的伊邪那岐，覺得身上充滿了污穢，便來到九州島日向一個叫做阿坡岐原的地方，用這裡的河水清洗全身。這就是歷史上日本人被褉的開始。流水洗去的污穢以及被丟棄的衣物，都化作了各種神祇。最後伊邪那岐開始清洗左目，生出了天照大神；清洗右目，生出了月讀命；清洗鼻子，生出了須佐之男命。三神同時誕生。

值得注意的是，日本最孚眾望的天照大神，是從流水的被褉行為中誕生的，其象徵意義在於：不淨不潔就像流水一樣會自動流去消失，替之於完全一新的清潔明淨的形象。日本人對水的宗教信仰，就從這裡養成的。

既然流水能帶去不淨不潔，那麼在邏輯上就能導出流水也能洗淨罪過的驚天結論。

這裡還有一個問題。「禁視」是世界神話的共同主題，但越是被禁視的東西就越是想看，故「犯忌」也是世界神話的共同主題。只是日本人的做法相當奇特：對犯忌者沒有任何的處罰，倒是被犯忌者悲哀萬分。如對破禁的伊邪那岐的責任和罪過不去追究，卻強調被窺視的伊邪那美的羞恥感。這是日本道德體系的曖昧化得以成立的原點。破棄禁忌一方

的罪過會像流水一樣流去，這麼一種思考方法使日本人游離了普世文明的一般思維。日本人的「怪」，日本人的「奇」，日本人的不可理喻，也從這裡生出。

為什麼給小偷立碑？

伊邪那岐在黃泉國破禁，看到面目全非的妻子後，沾上了「來世」的罪孽和污穢。於是逃回「人世」，脫下衣服，跳進河川，洗淨身上的罪孽和污穢。

這裡，日本人生出一個非常日本化的觀念：在日常生活中，罪孽和污穢會不知不覺地從外部附着到人的身體上。但它僅僅是在人體的表面，絕對沒有內化和實質化。而且這種從外部帶來的污穢，在河川裡就能洗淨。

故此，日本人對惡人和罪人，沒有一種要置其死地而後快的怨恨，這和違背神意的亞當夏娃背負原罪的基督教有很大的不同。日本人相信，人即便是做了壞事，或許就是一時衝動而為之的。

神奈川縣大磯町的延台寺為江戶時代的妓女們建碑立墓，在日本人看來，這些妓女們骨子裡不是惡人，只是為了生存不得已而為之。即便觸犯了法規，但從宗教的視野來看她們並非真正的惡人。正義可分人間的、宗教的、法律的，如果僅強調一種正義而否定其他正義，或僅以一種正義作為正義的全部，這就是做人的傲慢，是一種一根筋的思維。

這也就是日本人竟然給偷盜大王鼠小僧次郎吉立墓的一個原因。

在東京都兩國的回向院，鼠小僧次郎吉墓碑醒目地矗立在鬧中取靜的市區。這位出生在江戶年代的小偷專家，有一手很好的木工活，所以他對當時有錢人家的房屋結構、內部構造以及警備狀況都相當熟悉。他前後進了 98 戶有錢人家，偷了 122 回，總計 3 121 兩金錢，相當於今天的一億日元。從昭和年代開始，這座次郎吉的墓碑倒成了日本人決定金

錢勝負的護身符，每天墓前堆滿了日本人參拜後留下的錢包。日本人竟然忘記了他是一個有罪的偷盜大王，記住的則是他從窮鬼一夜間變成暴發戶的好事。

為什麼日本人也嫌棄東條英機？

東條英機被日本人稱為「東洋的希特勒」，但他沒有像希特勒那樣乾淨地自決，這至少是他在日本沒有人氣的理由之一。

其實，1944 年塞班一戰日本兵大敗後，東條家就接到無數個要他切腹的電話。第二年的 8 月 15 日日本戰敗投降後，作為當時最高位的軍人東條英機理應自殺。因為在擔任陸軍大臣時的東條英機曾發佈「戰爭訓」說：「被生擒做俘虜是軍人的最大恥辱。」

在戰敗後不久，東條英機委託醫生在自己的心臟部位塗上黑墨。入浴消失後，自己再用墨筆塗上，看上去好像有了死的準備。但是快一個月了，東條英機還活得好好的。於是，1945 年 9 月 11 日美軍對東條英機發出了逮捕令。

午後 4 時，美軍抵達住宅。東條英機走進裡屋，拔槍向心臟部位射擊，但離心臟太遠了。一個多小時後，醫生趕來時他還有意識。原來東條英機根本沒有自殺的念頭，只想演戲給外界看看。

日本女學者堀江珠喜在《純愛心中》（講談社，2006 年）一書中說，東條英機作為近代軍人整天帶着槍，即便不常使用，但射擊方法不至於忘記吧。如要自殺，手槍在口腔中發射，這是軍隊的常識。她寫道，東條英機被日本人嫌棄的一個最大理由就是貪生怕死，他三個兒子一個也沒有上戰場。他老婆勝子那種多嘴多舌的社交態度也令人不快。

而同是陸軍大將，明治時期的乃木希典就有死的意識。

日俄戰爭日本雖然勝利了，但在旅順有六萬人的傷亡，乃木希典是責

任者。對遺族而言，他是「極惡人」。事實上，在旅順開戰最激烈的時候，日本國內要求乃木希典自殺或辭任或戰死的信件就有數千份。回國後，乃木希典認為自己對死者負有道義責任，故對明治天皇提出了切腹的請求。1912 年 9 月 13 日，在明治天皇大葬的夜晚，乃木希典和他的太太靜子先後自刃。

此外，乃木希典的兩個兒子勝典和保典都在日俄戰爭中喪生，乃木家已無後續香火。兩個兒子的死也多少挽回了他的一些聲譽。這也是日本人仍把乃木希典視為「戰神」的一個原因，日本全國仍有五座乃木希典的神社。

和乃木希典相比，東條英機真是醜態畢露。

再向前一步就會掉腦袋

在日本歷史上，敢於公開戲弄織田信長的只有一個人，這個人就是伙夫坪內某。

坪內某在侍奉織田信長之前是三好（戰國末期佔領京都的大名）的廚師長，在當時的日本，被公認為首屈一指的名廚。信長打敗三好後，這位廚師長做了俘虜。織田家的伙頭軍市原五右衛門覺得很可惜，便獻策讓坪內負責信長的伙食。信長姑且答應下來，只是有一條：如果做的飯菜不好吃就殺掉。

坪內做的第一餐是晚餐。信長食罷大怒，說：「這種淡而無味的東西，怎能下嚥？殺。」坪內則不驚不慌，請求再給一次機會做回早餐，要是不合將軍的口味，自己就切腹自殺。

信長勉強答應了。翌日早飯，信長吃得心滿意足，隨即下詔奉坪內為御家人。事後，坪內對同行說：「這是預料之中的事。第一次做的飯菜是京都風味，不合信長公的口味。第二次那是鄉間風味，用鹹醋梅子當佐料

配製而成。」信長生長在鮮魚肥雞用醬油一鍋煮的口味濃重的地帶，這一點坪內比誰都清楚，而他卻在第一次奉膳時故意獻上味道清淡的京都菜。

坪內是京都人，這其中包含着痛快淋漓的批判意味，和後來千利休對秀吉的態度有些相似。不過千利休因為做得太過分而被殺頭；坪內卻恰到好處，得以倖免。倘若再向前走出半步，就會掉腦袋，這是坪內的本事，司馬遼太郎曾如此説。

武將中的英才

日本戰國史上打仗最多的武將是誰？是出身於廣島縣的毛利元就。

從 21 歲出陣到 75 歲，55 年間共經歷了 226 回的戰鬥，被後人稱為智將和謀將。他擅長權謀術和欺騙術。他給兒子留下遺訓：武略，計略，調略，這三略必須專心致志，常思量則勝多，反之則敗。毛利元就以僅僅 150 人的軍隊自吉田城開打，從一山間的小領主到戰國大名，再到擁有中國地方十國和豐前、伊予一部分領地，一般的人根本難以做到。

毛利元就的戰略是「以少伐多」，在敵人的中樞神經處播下反目和離間的種子，故意誘發敵方同伴間的猜疑心，使其內訌，乘勢追殺和斷罪，自己不出手，就使對方有力的將領和勢力土崩瓦解。這種二轉三轉的謀略秘術，需要膽力和智力，更要有忍耐心。因而毛利元就被當時周圍的人稱為「心眼最壞的人」。但也有敵人説他是仁、義、禮、智、信兼備的人。他對三個兒子説：不要期望得天下，團結才是最重要的。毛利元就臨死前有名的遺訓是「三箭之説」：一根箭容易斷，三根箭難折斷。

他有三個兒子，長子隆元繼承毛利家的家業，次子元春繼承吉川家的家業，三子隆景繼承豪族小早川家的家業。這樣「毛利兩川」體制得到確立，三子分散在三個豪族，既加強了同盟關係，又避免了家主繼承的骨肉相殘。

毛利元就在 1571 年 6 月死去之時，上杉謙信 41 歲，武田信玄 50 歲，明智光秀 43 歲，織田信長 37 歲，豐臣秀吉 35 歲，德川家康 29 歲，石田三成只有 11 歲。如果毛利元就晚生三十年的話，信長、秀吉、家康的排序可能就會有變化，日本戰國的歷史可能又是另一番景象。毛利元就 17 歲的時候，中國明朝的使者來到毛利元就處，打量着毛利，為其畫像道：「你兼有漢高祖、唐太宗的氣相，將來一定能威震四方。」

日本為什麼沒有被殖民侵略？

丸山真男和加藤周一都是日本著名的大學者，他們兩人在合著的《翻譯和日本的近代》一書中，對 1840 年的鴉片戰爭有一段對話。

加藤說，在鴉片戰爭中敗給英國的是中國，但當時幕末的日本人比中國人更熱切地想知道英國的事情。

丸山說，從中華意識來看，戰爭的強者就是文化低劣的證據。所謂「中華」最根本的是禮的文化秩序。「文」相對於「武」來說更有優勢，這是基本。日本對鴉片戰爭的結果感到震撼。日本是個尚武的國家，對多年受到尊敬的「聖人之國」（指中國）被列強侵略，確實感到震驚。「這是不得了的大事」，這一意識促使日本人拚命收集信息。但中國當時沒有這一意識。鴉片戰爭和甲午戰爭這兩件事，對日本人的亞洲意識來說，都是很大的事情。

加藤說，「這是不得了的大事」這一日本人的反應的極點就是明治維新。所以明治維新不久，政府就派出很多學生留洋，還派出了去歐美考察的岩倉使節團，以此想推進西方模式的現代化。這個時候，西方人已經深入到了日本海岸邊。但 19 世紀的後半期，對日本來說一個相當大的幸運是，沒有列強出面侵略日本。這時法國有普法戰爭，美國有南北戰爭，英國也有戰事。也就是說西方列強這個時候都很忙，對亞洲的侵略就暫時顧

不上了，日本就敏捷地抓住了這個機會實現了現代化。所以有兩個很重要的因素：一個是日本人對鴉片戰爭的反應相當快，另一個是一些大國都很忙。這兩個因素缺少一個，日本對歐美的壓力就不能抵抗了。這是 1904 年之後的事情。

這段對話之所以重要，是因為回答了日本歷史上的一個謎，即近代日本為什麼沒有被殖民侵略。

但具有諷刺意味的是，就在西方列強無暇顧及亞洲的時候，日本自己卻率先走上了軍國主義窮兵黷武的道路，開始了對亞洲國家的殖民侵略。西方列強沒能幹成的事，由日本來完成了。對這一邏輯關聯點，這兩位學者可能故意視而不見了。這就是隨着近代西方列強殖民擴張勢力的「東漸」，進一步刺激了日本的「強兵」理論，使之成為日本戰略文化的基礎和核心內容。

雜種強勢的側室

德川家延續了十五代 260 年。從德川家康到德川慶喜，看看他們的婚姻狀況也非常有趣。

十五代將軍除了娶正室之外，大都娶有側室。側室的人數，家康最多，有 19 人，生育子女 19 人。排第二的是第十一代將軍家齊，有 16 人，生育子女 57 人。第三位是三代將軍家光，有 9 人，生育子女 7 人。完全沒有側室的是四代將軍家綱、七代將軍家繼、十三代將軍家定、十四代將軍家茂，他們都是零生育。第十五代將軍慶喜側室的歷史資料不詳，但從他生育了 24 個子女來看，應該有不少的側室。

從十五代將軍的正室來看，除家康的正室築山殿被信長下令殺害外，14 位正室平均壽命是 47 歲不到。最短命的，九代家重的正室培子因流產 23 歲死。從增上寺發掘出來的六代家宣的正室熙子的骨骼來看，上頜的骨

骼發育不全，牙齒脫落也很嚴重。十一代家齊的正室寔子算是空前絕後的美人了，但從遺骨來看牙齒吻合很差，吃堅硬的食物看來有問題。十四代家茂的正室和宮，從遺骨的肌肉來看四肢的肌肉發育相當差。

再看一下眾多側室，她們的平均壽命是 59 歲。三代家光的側室阿萬是 87 歲，五代綱吉的側室阿傳是 81 歲，六代家宣的側室右近 85 歲，另一名側室須兔 80 歲。接近了現代日本女性的平均壽命。

這裡的一個疑問是，為什麼側室的壽命要長於正室？原來她們都是農民、商人、僧侶、武士這些中下層人家出身的女兒，比起公家、宮家的姬君們要來得健康是肯定的，這在優生學上叫「雜種強勢」。從這個意義上說，德川家能有 260 年的延續，都虧了側室的存在與努力。

日本何以有兩大和平期？

宏觀地看日本歷史，長時間的和平期有兩次。

一次是平安時代，長達 350 年，從 794 年平安京遷都到 1156 年保元、平治的源平之戰開始。

一次是江戶時代，長達 250 年，從 1603 年德川家康江戶開幕到 1867 年德川慶喜大政奉還。

這在世界上是絕無僅有的。

日本學界有一種說法認為：國家和宗教的關係良好是一個重要的原因。平安時代神佛共存的系統已經建立，日本固有的文化（神道）和日本的異文化（佛教）相生相融，從而有效地避免了陷入征服和被征服、對立和爭鬥的泥沼。之所以有這樣的結果，取決於報應和鎮魂的機制。那時日本列島上所發生的災害、政治的無秩序，以及患病和死亡等異常事件都被認為是一種源於怨靈和怨魂的病原體而生出的報應。

經過源平合戰到鎌倉幕府的成立，再到南北朝的對立和「應仁之亂」，

再到信長、秀吉、家康的霸權爭奪的戰國時代，一共是 450 年的動亂。

從鎌倉時代開始的動亂，從宗教角度分析的話，與擔當「鎌倉佛教」宗教領神們的活動有關係。從法然、親鸞、道元、日蓮到一遍，佛教的「一神教化」和「個人化」運動也在嘗試着進行，他們倡導「唯一」的宗教行為，同時也否定了平安時代以來的神佛共存的系統。

從多神回到了一神，從多元回到了一元。當然，這裡的一神雖然並不是猶太教、天主教的一神，但是一神教的思考和心緒確實已開始萌生。淨土宗成了當時人們唯一的精神取向。另外，死的意識和惡的自覺在鎌倉時代開始盛行。惡人往生，惡人成佛的思想開始盛行。如「源平之亂」時的野武士和山伏等惡黨的橫行，「一向一揆」的農民起義不斷，下克上的橫行等，都和佛教一神教化的趨勢吻合。

是織田信長看出了問題所在，天下統一的最大絆腳石就是親鸞他們的一向宗，於是有了 1571 年的火燒延曆寺，1581 年的攻打高野山，僧侶千餘人被殺。最後信長一把火燒了石山本願寺以絕後患。從織田信長到豐臣秀吉再到德川家康，用 450 年的戰亂時間，完成了意識形態的多元化。從一神的價值觀再到多神的價值觀復歸，世間也從動亂復歸平和。

德川家康死後作為大權現神，遺體被安葬在日光東照宮，其亡靈則在江戶的增上寺用佛教的形式被祭奠。這一做法具有從一神到多神復歸的象徵意義。它表明親鸞的淨土真宗原教旨主義一神教的終結。而從石山戰爭到東西本願寺的分立，則表明日本一神教的滅亡。

日本人的兩個基本信仰

日本人有兩個基本信仰：一個是遺骨信仰，一個是山神信仰。

就遺骨信仰而言，骨和靈一體是日本人的基本想法。

人死後，魂靈離開肉體去了他界，但有時也會光顧人世。所以日本人

在遺體火化後，親屬都要用筷子揀幾塊燙燙的遺骨放進骨灰盒。日本人討厭信仰但喜歡遺骨，討厭宗教但喜歡墓地，這和同樣信奉佛教的印度人不一樣。印度人喜歡把遺骨撒進河川，也不建墓地。歐美人喜歡墓地，但對遺骨沒有太大的感覺。2001 年 2 月日本高中生搭乘的實習船「愛媛丸」被美國原子潛水艇撞沉。日本人的要求就是一個：全體犧牲者的遺體必須打撈上來。美國人怎麼也不明白：靈魂已經上了西天，還要遺體幹什麼？

就山神信仰而言，日本人認為神本來都是看不見的存在。它們宿於森林，隱於深山。不久佛教傳來，有了佛像和寺廟。面對咄咄逼人的外來佛教，神道也奮起反抗。日本人為反抗佛像塑造了神像，為反抗寺廟建造了神社。有趣的是，神像的表情和佛像的表情全然不同，神像成了一個老人。這是因為古代日本人認為，人死後魂靈會登上山頂接受供養，變成了山神，山神在一定時候會光臨故鄉，如正月和盂蘭盆節，這樣人的一生和山神最接近的時期就是老年時代，所以山神的身姿定型為老人。在日本文化中佔有重要意義的「翁」的概念，其出處也在這裡。

日本為什麼沒有出現教皇？

《日本書紀》記載：552 年的冬天，欽明天皇接受百濟的聖明王獻上的釋迦的銅像和經綸若干，欽明天皇被佛像的魅力所吸引。

但代表祖先崇拜的皇室，其皇統的原理原則能與外來宗教——佛教相容嗎？這令欽明天皇頭疼。他問臣下道：「應不應該敬重佛教？」

先有蘇我稻目說：「其他國家都在供奉佛教，日本能背道而馳嗎？」

隨即物部尾輿和中臣鎌子反對道：「我們國家已經有很多神了。如果在眾神之上再供奉佛教，國神可要憤怒了。」

聽着不同的爭論，欽明天皇把佛像和經文交給蘇我稻目，要他先去試試看。蘇我稻目就以私宅為寺院，試着供拜佛像。不久，一種瘟疫開始在

日本流行，死了很多人。物部尾輿等人就以「供拜佛神觸怒了國神」為由，燒燬了蘇我稻目的寺院，佛像也被扔到難波的水溝裡去了。

從權力之爭到擁佛排佛之爭，一直延續到他們的兒了（蘇我馬了和物部守屋的對立）。最後在 587 年，排佛派遭到毀滅。

宗教的東西，先用着試試看，這在西方人要發怒的做法，在日本卻做得相當坦然，反映出日本文化的包容性。

這種包容性還表現在「本地垂跡」的思想裡。「本地垂跡」說也叫「神佛習合」說，它包含兩個意思。一個是神佛根本不應該吵架，不應該相互排斥。因為從神佛的本源來看都是一種行為規範，神佛本體同一。另一個是作為濟度眾生的佛教，菩薩的面貌按日本的需要發生變化。絕對久遠的釋迦是「本地」（真實的佛），現實存在的釋迦是「垂跡」（佛的改造過的姿態）。於是同樣是佛教，伊勢神宮的佛是大日如來，熊野三山的佛是阿彌陀佛，石清水八幡宮的佛是觀自在菩薩，住吉明神的佛是大威德明王。特殊和普遍的微妙組合，這恰恰是日本人精神的原動力。

羅馬天主教有教皇，他管轄着全世界的天主教教徒。但在日本不存在類似的教皇。天台座主也僅僅是天台宗的座主，不能管轄高野山的佛教徒，也不能管轄奈良的佛教徒。

最終日本沒有出現教皇，席捲歐洲的宗教戰爭也沒有在日本發生。

這不能不說是日本人的智慧。

山鹿素行的日本模式

德川家康成為征夷大將軍後開創德川幕府，有兩個重大意義：一是確立了戰後和平體制；一是開始尋求自立的體制，即從以中國為中心的模式中走出去。

德川體制首先依靠藤原惺窩和林羅山，把中國儒學的精華引進到日本

的思想體系中。家康所思考的政權正統化，與繼承織田信長霸權的豐臣秀吉完全不同。家康為日本定位：日本是中國這個大國模式的迷你模式，用中國模式確定日本的正統性。「林氏儒學」成了德川幕府的御用理論。

但家康的這一模式沒有實現，主要原因是明朝這時滅亡了，這在當時的東亞是個大事件。明滅後清得政，非漢民族抬頭，這對思考縝密的家康來說是想都沒想到，「林氏儒學」裡也沒有現成的答案。本源地中國的正統性出了問題，大前提的核心就沒有了。日本一直以中國為「真」，自己為「假」；中國是「真名」，日本是「假名」。「真」出問題了，日本就很是困惑。這也是德川幕府走向鎖國的一個很大原因。

既然本源地的正統性出了問題，日本就開始尋求自己的國家體制。首先是建立自己的生產體制和經濟體制，如丹羽正伯與稻生若水[1]等人開始實施物產調查，貝原益軒[2]著有資源性的《大和本草》。但幕府在焦急，日本應該是個怎樣的國家呢？應該是個怎樣的模式呢？

沒有中國模式，日本自身的模式也行。山鹿素行在《中朝事實》中亮出自己的日本模式是：日本等於中華模式。他認為，和中國王朝經常有異民族作主導的王朝相比，日本的王朝保持了天皇家的同一性和皇統的一貫性。這種具有同一性和一貫性的日本，才是中華秩序的發源地。

山鹿素行的這一本末顛倒的意識形態論對日後的日本走向產生了影響。如果把這一邏輯擴大，就會得出日本歷史的發展才是中華文化圈整體的發展的結論，這和以後的「五族協和」、「大東亞共榮圈」、「八弘一宇」的思考方法在邏輯上是一致的。或者説，山鹿素行的日本模式，就是日本走上軍國主義的理論原點。

[1] 稻生若水（1655—1715 年）：元祿時代本草學家，對日本的動植物和礦物作了廣泛的調查研究，並編纂出達 362 卷的《庶物類纂》，從而奠定了日本本草學的基礎。其門人丹羽正伯等人將這部巨著增補，使日本的本草學有了更大的發展。

[2] 貝原益軒（1630—1714 年）：元祿時代的思想家、本草學家。他以明代李時珍的《本草綱目》為藍本，細心採集調查了日本多種動植物和礦物，並於 1709 年出版了《大和本草》。其中記載了千餘種本草的性能、特徵和效用，開拓了日本的本草學。

登峰造極的可怕

一首古老的詩這樣寫道：

雖然磨坊之神磨得很慢，但他磨得極細；

儘管他常常只是耐心地等候，不過他磨得非常準確。

日本人就是如此，無論做什麼都要登峰造極。

這登峰造極其實是非常可怕的。

2000 年 11 月《每日新聞》這樣報道：有人目擊日本考古學界的翹楚——藤村新一在挖掘現場偽造文物：先把石器埋在挖掘現場，之後再把它挖掘出來，這就發現了新石器。憑借這樣的發現，二十年間日本原始人的生存時代從四萬年前漸漸上溯，最後追溯到七十萬年前。藤村參與了日本全國 180 處的考古發掘工作，當時幾乎沒有任何一個學會、沒有任何一個人站出來哪怕是粗略地核實一下。當偽造之事被曝光時，日本的石器考古學一下子被顛覆了，日本的原始人研究也從此永遠陷入了迷宮。

① 大藏省：日本中央政府財政機關。

② 203 高地：位於中國遼寧省大連市旅順口區的丘陵地形，以其海拔 203 米得名，日俄兩國曾在此地展開犧牲慘烈的爭奪戰。

1995 年，大和銀行與大藏省①合謀隱瞞了超過一千億日元的損失。得知這一消息後美聯儲命令大和銀行紐約支行停止業務。大藏省對於這一措施非常憤慨，批評說，這個命令是由於沒能理解日美銀行經營上的文化差異之故。這就應了日本社會心理學家河合准雄的一個說法，在日本只要認為撒謊是為了集體的利益，那就不算是撒謊。

日俄戰爭中 203 高地②的爭奪戰，是日本近世最慘烈的一戰。乃木希典率領的第三軍第一次總攻擊死傷為 15 800 人；第二次的攻擊失去士兵2 800 人；第三次再攻，滿洲軍總參謀長兒玉源太郎代理乃木希典指揮，終於佔領了 203 高地，但乃木希典的長子勝典和次子保典均戰死，真是空前

的大流血和大犧牲。陸軍司令官乃木希典和參謀長伊地知幸介的無能是一個主要的原因，但司馬遼太郎吐露了令人震撼的一句話：「令人驚訝無比的是，比起乃木軍隊最高幹部的無能，乖乖地聽從命令、靜靜地填着空白去死的明治時代的無名日本人，竟然是這般的溫順。」但同時司馬又認為明治國家對當時日本庶民來說是一種「集團的感動時代」。這樣，明治國家就成了「強烈的宗教對象」。

松下幸之助無疑是戰後日本視野最寬廣的企業家之一。他曾經建議國家實施一個大項目：花費兩百年再建一個新島。削平日本 20% 的山脈，相當於 75 000 平方公里，然後用來填海，再建一個與四國地區差不多大小的第五島。

毫無疑問，這是日本人唯意志的登峰造極。

1694 年，俳人芭蕉開始一生中最後的旅行。他想創詩人孤行的登峰造極，但在旅行途中得病。在弟子們面前，芭蕉吟誦辭世名句：

羈旅臥病苦，荒野夢魂繞。

這是不是在說，登峰造極的結果往往就是夢繞荒野？

暗殺三代將軍源實朝的黑手是誰？

1219 年（建保七年）正月 28 日，在鎌倉的鶴岡八幡宮，三代將軍右大臣源實朝正在舉行拜賀禮。扔完錢幣後，他從京都來的公卿們面前通過，走下神宮的石階。就在這時，一位頭紮兜巾的年輕法師突然接近源實朝，砍下他的首級。這位法師就是源實朝的哥哥源賴家的兒子公曉。公曉在殺人的時候，有人聽到他在喊叫「為家人報仇」。

公曉為什麼要殺自己的叔叔源實朝？幕後黑手是誰？這裡試作邏輯上

的解謎。

　　開創鐮倉幕府的第一代將軍源賴朝死於 1199 年 1 月 13 日。二代將軍是源賴朝的長子源賴家。但源賴家還很年輕，統恬重臣的力量還不足，他不得不依靠外祖父北條時政的力量作後盾，同時也經常和自己的岳父比企能員商量國事。但結果卻適得其反。

　　厲害的母親北條政子和弟弟北條義時想出了一個限制將軍權限的辦法，即以前一個人裁決的事項，現在要有 13 位重臣們合議才能決定，推出了合議制。這從政治體制來看是個進步，但在位的源賴家很受震動，因為他沒了父親的權威，現在又被限制了將軍的權限。於是源賴家與岳父商量，舉兵攻打北條氏。但源賴家遠不是北條政子的對手，結果敗北，被囚禁在伊豆的修善寺，1204 年（元久元年）7 月 18 日，經北條時政之手殺掉了賴家。

　　這樣看來，源賴家的兒子公曉應該把仇恨集中在北條時政那裡，而不是自己的叔叔實朝才對。但源賴家死後，叔叔源實朝繼位，成了三代將軍。還很年輕的公曉朦朦朧朧地覺得叔叔實朝才是排斥和打擊父親的仇人。

　　從兇殺現場來看，公曉確實是獨犯。不過，在砍下源實朝的首級後，公曉回到了三浦義村的住處，這引起了人們的懷疑。

　　三浦義村是不是幕後黑手？從關係上來看，公曉的奶媽是三浦義村的妻子，可謂緣分不淺。但就在回到三浦那裡後的第二天，公曉也被三浦的家人殺了。

　　不過，還有一個人與事件有關聯。一般而言，誰是這個事件的最大得益者，誰就是這個事件的最大嫌疑者。因此，北條義時是最值得懷疑的。幕府大將軍在經過賴朝、賴家、實朝的源氏三代後就滅絕了，以後是從京都指定公家或親王作為名目上的將軍，但實權卻掌握在執行權力的北條氏手中，日本歷史上叫「執權」。也就是說，源家滅絕後得益者必然是北條家族。而且從事發當天來看，北條義時應該站在參拜行列的前頭，但這天

義時以身體不適為由沒有出席，由源仲章代替站立前面。

但是從情理上來看，北條義時參與兇殺的可能性又不是很大。因為源實朝的奶媽是母親北條政子的妹妹阿波局。她作為北條家的代表，精心養育和看護着源實朝。或者說，源實朝是北條家所能標榜的最後一面旗子了。對這面旗子踏上一腳的這種自殺行為，北條家恐怕不會幹。

這樣看來，黑手還是三浦義村的嫌疑最大。對三浦義村來說，政治運作的最優先計劃是殺實朝不如先殺義時，那麼公曉就有可能作為後繼者成為將軍。老練的三浦對公曉如此這般分析後，指示先殺義時，但公曉還是在不明真相的情況下暗殺了源實朝。三浦義村亂了陣腳，為了不使自己的暗殺計劃敗露，便殺了兇手公曉以封口。

再從背景上說，三浦義村的父親三浦義澄曾經響應源賴朝的舉兵號令，建立過功勳。在當時是與北條氏並肩齊名的武將。實際上，三浦家和北條家的對決在鎌倉的歷史中隨處可見。用源氏家人的手殺害北條家人，或許就是三浦家早已有之的想法。

日本人再編輯的能力

打破困境走實用之路，對外來文化進行再編輯，這是日本的特長。到目前為止，還沒有哪個民族能超越他們。

聖德太子的「十七條憲法」的第一條就是「和為貴」。這個「和」當然取自中國。但中國的「和」，強調「和而不同」，立足於容忍差異和區別的理智精神。日本的「和」，強調「和而皆同」，以和求存於全體之中，保持一體之「大和」。

日本的詩歌最初是從中國傳來。中國的詩歌對政治的批判和對人生的慨歎較多，但傳入日本後政治色彩變得淡薄。如果說在柿本人麻呂和山上憶良的詩歌裡還多少有點言志的話，那麼在《萬葉集》裡這樣的詩歌就相

當少了，詠唱戀情和自然的詩歌開始多了。到《古今集》這種傾向更加明顯，在《古今集》的二十卷中，春是兩卷，夏是一卷，秋是兩卷，冬是一卷，自然的詩歌共六卷，戀情的詩歌從 11 卷到 15 卷共五卷，從詩言志轉向詩言情，這是日本人的再編輯。

儒教輸入日本，但禮的思想沒有輸入；佛教輸入日本，但戒的思想沒有輸入，「戒」後來被法然在理論上、親鸞在實踐上完全無視了，所以，日本的和尚能娶老婆能吃肉。禪宗生根在中國，但開花在日本，從中生出了很多附屬物，如五山禪宗文化、盤腿而坐喝茶、枯山水①。更為叫絕的是，在對中國文明一邊倒的日本古代和中世，卻不取唐時的太監、宋時的纏足、明時的八股、清時的鴉片。

日本人和德國人的思維相近，即杯子裡的旋轉思維。但是在明治維新剛開始的時候，日本人根本不看好普魯士。那時日本的陸軍和法律都是法國式的，海軍是英國式的。不久普魯士和法國開戰，法國拿破崙三世戰敗。日本人睜大了驚愕的雙眼，於是拋棄法國，陸軍徹底參照德國，哲學和法律也轉向德國。憲法一開始也是德國中道派的解釋，但在明治末年，政府派美濃部達吉②去英國留學，帶回來英式憲法思想。

岡倉天心在《茶書》中講了個寓言：説釋迦牟尼、孔子和老子三人，站在同一個醋罎前，每個人都用手指蘸醋之後放在嘴裡品嚐。注重實際的孔子説醋是酸的，佛祖説醋是苦的，老子説醋是甜的。

三人三味。

這時，站在一旁的日本人説：「我再加上一味：醋不酸不苦不甜。」

---

① 枯山水：日本式園林的一種，多見於禪宗寺院。特點是庭園不會用到真正的水，而是以砂礫代替，再配合不同形狀和擺放方法的石塊組成景色。京都的大德寺和龍安寺的石庭都是代表性的例子。

② 美濃部達吉（1873－1948 年）：日本憲法學家、行政學家。他推出「天皇機關説」，主張天皇只是國家行使統治權的機關，而主權應屬於國民全體。

作者簡介

　　姜建強，1956 年出生於上海。曾在大學任教十年，並從事哲學社會科學研究，發表各類學術論文一百多篇，編著作品多部。20 世紀 90 年代留學日本，後在東京大學綜合文化研究科擔任客座研究員，致力於日本哲學和文化的研究，發表各類文章百篇以上。現在東京從事新聞媒體工作。